ROWOHLT
BERLIN

Enzo Biagi

Lubjanka oder Die Gewöhnung an den Tod

Aus dem Italienischen
von Ulrich Hausmann

Rowohlt · Berlin

Umschlaggestaltung: Walter Hellmann
(Foto: Süddeutscher Verlag Bilderdienst)

1. Auflage September 1991

Satz aus der Sabon auf Linotronic 500
Gesamtherstellung Clausen & Bosse, Leck
Printed in Germany
ISBN 3 87134 015 4

Inhalt

«Genossen, das Leben ist angenehmer geworden»

Das Hotel Lux 9
Die Vergangenheit als Obsession: Ilja Ehrenburg 13
Neunzehnhundertsechsunddreißig 20
Väter und Töchter 33
Der Große Überlebende: Anastas Mikojan 46
Die «Ritter der Revolution»: Die Geheimpolizei 56
Der Slánský-Prozeß: Artur London 62

Das Räderwerk der Geschichte

Seeleningenieure 71
Die Wissenschaft des Abschiednehmens: Ossip Mandelstam 73
Begegnung mit «Lara»: Boris Pasternak 75
Der «Sänger der Rebellion»: Wladimir Majakowski 81
Das Schweigen des Schriftstellers: Isaak Babel 91
«Massenfeindlich»: Wsewolod Mejerhold 105
Die Last des Exils 113
Verbannung nach Magadan: Jewgenija Ginsburg 121
Der alte Haß: Josef Brodski 127

Der Trinkspruch und der Tod

Der Große Führer 133
Die Kampagne gegen den Kosmopolitismus 145
Der «rote Napoleon»: Michail Tuchatschewski 147
Der «Volksfeind»: Nikolai Bucharin 156

«Der NKWD irrt nie»

Anklage: «Antisowjetische Aktivitäten» 171
Hundert Tage Frühling: Béla Kun 180
Stalins Arm reicht weit 189

Glossar 201

Danksagung 221

«Genossen, das Leben ist angenehmer geworden»

Das Hotel Lux

Das Hotel Lux ist der Moskauer Aufenthaltsort für Revolutionäre aus aller Welt, Unterkunft für die Mitglieder der Komintern. Die «Kundschaft» kommt, auf der Flucht vor den verschiedenen Geheimpolizeien, aus ganz Europa. Um alle Neuankömmlinge aufnehmen zu können, mußten zwei Stockwerke angebaut werden. Der erste Stock ist für die Prominenten reserviert. Zimmer Nr. 1 gehört Palmiro Togliatti, hier unter dem Namen Ercole Ercoli bekannt, seiner Frau Rita und seinem Sohn Aldo.

Togliatti wurde als Mitglied ins Präsidium gewählt. Ab und zu verreist er in irgendeiner Mission. Er ist gebildet, spricht Französisch, Deutsch, Russisch und Spanisch, und er verfügt über ein ausgezeichnetes Gedächtnis. Er begreift sehr genau, was sich in Moskau abspielt, aber er kompromittiert sich nicht. Renato Mieli schreibt: «Entweder man stand auf der Seite der Verfolger, oder man wurde schließlich selbst zum Verfolgten.» Und Ercoli «billigte und feierte im Namen der KPI alle legalisierten Verbrechen des stalinistischen Regimes».

Im obersten Stockwerk, direkt unter dem Dach, sind die Angestellten und die Schreibkräfte der Organisation untergebracht. Der Direktor hat einen ungewöhnlichen Titel und eine ungewöhnliche Rolle: «Kommandant» wird er genannt.

Zimmer Nr. 19 ist einem jungen Deutschen zugewiesen, der humpelt: Dr. Sorge. Seine Mutter ist Russin, sein Vater ein deutscher Ingenieur, der in den Erdölraffinerien von Baku gearbeitet hat.

Sorge hat aus dem Krieg, an dem er als Freiwilliger teilgenommen hat, eine Verletzung davongetragen. Dann stieß er auf das, was sein Schicksal werden sollte: Die Ereignisse von Petersburg 1917 weisen ihm «den Weg, den die Arbeiterbewegung einschlagen muß». Wie alle Ausländer, so hat auch er einen Decknamen: «Ika». Seine elegante Kleidung und sein Erfolg bei den Frauen unterscheiden ihn von den anderen: Am Anfang war es ein blondes Fräulein, Christina Gerlach; mit einem japanischen Zimmermädchen, Ishii Hanako, beschließt er sein Leben.

Offiziell firmiert er als Journalist: Er arbeitet für die *Frankfurter Zeitung* als Fernost-Korrespondent. Er gilt als «konspiratives Genie»: Aus Tokio übermittelt er den genauen Tag des Angriffs der Wehrmacht. Aber man glaubt ihm nicht. Am 7. November 1944 wird er hingerichtet.

Unter den Flüchtlingen befindet sich auch Tito, der «Walter» zu seinem Pseudonym erkoren hat. Nachdem Polka, die er in den Tagen der Barrikadenkämpfe kennengelernt und mit der er einen Sohn hat, ihn verlassen hat, richtet er sich irgendwie ein und sorgt allein für seinen Alltag. Er ist sich der Gefahr bewußt und lebt danach: wenige Beziehungen, keine Freundschaften, statt dessen Lektüre und Reflexion. In seinen Erinnerungen hält er fest: «Jeden Tag kam uns zu Ohren, daß sie diesen oder jenen festgenommen hatten.» Er selbst hat auch Angst, «an der Tür das schicksalhafte Klopfen zu hören».

Und alle schweigen: Walter Ulbricht, Georgi Dimitroff, Mátyás Rákosi und Ernö Gerö, der gegenüber den Küchenräumen untergebracht ist, denn «die Sowjetunion hat immer recht». Schließlich hatte Lenin zu Angelica Balabanoff gesagt: «Was man im Dienste des Proletariats tut, ist immer ehrenvoll.»

Im Zimmer 175 wohnen Heinz und Margarete Buber-Neumann: Heinz ist Vertreter der KPD. Sie ist klein, lebhaft und immer guter Laune: Aber jeder Tag bringt eine neue Desillusionierung. Schon bei der Abreise aus Berlin hatte man sie gewarnt: Es fehlt an allem, selbst das Toilettenpapier bringt man besser selber mit. Aber die größte Schwierigkeit besteht im Überleben schlechthin. Während er abgeführt wird, sagt Heinz zu seiner Frau: «Nicht weinen.» Dann küßt er sie und murmelt im Weggehen: «Jetzt kannst du weinen. Du hast genug Zeit dafür.»

Das Lux ist ein altes Hotel. Früher gehörte es einem berühmten Bäcker, Filipow. Aber es ist ein bequemer Aufenthaltsort: Es liegt an der Gorkistraße, nicht weit weg vom Mochowaja-Platz, wo die Büros der kommunistischen Bewegung untergebracht sind. Es verfügt über mehr als 300 Zimmer, ein Restaurant, eine große Bäckerei, die auch Kuchen und Süßwaren herstellt, und auf jedem Stockwerk befinden sich zwei Küchen.

Rund um die Uhr hält die Polizei vor dem Eingang Wache; alle Personen, die Eintritt verlangen, werden nach ihren Ausweispapieren gefragt. Man braucht eine Sondergenehmigung. Im Innern dieses heruntergekommenen Gebäudes, in dem es von Ratten und in der warmen Jahreszeit von Küchenschaben wimmelte, wurde – so schrieb Ruth von Mayenburg, die dort wohnte, «Geschichte gemacht und erlitten».

Der Name ist heute ein anderer: Es heißt Central und gehört zum Intourist, aber es hat sicherlich von seiner alten Klasse verloren. Die Treppen des Eingangs sind abgetreten, der Aufzug ist noch an seinem Platz, aber die Einrichtung ist bescheiden, und die Gäste haben offensichtlich keine großen Ansprüche.

Eines Abends betrat ich die große Eingangshalle: Da saßen die üblichen «Delegationen», eine kubanische Volleyballmannschaft, schweigsame Tschechoslowaken mit cremefarbenen Schuhen und einige Schwarze.

Ich betrachtete das herumstehende Gepäck, ich hörte die Stimmen, und ich dachte an die Besucher von damals: an Ercoli, der zwischen aufgestellten Büchern, staubigen Koffern und tropfenden Wasserhähnen Reden für die Radioübertragungen vorbereitete und politische Berichte studierte; an Wilhelm Pieck, der in kurzen Hosen Volleyball spielte; an den jähzornigen André Marty, der wegen jeder Störung protestierte; und schließlich an den schlauen Ulbricht, von dem Arthur Koestler sagte: «Sein Machthunger ist das einzige Indiz dafür, daß bei ihm die menschlichen Leidenschaften noch nicht vollständig erloschen sind.»

Die Behörden der Sowjetmacht tun alles, den Aufenthalt der Delegierten oder politischen Flüchtlinge, die aus allen Teilen der Welt ankommen, angenehm zu gestalten: Im Zwischenstock befindet sich ein Baderaum mit sechs Badewannen und Duschen; für die Kranken gibt es eine Ambulanz; ein Kindergarten steht zur Verfügung und ein Friseur, dem Giovanni Germanetto, ein ausgebildeter Barbier, bisweilen hilft, der sich mit seinen *Memorie* die Sympathien von Ercoli erworben hat und dann und wann im Restaurant beim Zigeunerorchester mitspielt.

Draußen herrscht Hunger und Elend. Tausende von Waisenkindern, die sogenannten «Besprisorniki», treiben sich auf den Straßen herum: Ausgemergelte und heruntergekommene Diebe betteln um Mitleid: «Tantchen, gib uns Brot! Gib uns Zigaretten.» Es wimmelt von Prostituierten.

Im Hotel leben viele neue Pärchen: Man spricht von den «Ehen im Lux», denn es fällt nicht schwer, eine sowjetische Lebensgefährtin zu finden, und keiner fragt danach, ob es noch andere Frauen oder Kinder gibt. Und ebenso einfach ist die Scheidung. 25 Jahre lang ist das Lux ein internationales Haus: Die Miete ist extrem niedrig und umfaßt den Wechsel der Bettwäsche sowie die Reinigung. Aber alles, so ein Augenzeuge, «war geschmacklos: die Fassade, die Möbel, die unbenutzten, goldverzierten Salons». Dreißig oder gar vierzig Nationalitäten sind hier vertreten, aber alle Kinder lernen und sprechen Russisch.

In den Zimmern baumelt die Wäsche an der Leine, und in den Gemeinschaftsküchen stehen die Töpfe mit der Wäsche neben den Pfannen mit Eiern und Kartoffeln auf dem Herd. Von den Fenstern aus sieht man die Türme des Kremls, den Roten Platz und die Basiliuskuppel.

Ab und zu wird ein Galadiner organisiert. Dann servieren die Kammermädchen mit Häubchen und lackierten Fingernägeln Kaviar und andere Gerichte, die von einer österreichischen Köchin zubereitet werden. Es ertönt Zigeunermusik, und die Sängerin liest den Teilnehmern des Abendessens aus der Hand – wenn sie an die Weissagungen glauben. Sagt sie auch wirklich die Zukunft voraus?

1934 wird Kirow, der Leningrader Parteisekretär, ermordet.

Der Mörder, Leonid Nikolajew, ist ein junger Neurotiker, der am Bürgerkrieg teilgenommen hat. Er haßt die Bürokratie, seiner Ansicht nach bloßes Schutzschild für die Trotzkisten. Die Freunde der Geheimpolizei haben ihn zu dem Attentat ermutigt. Jagoda, ihr Chef, hat von dem, der im Kreml das Sagen hat, genaue Anweisungen erhalten: von Josef Dshugaschwili Stalin.

Es ist der 1. Dezember. Der «Stalinismus» hat begonnen.

Die Namen Butyrka, Taganka und Lubjanka sind in aller Munde. Das Hotel Lux wird eine Art Durchgangslager: Von hier aus geht es direkt in die Zelle. Die großen Prozesse beginnen, die

Säuberungen. Von 142 Mitgliedern des Politbüros und des Zentralkomitees müssen 104 daran glauben. Nikolai Bucharin, zuerst Direktor der *Prawda* («Die Wahrheit») und dann der *Iswestija* («Die Nachrichten») prophezeit: «Nichts wird Stalin aufhalten.» Togliatti hingegen begrüßt auf dem 7. Kongreß Stalin als den «Führer, den Lehrer und den Freund des Proletariats und aller Unterdrückten».

Ein Wechselspiel von Intrigen und «Bekenntnissen», die durch Täuschung, Folter und auch unter Zuhilfenahme eines naiven Idealismus abgepreßt wurden, bricht los. Beklemmung überlagert den trägen Ablauf der Tage in Rußland. Es herrscht Gesetzlosigkeit. Majakowski schickt Sergej Jessenin einen mahnenden Vers: «In unseren Zeiten stirbt man leicht; schwerer ist es zu leben.»

Zwischen 1936 und 1938 verlieren – nach vorsichtigen Schätzungen – zwischen sieben und acht Millionen Menschen ihr Leben. Ein Drittel von ihnen sind aktive Mitglieder der Partei. Der Schriftsteller Ilja Ehrenburg erinnert sich: «Danach wehte ein weit stärkerer Wind als notwendig, ein regelrechter eisiger Nordwind. Es war ein reines Wunder, daß ich nicht weggeblasen wurde.»

Von den 700 Schriftstellern, die am ersten Kongreß 1934 teilnahmen, überlebten nur 50 und konnten zwanzig Jahre später am zweiten Kongreß teilnehmen. Unter den Opfern: Isaak Babel, Boris Pilnjak, Ossip Mandelstam.

Die Vergangenheit als Obsession: Ilja Ehrenburg

Ich besuchte Ilja Ehrenburg. Er war der einzige Überlebende aus der Pasternak-Generation, ein Überlebender, der im eigenen Land nicht geliebt und im Ausland beschimpft wurde. Raymond Cartier beschrieb ihn als einen «hochmütigen, eitlen Typ, der vor den Mächtigen buckelt und die anderen verachtet».

Seine Geschichte ist voller Schatten: 1907 wird er im Alter von 16 Jahren als Bolschewik inhaftiert. Nach einigen Monaten im Gefängnis holen ihn die vermögenden Eltern aus dem Gefängnis und organisieren die Emigration. Er tritt aus der Partei aus, weil ihm

Trotzkis Dogmatismus nicht gefällt und weil er gegen die Revolution ist.

Dann paßt er sich an. Und Bucharin hilft ihm bei der Publikation seiner ersten bedeutenden Arbeit, *Julio Jurenito*. Viel Zeit verbringt er als Korrespondent der *Iswestija* auf Reisen zwischen Moskau, Berlin und Paris. Er läßt sich von dem Despoten funktionalisieren, dem er «verschiedene Dienste leistete, darunter auch etliche, für die man sich schämen muß».

Aber für Robert Conquest, den Autor von *Am Anfang starb Genosse Kirow*, der materialreichsten Studie über jene schrecklichen Jahre, war das «nicht gleichbedeutend mit dem vollkommenen Verlust der Ehre». Und Jewtuschenko sagte von Ehrenburg: «Er lehrte uns zu überleben.» Ehrenburg seinerseits hatte auch eine Meinung über den aufsehenerregenden Dichter, und zwar keine ungeteilt enthusiastische: «Oft reut ihn, was er tat», so sagte er mir. «Er hat kein großes Talent, aber er ist sehr kämpferisch. Er möchte gern Majakowski sein, aber nicht so enden.»

Ich teile die Vorsicht von Conquest. «Wer die sowjetische Erfahrung nicht selber gemacht hat, befindet sich in einer schlechten Ausgangsposition, um Urteile abzugeben.»

Im übrigen hat Ehrenburg selbst eingestanden: «Wozu findet sich ein Mensch in den sogenannten historischen Zeiten nicht bereit?... Meine Bücher wurden ebenso heftig kritisiert wie mein Leben. Ich wollte niemandem Lehren erteilen, ich betrachte mich für niemanden als Vorbild.» Und er erzählte: «Ich habe Leute gesehen, die verhielten sich des persönlichen Vorteils wegen unwürdig, Leute, die Genossen und Freunde verrieten, Ehefrauen, die ihre Männer verleugneten, und ehrgeizige Kinder, die ihre unglücklichen Väter mit Verleumdungen überzogen.»

Alle lebten in einem Alptraum, und Ehrenburg gesteht: «Angst habe ich nicht an den verschiedenen Fronten des Krieges empfunden, wohl aber in den Zeiten des Friedens: in Erwartung des Klingelns oder Klopfens an der Tür.»

Wenn Ehrenburg die Redaktionsräume der *Iswestija* betrat, achtete er auf die Namensschilder außen an den Redaktionsräumen, die gerade entfernt worden waren. Der Pförtner murmelte: «Heute sind sie noch hier, und morgen gibt es sie nicht mehr.»

Ich lernte Ehrenburg auf einem Kongreß europäischer Schriftsteller im Jahr 1963 in Leningrad kennen. Auch mit seinen Genossen polemisierte er: «In dieser Vereinigung gibt es Mitglieder, die nicht einmal schreiben können. Wir haben allerdings auch nie behauptet, unser Ziel sei es, die Dummköpfe auszurotten, sondern nur die Ausbeuter.» Er bestritt nicht, daß es in der Sowjetunion Widersprüche und Fehler gäbe. Aber er rechtfertigte das: «Wir leben im ersten Jahrhundert des Kommunismus, und wir haben noch keine lange Erfahrung hinter uns.»

Später dann traf ich ihn in der Moskauer Wohnung, zwischen seinen Bildern von Picasso, und in seiner Landwohnung in Novo Jerusalimsk, unweit von Istra, dem Hauptort der Gegend. Früher war Anton Tschechow hier Amtsarzt gewesen, der im Wald die «zarten, unscheinbaren Birken» sah und unter dem rotgefärbten Herbsthimmel eine Villa zwischen den Feldern betrat, in der jene drei Schwestern lebten, die ihm den Anstoß zu der Geschichte von Masa, Irina und Olga gaben.

Vier, fünf Stunden lang sprachen wir über Stalin und Jessenin, die Juden und Pasternak, Chruschtschow und den Spanischen Bürgerkrieg.

Die Worte Ehrenburgs waren glasklar, ironisch, aber selbst wenn er irgendeine paradoxe Geschichte, etwas Lustiges erzählte, spürte man in alldem noch einen Hauch von Traurigkeit.

Er berichtete von einer Gogol-Statue auf einem Platz, einem sitzenden Gogol mit einem traurigen Gesichtsausdruck, der Stalin gar nicht gefiel. Stalin wollte einen heiteren, stehenden Gogol, und so kommt es, daß Gogol heute ein fröhlicher und junger Tänzer zu sein scheint.

Er verteidigte die engagierte Kunst. Der Dichter, so sagte er, könne sich nicht heraushalten. Aber immer hat er das Recht, sich zu entscheiden, verteidigt. Die Romane über die Kolchosbauern und Traktorfahrer haben ihm nie gefallen. «Man muß die Wirklichkeit nicht fotografisch genau wiedergeben», darauf beharrte er.

Er machte mich auf eine Zeichnung über seinem Bett aufmerksam, das Bild eines Mädchens, «une petite russe», das von einem unbekannten italienischen Maler stammte, den er vor vielen, vielen Jahren in Paris kennengelernt hatte: Er hieß Modigliani und sie

Anna Achmatowa, sagte er voller Stolz. Er zeigte mir eine Skizze von Picasso, der das Studio von Matisse besucht hatte; er verstand, wieso selbst eine schlechte Kopie von *Guernica* die Jungen noch elektrisierte. Er hingegen spürte die Last der politischen und moralischen Erfahrungen eines halben Jahrhunderts in Europa auf seinen müden Schultern: Die Zeit, da «das Schicksal der Bücher ebenso ungewiß war wie das der Menschen», hatte sein Leben gezeichnet.

«Von allen Schriftstellern, die ich vor der Revolution kannte», sagte er kalt, «ist keiner übriggeblieben. Jessenin», so fuhr er fort, «war ein Bauer, dem die Duncan, die Reisen ins Ausland und der Suff den Kopf verdreht hatten. Das ist ein russisches und ein amerikanisches Übel: Die Hälfte der Künstler sind Alkoholiker. In den letzten Jahren seines Lebens habe ich Pasternak nicht gesehen, aber ich glaube, er starb zufrieden, denn sein *Doktor Schiwago* war wenigstens im Ausland veröffentlicht worden, und er selbst glaubte sich im Recht. Nach Blok betrachte ich ihn als den größten Dichter unseres Jahrhunderts.»

Ab und zu verfielen wir in Schweigen, aber es waren keine peinlichen Pausen. Der Blick schweifte über die Wiesen, wo ein Hirtenjunge eine Herde weißer Ziegen bewachte, er fiel auf die Schüssel mit Obst aus Armenien und auf die Levkojen, die – ein letztes Zeichen des kurzen nordischen Sommers – in einer Vase welkten.

«Dieses Haus», sagte Ehrenburg, «wurde zuerst von den Deutschen und dann vom Feuer zerstört. Mit den Einkünften aus den Rechten für meine Bücher habe ich es wiederaufgebaut. Die Deutschen kamen bis 18 Kilometer vor Moskau. Ihre Kanonen waren schon auf den Roten Platz gerichtet, und auch die große Kathedrale von Istra, da unten, ist halb zerstört. Rastrelli, ein italienischer Architekt, hatte sie entworfen. Früher kamen ganze Schwärme von Pilgern hierher; die Reise aus der Hauptstadt dauerte drei Tage. Auch Lew Tolstois Frau kam und betete für den Schutz Gottes.»

In seinen Erinnerungen tauchte wieder der Krieg auf, die Wehrmacht, die die große Ebene beherrschte, und auch die Schützengräben in Katalanien. Er zeigte mir eine Sammlung vergilbter Aufnahmen, Trümmer, ausgemergelte Kinder, Bürgermilizen und

Schlägertrupps mit Hakenkreuz, die sich prügelten, Schwarzhemden und öffentliche Auftritte der «Pasionaria».

Seine Gedanken schweiften noch weiter in die Vergangenheit, zu seiner jüdischen Kindheit in Kiew. Sein Vater war Direktor einer Bierbrauerei gewesen. «Papa und Mama sprachen jiddisch, wenn es sich um ein heikles Thema handelte.» Um an die Universität zu kommen, mußten die jungen Juden außergewöhnlich tüchtig sein, denn es existierte ein Numerus clausus; nur die Söhne von Kaufleuten der ersten Kategorie oder von Karrieresoldaten vom Unteroffizier an aufwärts waren zugelassen.

Er hatte die besten Noten, und so durfte er studieren. «Die Deutschen», so erzählte er, «haben die Hälfte der Juden in der Sowjetunion umgebracht; und diejenigen, die geflohen waren, sind nicht wieder in ihre Städte zurückgekehrt, sie haben den Mut dazu nicht aufgebracht und sind überallhin zerstreut.»

Er war Jude, und er fühlte sich als Jude: «Ich gehöre zu denen, die gewohnheitsmäßig beschimpft werden», sagte er.

Ein russisches Sprichwort lehrt: «Das Leben ist schwer für den, der sich an alles erinnert.» Und die Vergangenheit mit ihren vielen Fragen verfolgte ihn fast wie eine Obsession: «Viele meiner Altersgenossen sind unter die Räder der Geschichte gekommen. Ich habe überlebt, nicht etwa weil ich stärker oder achtsamer gewesen wäre. Es gibt Tage, da erinnert das Schicksal der Menschen nicht so sehr an eine Schachpartie mit all ihren Regeln, sondern an eine Lotterie.»

Er erinnerte sich an die anderen, die von den Hinrichtungskommandos der GPU (der Politischen Polizei) umgebracht wurden, die Opfer Stalins: Ein Freund, der große Schauspieler Solomon Michoels, wurde auf mysteriöse Weise in einer Straße am Stadtrand von Minsk von Berijas Agenten umgebracht. Sie legten ihn in einen Sarg, nachdem sie seinen Leichnam so zurechtgemacht hatten, daß es wie ein Unfall aussah. Den Juden blieb das Unheil treu, von den «Pogromen» unter den Zaren bis hin zu den Massakern der SS und dem Antisemitismus, der seit jeher in den Köpfen so vieler Menschen in Osteuropa herumspukte.

Worin besteht die Schuld von Menschen wie Chaplin und dem Philosophen Bergson, von Menschen wie Kafka oder Modigliani,

Milhaud oder Soutine oder von Albert Einstein, der, als er die Relativitätstheorie veröffentlichte, beschuldigt wurde, «einen jüdischen Trick» erfunden zu haben?

Auch ihm wurden viele Etiketten angehängt, darunter «Skeptiker», «Lästerer», «Nihilist» und auch «der heruntergekommene Ilja». Er selbst nannte seine Feinde niemals beim Namen. Er erinnerte sich an einen Brief von Tschechow an die Schwester: «Würde ich mich erschießen, ich verschaffte neun Zehntel meiner Freunde und Bewunderer eine große Befriedigung.»

Er wurde Zeuge dramatischer Ereignisse, und zuweilen akzeptierte er eine wenig ehrenvolle Rolle als Propagandist oder Unterstützer einer verfehlten Sache. Aber er meinte, die Geschichte lasse sich nicht maßschneidern, und resignierte: «Nach und nach wurde ich dickfelliger gegenüber allen möglichen Anschuldigungen.» Und dann sagte er, vielleicht auch zum eigenen Trost: «Niemand kann sich die Epoche aussuchen, in der er lebt.»

Auch er hatte in den harten Zeiten der Revolution seine Erfahrungen mit der Lubjanka gemacht. Er wurde beschuldigt, ein Agent Wrangels zu sein. Der Sitz der Russischen Versicherungen war erst vor kurzem zum Hauptquartier der Tscheka (der Sonderkommission zum Kampf gegen die Konterrevolution) umfunktioniert worden. Unter anderem mußte er dem Inquisitor erklären, was Kubismus bedeuten solle.

Ich glaube, im Innersten lebte er im Dissens mit seiner Zeit. Lenin wurde mild, wenn er Beethovens Appassionata hörte, er glaubte, es könne nichts Schöneres geben, und hielt sie für ein Wunderwerk. «Aber», so vertraute er sich Gorki an, «ich kann nicht so oft Musik hören, sie macht mich nervös, und sie verführt mich, weichliche Dummheiten zu sagen, den Menschen die Köpfe zu streicheln. Aber das kannst du heute nicht tun, sie beißen dich in die Hand; man muß ihnen auf den Kopf hauen, auch wenn unser Ideal die Gewaltfreiheit ist.»

Und sie schlugen zu. Ehrenburg hatte in Petersburg den Versammlungen im Zirkus Ciniselli beigewohnt, er hatte die geschmacklos eingerichteten Zimmer des Zaren im Winterpalast gesehen, die vollgestopft waren mit kleinbürgerlichem Krimskrams. Was sich ereignete, das nahm er schlicht als Beobachter wahr: Es gab noch

Geschäfte für die Reichen, die Glas aus Sèvres und Havanna-Zigarren verkauften. In den Cafés wurde mit Honig gesüßter Tee serviert, denn es mangelte an Zucker, und anstatt der Plätzchen servierte man Weißbrot mit Stachelbeer-, Himbeer- oder Johannesbeermarmelade: Das waren Gerüche und Geschmäcker der fernen Jugendzeit.

Noch wurde die Große Revolution nicht von allen mit epischem Impetus betrachtet. Josef Brodski, Nobelpreisträger für Literatur, erzählt, daß sie in Wirklichkeit nichts anderes als ein einfacher Staatsstreich, und zudem noch ein ziemlich unblutiger, war.

Als die Salve vom Panzerkreuzer *Aurora*, der heute zu einem Museum umgebaut ist, abgefeuert worden war, betrat ein Zug der gerade gebildeten Roten Garden den Winterpalast, ohne auf irgendeinen Widerstand zu stoßen; die Hälfte der Frauen, die sich um die Gebäude kümmerten, wurde vergewaltigt. Zwei Aufständische wurden durch Gewehrsalven getötet, einer ertrank im Wein des kaiserlichen Weinkellers. Einige Minister der provisorischen Regierung wurden festgesetzt.

Robert Conquest macht darauf aufmerksam, daß das Zarenregime, «damals das despotischste in ganz Europa», nach einer Rekonstruktion von Solschenizyn in der Zeit zwischen 1826 und 1906 894 Oppositionelle aufhängen ließ. Nach den Aufständen von 1905 wurden 2200 Exekutionen durchgeführt.

In acht Monaten ließ Lenin allein in den Zentralprovinzen 16000 «Reaktionäre» ins Jenseits befördern. Unter den stalinistischen «Säuberungen» wurde eine Million Verdächtiger inhaftiert und 600000 wurden umgebracht; ebenso viele wurden in Arbeitslager deportiert. Unter Hunger, Folter, Hinrichtungskommandos und Gulag bekamen es zehn, vielleicht gar fünfzehn oder zwanzig Millionen Bürger und Genossen mit dem NKWD (dem Volkskommissariat für innere Angelegenheiten) zu tun. Auf den Plätzen von Paris wurden die Adligen guillotiniert. In den Kellern Moskaus wurden keine Unterschiede mehr gemacht: Ein Hinrichtungskommando gab es für jeden.

Später sah Ehrenburg, wie die Kommunisten, als das Unwetter schon vorüber schien, den tschechoslowakischen Minister Vlado Clementis aufhängten, einen Genossen, der niemals jemanden verraten hatte; er traf Jugendfreunde, die schweigen mußten oder Nacht für Nacht mit einem gepackten Köfferchen neben dem Bett auf die Deportation gewartet hatten.

Seine schwerste Schuld war es, gelebt zu haben; die Jahre der Pariser Volksfront, Jahre des Berlins von Grosz und des Liedermachers Brecht, die Jahre des Krieges und der Krise. «Plötzlich fühlte ich, wie lange das Leben währt. Vielleicht überfällt das Alter alle unvorbereitet. Die Leidenschaften nehmen nie ein Ende, nur die Kraft schwindet.» Er war erstaunt, daß der «heruntergekommene Ilja», wie sie ihn nannten, den Sturm überstanden hatte, ohne zu wissen wie.

Ein Stoßseufzer entfuhr ihm. «In jener Zeit war es nicht leicht, bei den Leuten Gefühle zu wecken, denn alle hatten sich inzwischen an den Tod gewöhnt.»

Wir traten ins Freie, um ein paar Schritte unter den kleinen Linden zu machen, die Ehrenburg gepflanzt hatte. Drunten rauschte die Istra. «Bald wird alles weiß sein», sagte er zu mir.

Neunzehnhundertsechsunddreißig

Stalin lanciert eine optimistische Parole: «Genossen, das Leben ist angenehmer geworden. Das Leben ist heiterer geworden.» Rekorde werden gefeiert: Die Piloten Tschkalow, Bajdukow und Beljakow fliegen ohne Zwischenlandung von Moskau bis an die Ostgrenze.

Ein erstes Großraumflugzeug wird gebaut, die «Maxim Gorki». 1930 hebt sie, angetrieben von acht Motoren, zum erstenmal ab. Sie kann 72 Passagiere transportieren, und an Bord befinden sich auch eine Krankenstation und ein kleines Kino.

Und dann sind da noch die außergewöhnlichen Ideen von Konstantin Eduardowitsch Ziolkowskij, Grundschullehrer im Distrikt Kaluga, wo er auch sein ganzes Leben verbracht hat. Der junge Mann ist wegen einer Kinderkrankheit taub. In seiner Jugend begnügt er sich mit Tee und Kartoffeln, um sich das Studium leisten zu können.

Er ist der erste, der in technischen Kategorien über ein Weltraumgefährt nachdenkt. Und im Jahr 1933 startet vom Aerodrom der

Hauptstadt zum erstenmal eine Rakete gen Himmel. Ziolkowskij stirbt wenig später. Auf dem Denkmal zu seinen Ehren ist der Satz eingemeißelt: «Die Menschheit wird nicht ewig auf der Erde bleiben.» Glaubt man den Russen, dann hat Popow alles erfunden, von der Glühlampe bis zum Radio. Nicht Röntgen, so sagen sie, hat die nach ihm benannten Strahlen entdeckt, sondern Lomonossow. Nach ihm wurden die Moskauer Universität, ein Krater und ein erst kürzlich entdecktes Mineral benannt.

Voller Stolz erinnern sie daran, daß sich die vollständige Tafel der chemischen Elemente Mendelejew verdankt. Man erzählt, daß er im Traum ein klares Bild jenes Schemas gesehen habe. Er sei abrupt aufgewacht, habe sich an seinen Schreibtisch gesetzt und die Entdeckung aufgeschrieben.

Iwan Pawlow ist der erste Russe, der mit dem Nobelpreis ausgezeichnet wird. Der Preis wird ihm zuerkannt wegen des Nachweises der Enzyme und Magensäfte und wegen grundlegender Studien über die Nervenstränge. Er wird zum «Schöpfer der materialistischen Wissenschaft» ausgerufen.

1724 gründet Peter der Große eine Akademie, der alle klugen Köpfe des Landes angehören sollen. Sie sollen sich dort ihren Forschungen widmen können und für die offiziellen Anlässe Oden zu Ehren des Zaren und seiner geliebten Angehörigen komponieren. Seit damals werden sie großzügig honoriert. Einige erhalten auch den Auftrag, das Horoskop für die kaiserliche Familie zu entwerfen: Gelehrte und Höflinge in einem.

Seither ist viel geschehen. Besonders 1917. Das Thema der Hymnen hat sich geändert, aber Namen wie Pjotr Kapiza, Ilja Frank, Lew Landau und Nikolaj Bassow stehen im großen Buch des Fortschritts.

Niemand wird wohl je das bipbip vergessen, das der erste Sputnik aus dem Weltraum übertrug, und der Astronaut, welcher das Rennen zu den anderen Planeten eröffnete, trägt den Namen Juri Gagarin. Ein Viertel aller wissenschaftlichen Entdeckungen der Welt wurden in der Sowjetunion gemacht. Das erste Atomkraftwerk und der erste künstliche Satellit, die ersten Transplantationen bei Tieren und das erste Überschallinienflugzeug sind technische Fortschritte, die in der Sowjetunion entstanden.

Man muß sich allerdings auch die Verluste durch den stalinistischen Dogmatismus und durch den letzten Weltkrieg vergegenwärtigen. Es genügt, an die emblematische Gestalt eines Trofim Denisowitsch Lyssenko, ein Botaniker aus der Ukraine, zu erinnern. Er stellte die Lehren des Augustinermönches Gregor Mendel auf den Kopf, der vor hundert Jahren im Konvent von Brünn durch die Beobachtung eines gezähmten Fuchses, eines Igels, von Vögeln und von Bienen und durch das Studium der Pflanzen des Gartens die Gesetze der Vererbung entdeckt hatte. Er bemerkte, daß er nach Kreuzung von Erbsen mit rauhen und solchen mit glatten Hülsen im folgenden Frühjahr Erbsen mit glatten Hülsen erntete. Wenn wir ein Gen «blaues Auge» von unserer Mutter und ein Gen «braunes Auge» von unserem Vater erben, werden wir braune Augen haben, denn das braunäugige Gen ist dominant.

Lyssenko hingegen behauptet, daß die besonderen Eigenschaften, die man im Leben erwirbt, vererbt werden können. Er ließ Kälber mit Sahne füttern, weil er glaubte, der Fettgehalt ihrer Milch würde später, wenn sie ausgewachsene Kühe wären, höher sein. Wer mit ihm und mit der Partei, die die proletarische Wissenschaft von bürgerlichen Vorurteilen befreien will, nicht einverstanden ist, landet im Gefängnis. So erscheint die erste Nummer der Zeitschrift *Genetika* im Jahre 1965, und die Psychoanalyse galt Jahrzehnte lang als unseriös. Der Hybridmais wurde mit 20 Jahren Verspätung in der Sowjetunion eingeführt.

Für die Dissidenten oder diejenigen, die als Gegner der offziellen Theorien angesehen wurden, hatte man ein Sondergefängnis eingerichtet, das Gefängnis Nummer 4 in Moskau. Die Zellen waren gut beheizt, die Betten bequem, die Ernährung ausreichend, die Gefangenen trugen Zivilkleidung und hatten Labors, Büro- und Versammlungsräume zur Verfügung. Aber die Gespräche der Inhaftierten durften nur berufliche Fragen zum Gegenstand haben. Auch die Wärter trugen keine Uniformen und waren sehr gut ausgebildet. Alle zwei Monate wurde ein Verwandtenbesuch gestattet, der aber in einem normalen Gefängnis stattfinden mußte. Der wahre Ort der Gefangenschaft durfte nicht mitgeteilt werden.

In diesen Räumen, die einer romantischen Erfindung entsprungen scheinen, wurde im Jahr 1930 von Leonid Ramzin ein grundlegender Apparat für das Funktionieren thermoelektrischer Kraftwerke erfunden: der Einkammerverbrennungsofen.

Unter denselben Umständen wurde der Düsenantrieb von Sergej Koroljow erfunden; und Andrej Nikolajewitsch Tupolew, der große Vordenker der russischen Aeronautik, entwarf 124 Modelle, so wie Berija es ihm befohlen hatte. Er projektierte einen leichten und schnellen Bomber mit einer Reichweite von 3000 Kilometern und drei Tonnen Tragfähigkeit: den TU 103.

Es ist die Zeit, in der auch Aleksej Stachanow seinen Ruhm erwirbt, der Bergarbeiter, der am 30. August 1935 in fünfdreiviertel Stunden 102 Tonnen Kohle fördert und dabei die Norm um das Vierzehnfache übertrifft. So verdient er auf einen Schlag mehr als den Monatsverdienst eines Kollegen.

Dem Abenteuer der *Tscheljuskin*, einem Eisbrecher, der einen Weg im Eismeer zu öffnen versucht und dabei Gefahr läuft, von einem Eisberg zerdrückt zu werden, folgt die Welt mit angehaltenem Atem. Die hundert Mann Besatzung werden wie durch ein Wunder von der *Krasin* und der am Polarkreis stationierten Luftwaffe gerettet, die Auszeichnung «Held der Sowjetunion» wird eingeführt.

Eine Antonow 25 erringt den Weltrekord im Streckenflug. Die Situation der UdSSR ist von «relativer Ruhe und sogar von einem bescheidenen Wohlstand» gekennzeichnet. Man sagt mit Stolz: «Das ist der erste Staat der Arbeiter und Bauern auf der Welt.»

Aber das historische Tagesgericht wechselt mit den verschiedenen Perioden: Es gibt Zeiten des gekochten Lachses, der Fasanen oder Tauben, aber meist halten sie nicht lange vor. Langlebiger ist die Zeit des Kabeljau.

Es gibt das Problem der Kohabitation, der von mehreren Familien geteilten Wohnungen aufgrund des Mangels an Wohnfläche, das zu Schlägereien und polizeilichen Anzeigen Anlaß gibt. Aber auch zu bitterkomischen Situationen. «Jeder», so erinnert Josef Alexandrowitsch Brodski, «kennt die Unterhosen seines Nachbarn auswendig. Aus der Lautstärke des Furzens kannst du erraten, wer auf dem Klo sitzt, du weißt, was er oder sie zu Abend oder zum Frühstück gegessen hat. Du kannst die Geräusche ausmachen, die sie im Bett veranstalten und wann die Frauen ihre Periode haben.»

Die Kinder tun so, als schliefen sie, während ihre Eltern sich im Bett lieben.

Zur Konzeption neuer Stadtviertel lädt man auch einige berühmte Architekten ein: Le Corbusier, Gropius, May. Das Wohnungsproblem besteht aber auch mehr als ein halbes Jahrhundert später noch unverändert.

Die Wirtschaft der UdSSR macht eine schwere Zeit durch. Die Kollektivierung der Landwirtschaft erweckt keine Zukunftshoffnungen mehr, die Industrialisierung ist nur teilweise erfolgreich. «Kein Wort», so schreibt Robert Conquest, «das mit Blick auf die öffentliche Meinung gesagt wird, entspricht der Wirklichkeit. Wenn eine Hungersnot das Land trifft, dann wird es den Einwohnern der betroffenen Gebiete verboten, darüber zu sprechen, daß Menschen erschöpft zusammenbrechen oder Hungers sterben. In der Sowjetunion wimmelt es von ‹Volksfeinden›. Es herrscht ein Klima der kollektiven Hysterie wie im Mittelalter, als man behauptete, die Hexen – oder die Juden – versuchten, die Welt zu vergiften. Man muß so tun, als stünde alles bestens.

In einer sowjetischen Anthologie für die 10. Klasse liest man, daß die Zahl der Verfolgten in der Stalinzeit bei 40 Millionen lag. Ich weiß nicht, ob diese Zahl stimmt, aber ich glaube, sie kommt der Wahrheit ziemlich nahe.»

Auch die übrige Welt hat Probleme. In Italien hat Mussolini den Gipfel seines Ruhmes erreicht. Für den *Herald Tribune* aus New York ist er «die einflußreichste Persönlichkeit des modernen Europa». Der Polarforscher Amundsen ist sprachlos: «Er arbeitet zweiundzwanzig Stunden am Tag. Man kann ihn nur mit Napoleon vergleichen.» Das ist ein wenig übertrieben, aber die Arbeitszeit geht von 9 bis 16 Uhr und dann von 16 bis 21 Uhr, mit einer kurzen Essenspause. «Der *Duce* liest alles», berichtet der *Corriere della sera*. Webb Miller von *United Press* trifft mit Mussolini zusammen und enthüllt das Geheimnis dieser frenetischen Aktivität: Er trinkt keine schweren Alkoholika, nur ein wenig Wein zum Essen, er raucht nicht. Eine halbe bis dreiviertel Stunde am Tag ist der sportlichen Betätigung gewidmet, Schwimmen, Reiten, Radfahren, Ski oder Fechten, auch wenn er keine Duelle bestreitet. Er schläft von

11 Uhr abends bis um 7 Uhr am Morgen, mit dem Einschlafen hat er keine Probleme. Pro Jahr liest er etwa 70 Bücher, darunter auch französische, deutsche und englische; auch Romane. Jazz mißfällt ihm nicht: «Als Musik zum Tanzen finde ich ihn ganz unterhaltsam.»

Seine Tochter Edda enthüllt andere ungewöhnliche Seiten des Vaters: Er kann Leute, die husten, nicht ausstehen und zerbricht Nadeln, weil er Spritzen nicht mag; Frauen sind für ihn «nur ein Ventil für die sexuellen Instinkte». Er meint, Kriege «seien von Zeit zu Zeit notwendig, weil sie das Wollen der Menschen zügeln». Aber, so wirft sein Schwiegersohn ein, «sie bringen sie auch um».

Mussolini hat gerade ein Imperium geschluckt, und er hat die Antifaschisten in Schwierigkeiten gebracht. 1934 wird gewählt: 10 Millionen Wahlzettel für ihn, nur 15 000 Gegenstimmen. Als von den Universitätsprofessoren eine Erklärung verlangt wird, «fleißige, dem Vaterland und dem Faschismus treu ergebene Bürger auszubilden», da verweigern nur 13 von 1225 diese.

In sieben Monaten erobern die Truppen des Duce Äthiopien. Der Völkerbund beschließt einen ökonomischen Boykott Italiens. Die Sowjetunion aber setzt ihre großzügigen Lieferungen fort, und auch die amerikanische Handelsmarine sieht sich in keiner Weise an den Boykott gebunden; sie läuft weiterhin die italienischen Häfen an und löscht die Waren.

Als General Franco in Spanisch-Marokko erklärt, er wolle die Republik niederschlagen, gewährt Italien ihm sofort Hilfe: Von Sardinien aus starten 12 dreimotorige S 81 Bomber unter dem Kommando von Oberst Ruggero Bonomi. 50000 Mann, zum Gutteil Freiwillige, die unter den Arbeitslosen mit dem Versprechen auf einen guten Sold rekrutiert wurden, werden in Bewegung gesetzt. Ihr Kommandant ist General Bergonzoli, genannt «Barba Elettrica».

Aber auch die Linke macht sich auf nach Spanien. Togliatti, Nenni, Pacciardi und die Schriftsteller Malraux, Hemingway, Saint-Exupéry und Dos Passos sind auf der Seite der Republikaner. Nenni spricht in Radio Barcelona und sagt: «Salud, italienische Arbeiter». Und Carlo Rosselli: «Die spanische Revolution ist unsere Revolution.»

«Der spanische Bürgerkrieg», schreibt Georges Bernanos, «ist ein einziger Friedhof. Es ist der Friedhof der wahren und der falschen Prinzipien, der guten Absichten und der Übeltaten. Wenn es ein Schauspiel gibt, das Mitleid erweckt, dann das von so vielen, die um den Kessel mit dem Zaubertrank hocken, mit der Gabel davon kosten und die alle jeweils stolz auf ihren Anteil sind: Republikaner, Demokraten, Faschisten und Antifaschisten, Klerikale und Antiklerikale, arme Schlucker und arme Teufel.»

In Guadalajara kommt es zum Kampf zwischen den Italienern in schwarzen und den in roten Hemden. Der Kommunist Longo wendet sich an seine Landsleute von den Divisionen Littorio, Fiamme und Frecce Nere. Er sagt: «Brüder, weshalb seid ihr in ein fremdes Land gekommen, um Arbeiter zu töten?» Sie verfügen über 250 Panzer und 70 Kanonen. Man kämpft in den Wäldern bei zehn Grad unter Null, und sie verlieren die Schlacht. Die von den Internationalen Brigaden singen: «Das Vaterland ist fern, aber wir sind bereit, wir kämpfen, wir siegen für die Freiheit.»

General Astray brüllt: «Abajo la inteligencia. Nieder mit der Intelligenz.» Miguel de Unamuno erwidert ihm: «Ihr werdet siegen, weil ihr die rohe Kraft habt. Aber ihr werdet nicht überzeugen, denn um zu überzeugen, muß man überreden. Und zur Überredung bedarf es dessen, was euch fehlt: Vernunft und Legitimität zum Kampf.»

In der *Times* vom 28. Dezember 1937 steht eine Korrespondenz aus Guernica: «Montags ist in Guernica Markttag für die Leute vom Lande. Um 16.30 Uhr, der Markt ist rappelvoll, und viele Bauern sind noch auf dem Weg, schlägt die Kirchenglocke Alarm. Fünf Minuten später kreist ein deutscher Bomber über der Stadt und versucht, mit sechs schweren Bomben den Bahnhof zu treffen. Fünf Minuten später taucht ein zweiter Bomber auf und wirft über dem Zentrum der Stadt noch einmal sechs Bomben ab. Nach einer Viertelstunde setzen drei Stukas das Zerstörungswerk fort. Die Bombardierung wurde immer stärker und endete erst mit Einbruch der Dunkelheit um 19.45 Uhr. Das gesamte Städtchen mit 7000 Einwohnern und 3000 Flüchtlingen wurde systematisch zerstört. In einem Umkreis von acht Kilometern um die Stadt herum wurden alle alleinstehenden Gehöfte getroffen. In der Nacht brannten sie wie auf den Hügeln entzündete Kerzen.»

Eintausenddreihundert antirepublikanische Rebellen zogen sich mit 550 Frauen und 50 Kindern als Geiseln in die Festung Alcazar bei Toledo zurück. Ihr Kommandant war Oberst Moscardó. Man teilt ihm mit, sein Sohn Luis, der festgenommen worden war, werde umgebracht, wenn er sich nicht binnen zehn Minuten ergebe. Sie lassen Vater und Sohn am Telefon miteinander sprechen. Moscardó sagt dem Jungen: «Wenn es wahr ist, dann leg deine Seele in Gottes Hand, rufe ‹Es lebe Spanien› und stirb als Held.» Luis fällt, und Alcazar wird nach zwei Monaten Belagerung durch die Frankisten entsetzt.

In den USA brechen mit einem Donnerstag des tragischen Oktobers 1929 schlimme Zeiten an. Alle spielen an der Börse. Der Präsident der Vereinigten Staaten sieht keine Probleme: «Der Sieg über die Armut steht unmittelbar bevor.» Auch Al Capones Jungs spekulieren mit Aktien. Wall Street bricht zusammen, und eine Kette von Selbstmorden folgt. Ex-Millionäre werden zu Obstverkäufern auf den Bürgersteigen der Fifth Avenue. Die *Great Depression* beginnt.

In der Politik ist der Gouverneur des Staates New York, Franklin Delano Roosevelt, im Kommen, ein Mann, den Walter Lippmann, der angesehenste Kommentator, als «einen sympathischen Menschen, ohne große Qualitäten, der aber gar zu gerne Präsident werden möchte», beschreibt. Er schafft es. Er glaubt an die Vorteile des kapitalistischen Systems, meint aber, es sei Aufgabe des Staates, die Exzesse zu mäßigen. Als er am 8. November 1932 seinen aufsehenerregenden Sieg über den Gegenkandidaten Hoover feiern kann, befinden sich die Vereinigten Staaten auf dem Höhepunkt der Krise. Immer weniger Investitionen und immer weniger Geld, das ausgegeben werden könnte. Fabriken schließen, Arbeiter verlieren ihren Arbeitsplatz, und die Nachfrage nach Dienstleistungen und Waren sinkt dramatisch. Die Bauern finden keine Käufer mehr für ihre Produkte. Die Schwarzen sind am schlimmsten betroffen: Sie werden als erste entlassen und als letzte wieder eingestellt. Die Zahl der Arbeitslosen beträgt 1930 drei Millionen und steigt drei Jahre später auf 15 Millionen. 300000 Menschen suchen Zuflucht in Kalifornien, wo sie von der Polizei gejagt und den Grundbesitzern, die eine Invasion fürchten, verfolgt werden.

Will Rogers, ein berühmter Komiker, prägt den Spruch: «Wir

sind die erste Nation der Welt, die mit dem Auto ins Obdachlosenasyl geht.» Ein Plakat fordert auf: «Wenn du ein Auto kaufst, verschaffst du jemand anders drei Monate Arbeit. Und das erlaubt ihm, andere Waren zu kaufen.» Ein Pontiac Coupé aber kostet 585 $, ein Chrysler 995 $, ein Packard 2150 $. «Wie kommen die bloß darauf, daß wir ein Auto kaufen sollen, wenn wir uns noch nicht einmal etwas zu essen kaufen können?» kommentiert ein Spengler.

Auch die Kämpfe der Arbeiter werden härter: Die Polizeibeamten prügeln die Gewerkschaftsführer, die Streikenden und die Vertretungen der Arbeiter mit voller Härte.

Trotz dieser Radikalisierung gewinnt der Kommunismus nicht an Boden: Er hat eine seltsame Alte als Führerin, «Mother» Bloor. Ihre Initiativen sind eher rührend, und Rußland ist weit. Theodore Dreiser, John Dos Passos und Edmund Wilson reisen nach Moskau. Aber sie kehren aus dem so viel besungenen Paradies der Werktätigen wenig überzeugt zurück. Für Ideologie und umwerfende Programme ist kein Platz. Das denkt auch Roosevelt, der einem Mitarbeiter anvertraut: «Steck ihm ein paar Dollar zu, und der Amerikaner ist zu jedem Schwur bereit, er habe niemals von Marx, von Hitler oder Mussolini, ja nicht einmal von Jesus Christus reden hören. Zu dem betet er vielleicht noch sonntags. An die anderen erinnert er sich überhaupt nicht mehr.»

In den französischen Salons hingegen begeistert man sich für den «slawischen Mystizismus» und für das russische Experiment. Auf einem Schriftstellerkongreß verkündet André Malraux lauthals: «Wenn der Krieg ausbrechen sollte, dann ist unser Platz in den Reihen der Roten Armee.» Er arbeitet bei *L'Humanité* mit, ebenso wie Gide, Chamson, Giono, die Theaterregisseure Dullin und Jouvet sowie der Maler Vlaminck. Auf den Straßen marschieren die faschistischen Blauhemden von der «Solidarité française», dem «Croix de feu» und der «Jeunesse politique».

Die Zahl der Skandale vervielfacht sich. Einer macht wegen seiner Schwere besonderen Eindruck. Der Trickdieb Stawiski, der von den Journalisten der «schöne Sascha» genannt wird. In ganz kurzer Zeit stiehlt er sich 40 Millionen Francs zusammen. Er verteilt an die Parlamentarier Schecks, als ob es Rosen wären, und der Abgeordnete Bonnaurt, einer von denen, denen er am meisten zugesteckt hat, ruft auf den Wahlversammlungen: «Schluß mit den politischen Prinzipien. Der Ehrbarkeit soll wieder Priorität eingeräumt werden.» Man fürchtet die Enthüllungen des Betrügers, und ein Polizeiagent erschießt ihn. Andere wiederum behaupten, er selbst habe sich das Leben genommen.

Fabriken schließen, und die Ladenbesitzer werden in den Bankrott getrieben. Die Arbeiterklasse, das Opfer der Deflationspolitik, lebt schlecht. Als Gegenmittel propagieren die Gewerkschaften die 40-Stunden-Woche. Für drei Tage schließt Citroën die Werkstore, in der Sommerzeit schicken die metallverarbeitenden Betriebe ihre Beschäftigten für Wochen nach Hause. Zweihundert Familien, Horte des Reichtums und Wohlstandes, können sich Hausangestellte, zahllose Wohnsitze, einen Autopark, die Jagd, Pferde, Yacht und den uniformierten Chauffeur leisten.

Auch der Arbeiter trägt eine Art Uniform: offenes Hemd, Wollpullover und Baskenmütze. Der Angestellte kleidet sich mit weißem Kragen, Krawatte und Gilet. *Tout Paris* geht auf der Avenue Foch spazieren und verabredet sich zu den Pferderennen von Longchamp. Eine Zeitschrift, so erzählt Morvan Lebesque, lanciert eine geniale Idee, einen Anstecker mit der Schrift: «Kommt mir nicht mit der Krise.» 1935 jedoch beträgt die Zahl der Arbeitslosen 700000. Am schlechtesten geht es den Landarbeitern, die auf Stroh schlafen müssen und deren einzige Lebensmittel Brot und Wein sind. Sie sind die Opfer der Spekulationen.

Zu diesem Zeitpunkt eröffnet Maurice Thorez die Politik der «ausgestreckten Hand»: Die kommunistische Partei schlägt den Sozialisten, Radikalen und Katholiken ein Aktionsbündnis vor. Es ist Mai 1936, und die Volksfront gewinnt die Mehrheit. Die legendären «Tausend Tage» beginnen, sie bringen den bezahlten Urlaub und die auf vierzig Stunden verkürzte Wochenarbeitszeit. Der Slogan lautet: «Brot, Frieden, Freiheit». Chef der Regierung ist ein Intellektueller: Léon Blum. Aber die Volksfront scheitert: Die Ökonomie wird sabotiert. Es handelt sich um das, was Blum den «Streik des Kapitals» nennt. Trägheit oder Indifferenz machen sich in den Werkshallen breit und dehnen sich schließlich über das ganze Land aus. «Die Zukunft, die singt», so hatten sie ihre Politik genannt, geht rasch zu Ende.

Neunzehnhundertzweiunddreißig. In Deutschland ist gerade ein Roman erschienen, der großen Erfolg hat: *Kleiner Mann – was nun?* Der Autor heißt Hans Fallada. Er hat das Drama begriffen, das sich in Deutschland abspielt. Protagonist seiner Geschichte ist Johann Pinneberg, ein arbeitsloser Angestellter mit Frau und Kind. Er lebt schlecht von der Arbeitslosenunterstützung, und er spricht von nichts anderem als von Mark und Pfennig. Einer von sechs Millionen Verzweifelten: Es ist ein kleiner Mann, ohne Gesicht, der sich in der Menge verliert. Er hatte bürgerliche Hoffnungen und Gewohnheiten – das Sparen, die korrekten Manieren –, und jetzt weiß er nicht einmal, ob er für die Kommunisten oder für Hitler stimmen soll.

Hitler hat inzwischen einen festen Platz. Im Jahr 1925, als *Mein Kampf* erschien, wurden 9000 Exemplare gedruckt. 2000 blieben unverkauft in den Magazinen. Seine Ideen aber haben mehr Anhänger gefunden.

Er ist gegen die Bolschewiki, gegen die Juden; man soll stolz darauf sein, dem Herrenvolk anzugehören. Disziplin und Respekt vor der Autorität müssen wiederhergestellt werden. Er spricht vom *Lebensraum*, und er behauptet, nicht die Parteien könnten Deutschland retten, sondern nur ein einzelner, ein starker Führer. Zunächst verhext er elf Menschen, später laufen ihm etliche Millionen hinterher.

Die Fotos zeigen ihn im weißen Regenmantel oder in Lederhosen und bayerischem Trachtenhemd oder auch im eleganten dunklen Abendanzug, wie er im Tea-Room des Hotels Carlton in München hastig eine Erdbeertorte mit Sahne verschlingt.

Klaus Mann beobachtet und beschreibt ihn: «Der Schnurrbart, die Locke in der Stirn, der schläfrige Blick, der schmachtende, grobe Mund, die ausgeprägte Stirn und die widerliche Nase.»

Er ist ein außergewöhnlicher Redner, aber nicht wegen des sprachlichen Einfallsreichtums, sondern weil es ihm gelingt, seine Erregung auf die Massen zu übertragen. «Er kennt keine Skrupel, hat keine Hemmungen», sagt Allan Bullock. «Es ist jemand ohne Wurzeln, ohne Heim und ohne Familie.» Und irgend jemand erinnert an dies: «Seine Worte waren wie Peitschenhiebe.»

Bei Tisch, so erzählte mir sein persönlicher Diener, Heinz Linge, gibt er sich mit wenig zufrieden. Eine Blumenkohlsuppe, ein Stückchen Brot, zwanzig Gramm Butter und etwas frischer Käse. Er raucht nicht.

An Frauen findet er durchaus Gefallen, und er umgibt sich mit schönen Damen. Man tuschelt über flüchtige Beziehungen mit zwei Schauspielerinnen, Olga Tschechowa und Renata Müller, die Selbstmord begeht, oder auch mit der Regisseurin Leni Riefenstahl, die mit ihren Dokumentarfilmen die deutsche Kraft besingt, aber er erklärt nur: «Ich bin mit Deutschland verheiratet.»

Diese Antwort bringt selbst Mussolini zum Lachen. Hitler hat eine feste Geliebte, die allerdings im Hintergrund bleibt, eine gewisse Eva Braun, die bei dem offiziellen Fotografen der Partei, Hoffmann, beschäftigt ist. «Sehr sympathisch», versichert Linge. «Sie war nicht auf Intrigen aus, sehr liebenswürdig, nicht besonders intelligent, aber ausnehmend hübsch.»

Berlin wird als «das große, verhurte Babylon» bezeichnet. Auf dem Kurfürstendamm prostituieren sich sechzehnjährige Mädchen. Moralische und sexuelle Hemmschranken sind zusammengebrochen, das Schnupfen von Kokain weitet sich aus.

Den Literaten wird nicht wirklich bewußt, was eigentlich geschieht. Der tolerante Stefan Zweig spricht von einer «Jugendrevolte», der Philosoph Martin Heidegger wendet sich an die Studenten der Universität Freiburg und fordert sie auf, ihr Leben nicht nach Axiomen oder Ideen auszurichten, sondern auf den Führer.

Lion Feuchtwanger, Bertolt Brecht und Heinrich Mann kaufen sich eine Wohnung in Berlin. Nur Grosz versteht, was sich politisch tut, und im Gespräch mit Thomas Mann erklärt er diesem, daß Hitler nicht ein Herrscher für sechs Monate sein wird, sondern für zehn Jahre, und daß die Liberalen, die für ihn gestimmt haben, ihn auch verdienen, und daß eines Tages Hakenkreuz und Kommunismus, «zwei Regime, die auf Terror und Knechtschaft gründen», zusammengehen werden. Er wird als überkandidelter Pessimist abgetan.

In England zählt man im Januar 1933 drei Millionen Arbeitslose, zwei Millionen 1935, und zu Kriegsbeginn sind es kaum weniger. Die Gehälter sind niedrig. Ein Chauffeur verdient vier bis fünf

Pfund in der Woche, der Preis für eine Übernachtung im Savoy-Hotel. Ein Schauermann im Hafen verdient zwischen drei und vier Pfund, und ein Landarbeiter bekommt außer der Unterkunft höchstens noch eine Kleinigkeit.

Viele der Häuser Londons ähneln den Slums und Elendsvierteln, die in den Filmen und in den Erinnerungen von Charlie Chaplin immer wieder beschrieben werden: grau und schmutzig, die Wäsche, die auf der Straße hängt, und schmuddelig die Kinder mit Schiebermütze, die auf der Straße spielen.

Es handelt sich um zwei säuberlich voneinander getrennte Gesellschaften; die der Reichen, deren Statussymbol das Automobil ist, und die der Armen. Und die protestieren so, wie es in Britannien üblich ist, mit Maß, geordnet und in Reih und Glied.

«Buy British», wird auf Plakaten gefordert, aber wie sollen Vater, Mutter und vier Kinder mit den 39 Shilling Sozialhilfe am Tag durchkommen? Man ißt, man schläft und man lebt in der Küche, und auf dem Tisch gibt es neben der Milchflasche nur noch einen Topf Suppe. Auch die deutschen Eisenbahnen machen in den Londoner Zeitschriften Reklame und präsentieren Deutschland als das «Land der Gastfreundschaft». Oswald Mosley hat gerade seine «Union of Fascists» gegründet, und in einem Kabarett hat ein Geschichtsprofessor, John Hoyszandt, großen Erfolg mit einer Imitation von Mussolini.

Die Aristokraten und die Begüterten leben ohne große Sorgen. Aber es liegt eine tragische Vorahnung in der Luft, die das Imperium erschüttert. 725 pazifistische Zirkel werden gegründet, und der schmächtige Gandhi erläutert seine Zielsetzung: «Mein Streben geht viel weiter als die Unabhängigkeit. Die Befreiung Indiens soll Vorbild sein für die Befreiung aller sogenannten schwachen Völker dieser Welt von der Ausbeutung durch den Westen. Für dieses Ziel lohnt es zu leben und zu sterben.»

Und zu allem Überfluß gibt es auch noch eine Verfassungskrise. Der König hat sich in Frau Wallis Simpson verliebt, eine gebürtige Amerikanerin, die sogar entfernt verwandt ist mit der rothäutigen Prinzessin Pocahontas. Die einen finden sie «lebhaft und geistreich», Cecil Beaton charakterisiert sie dagegen als «ziemlich muskulös und untersetzt», und außerdem besitze sie eine unangenehm näselnde Stimme. Sie ist bereits mehrere Male geschieden. Der König möchte die Geliebte heiraten, aber die *Times* und der Erzbischof von Canterbury sind gegen die beiden Sünder.

Am 10. Dezember 1936 unterschreibt der König die Abdankungserklärung und hält via Radio eine kurze Ansprache an seine Untertanen: Er will nicht ohne Wally an seiner Seite auf dem Thron sitzen.

Premierminister Baldwin beglückwünscht den Ex-König bei seiner Abschiedsrede und gibt ihm ein paar Tips für die Arbeit im heimischen Garten.

Väter und Töchter

Die Historikerin und Journalistin Lina Misiano ist die Tochter von Francesco Misiano, einem der Gründer der Kommunistischen Partei Italiens. Sie ist noch ein Kind, als sie nach Moskau gelangt. Ihr Vater, der von den Faschisten verfolgt wird, hat in der Sowjetunion, die zugleich auch das Vaterland des Ideals ist, Unterschlupf gefunden.

Der Abgeordnete Misiano war 1919 in Deutschland gewesen, bei Rosa Luxemburg und Karl Liebknecht, und landete schließlich im Gefängnis. Dann kämpfte er gegen die Braunhemden, die drei- oder viermal versuchten, ihn umzubringen: Sie hassen ihn, weil er ein Deserteur ist. Mit seiner Frau und zwei kleinen Töchtern muß er in die UdSSR fliehen. Da, so meint er, sei er sicher.

Er arbeitet in der Internationalen Arbeiterhilfe: In der Sowjetunion herrscht Hunger, und überall auf der Welt gibt es Revolutionäre, die Unterstützung brauchen.

«Es war eine sehr schwere Zeit», erinnert sich die Lehrerin Lina. «Es fehlte an Lebensmitteln, und heftige politische Auseinandersetzungen brachen los, aber dennoch waren wir voller Enthusiasmus. Ich war bei den Pionieren; wir lebten wie die Russen, denselben Schwierigkeiten ausgesetzt wie sie.

Im Lux wohnten alle unsere Emigranten, Togliatti, Longo und Dozza. Als Dimitroff ankommen sollte, ging ich mit meinen Eltern zum Bahnhof. Mehr als eine Stunde warteten wir, aber er hatte, ich weiß nicht mehr warum, die Abreise hinausgeschoben.

Togliatti lebte mit Rita Montagnana, einer aktiven und sehr intelligenten Frau, zusammen. In der Etagenküche bereitete sie hervorragende Spaghetti zu. Auch Togliattis Schwager habe ich kennengelernt, Paolo Robotti. Er wirkte nicht sehr sympathisch. Er landete in der Lubjanka, aber wir glaubten nicht an seine Schuld.

Auch ein ganz junger Freund von mir wurde festgenommen, drei Monate später tauchte er wieder auf. Das half mir sehr, denn ich dachte: ‹Wenn sie unschuldig sind, dann kommen sie wieder zurück.›

Aber dann begriff ich, daß das eine Illusion war.

Mein Vater starb 1936, und das hat ihn gerettet, denn sie hatten ihm seine Arbeit genommen. Er stand bereits unter Verdacht. Als er starb – an Krebs –, da hat uns das sehr weh getan. Dann begriffen wir, daß es so vielleicht besser war.»

An die Stelle Jagodas tritt in diesen Jahren Jeschow, «der Blutzwerg», als Chef der NKWD. Er ist kaum größer als einen Meter und fünfzig und seit 1917 Parteimitglied. Seinen Vorgänger hat er als Ex-Spitzel der zaristischen Partei, als Dieb und Veruntreuer angezeigt. Er hinkt, und einige halten ihn für «bescheiden und einigermaßen sympathisch», während andere in ihm eine «widerliche Person» sehen. Die Presse feiert ihn als «Liebling des Volkes».

Es gibt sowjetische Autoren, die ihn schlicht als einen «Apparatschik» beschreiben, als einen, der es, ohne seine Karriere in der Polizei, niemals zu etwas gebracht hätte. Er war kein Intimus von Stalin, er wurde nicht zu den Empfängen eingeladen, und er ließ sich herumkommandieren wie eine Marionette. 1938 kam er nach Kiew und ließ dort nach jüngsten Untersuchungen 30000 Menschen erschießen. Und als er festgenommen wurde, da denunzierte er alle, um sich zu entlasten.

Aber kein Henker in der russischen Geschichte entgeht dem Schicksal seiner Opfer. Jeschow wird in der Gefängnispsychiatrie, in der sie ihn wegen seiner psychischen Instabilität untergebracht haben, durch einen Pistolenschuß getötet. Man findet ihn an einem Baum mit einem von verschiedenen Personen geschriebenen Schild: «Ich bin ein Stück Scheiße.»

Für die schwierigsten Aufgaben setzte er ausgewählte Agenten und einen perfekten Apparat ein. Sieben Millionen Bürger ließ er verhaften; zwei Millionen kamen in den Arbeitslagern um, eine Million wurde erschossen.

Auch die Intellektuellen wurden nicht verschont. Isaak Babel gestand: «Offen spricht man jetzt nur noch mit seiner Frau – bei Nacht und unter der Bettdecke.» Und Josef Brodski schrieb: «In den dreißiger und vierziger Jahren produzierte das Regime Schriftstellerwitwen mit solcher Effizienz, daß in der Mitte der sechziger Jahre ihre Zahl ausgereicht hätte, um eine Gewerkschaft zu gründen.»

Anna Achmatowa, hier nur als Beispiel angeführt, verlor sogar zwei Ehemänner: Der erste, der Dichter Nikolaj Gumiljew, wurde von der Tscheka, «dem KGB unter seinem Mädchennamen», umgebracht, der zweite, der Kunsthistoriker Nikolaj Punin, kam in einem Konzentrationslager um.

Das ganze Leben ist von Furcht gezeichnet: Furcht vor dem Aufzug, der sich des nachts in Bewegung setzt, Furcht vor den unangemeldeten Besuchen, Furcht vor dem Auto, dessen Motor vor dem Haus abgestellt wird. Eine Frau wird für zehn Jahre ins Lager gesteckt, weil sie gesagt hat, Marschall Tuchatschewski, der als Verräter gilt, sei ein schöner Mann.

Andrej Gromyko, der ewige Außenminister, erzählt: «Überall im Lande herrschte die Epidemie der Spitzelei. Ich erinnere mich an die niederdrückende Atmosphäre im Moskau der Jahre zwischen 1934 und 1939. Jede Nacht war der NKWD damit befaßt, ‹Leute zu schnappen›. Sie nahmen sie auf dem Lande und in der Stadt fest, auf den Straßen und in ihren Häusern. Die Festgenommenen verschwanden einfach, und in der Regel hörte man von ihnen nie mehr etwas.»

Berühmt ist die Geschichte eines kleinen «Helden», des vierzehnjährigen Jungen Pawlik Morozow, Pionier des Komsomol, der kommunistischen Jugendorganisation. Er zeigte seinen Vater wegen dessen Sympathien für die Kulaken an. Das waren die sogenannten reichen Bauern, die die Kollektivierungen nicht akzeptieren wollten und deswegen ausgerottet wurden. Der Papa wird erschossen, aber die Dorfbewohner und ein Onkel bringen den Jugendlichen um, was sie ihrerseits das Leben kostet.

Pawlik werden zahlreiche Denkmale gewidmet, und seine Handlungsweise wird in vielen Schulbüchern gerühmt. Viele schauen mißtrauisch auf ihre Kinder: «Und wenn sie auch dich anzeigen? Wir wissen ja, wie die Jugendlichen von heute sind.»

Einige Notizen aus dem *Tagebuch* von Nina Kosterina, die bei einer Partisanenaktion hinter den deutschen Linien als Heldin ums Leben kam.

25. Januar 1937: «Der zweite Trotzkistenprozeß ist im Gange. Man entdeckt furchtbare Dinge. Möglicherweise werden sie alle hingerichtet.»

7. Februar: «Natürlich, erschießen. Wie konnte es geschehen, daß altgediente Revolutionäre, die über Jahrzehnte hinweg für die Volksmacht gekämpft haben, auf einmal Feinde geworden sind?»

25. März: «Es ist etwas Schreckliches, etwas Unbegreifliches geschehen: Sie haben Onkel Mischa, Papas Bruder, seine Frau, Tante Anja, und Irina, unsere kleine Cousine, festgenommen; die haben sie dann ins Waisenheim gesteckt. Sie haben gesagt, er, Onkel Mischa, habe etwas mit diesen konterrevolutionären Organisationen zu tun.»

22. August: «Ich habe lange darüber nachgedacht und bin zu einer Entscheidung gekommen: Wenn auch mein Vater sich als Trotzkist und Feind seines Vaterlandes erweisen sollte, dann werde ich kein Mitleid mit ihm haben.»

15. Dezember: «Ich habe einen Brief von Papa erhalten: ‹Liebe Nina, entschuldige, wenn ich nicht schreibe... Sie haben mich aus der Partei ausgeschlossen, und als Folge davon haben sie mir die Arbeit weggenommen. Auch für den schlimmsten Fall sollst du wissen, daß Dein Vater niemals ein Feigling war oder ein doppeltes Spiel gespielt hat. Und er hat seinen Namen nicht mit unsauberen Dingen beschmutzt.›»

5. September 1938: «Als ich nach Hause kam, erhielt ich die Nachricht: Papa ist festgenommen worden.»

Aber das Leben der heranwachsenden Nina Kosterina geht weiter; sie entdeckt die erste Liebe, die Enttäuschungen, die Bücher, die Spuren hinterlassen, die Freundschaften und Feindschaften. Sie mag Konzerte, sie lernt Gitarre spielen, sie besucht die Galerie Tretjakow, der Tod eines Kätzchens wühlt sie auf, sie leidet wegen der

Ablehnung und der Schwierigkeiten, mit denen es die Angehörigen der «Verräter» zu tun bekommen. Aber es gibt auch kurze Momente der Hingabe an das Glück, an das Leben: «Und trotz allem ist das Leben verdammt schön! Ich bin 18 Jahre alt, ich werde geliebt, und ich liebe!»

23. August: «Das ist das Ende. Sie haben mich als unerwünschtes Element abgelehnt. Sonja dagegen, obwohl sie nur 28 Punkte bekommen hat, wurde angenommen. Warum? Mein Vater.»

5. Dezember: «Mama hat einen Brief an Stalin geschrieben. Sie hat alles ganz nüchtern aufgeschrieben: ‹Auf welcher Grundlage verletzen Sie das von Ihnen selbst aufgestellte Prinzip: Die Kinder tragen keine Verantwortung für die Schuld der Eltern?› Überraschenderweise (für mich) wird sie zum Komitee zitiert und kehrt mit der Zulassung zum Institut zurück. Ich werde Geologin werden, wie ich mir das erträumt habe.»

Nach sechsundzwanzig Monaten Gefängnis wird Ninas Vater «als sozialschädliches Element» zu fünf Jahren Haft verurteilt.

Er war mit Bucharin, Radek und anderen «Volksfeinden» bekannt. Zur Umerziehung schicken sie ihn in die Taiga, als Kapo einer Straßenbaubrigade. In einem Brief schreibt er die Verse eines Liedes der Sträflinge auf: «Ich lebe am Meer von Ochotsk,/wo der ferne Osten endet/ich lebe ohne Wunsch und ohne Schmerz.»

Am 23. Juni 1941 ist Krieg: Nina Kosterina, die Jungkommunistin aus Moskau, will an die Front, weil «das Vaterland ruft». «Ob das vielleicht», so schreibt sie, «meinem Vater helfen kann?»

Väter und ihre Kinder. Die Tochter von Nikita Chruschtschow heißt Rada. Sie ist verheiratet mit Alexej Adschubej, der einmal Chefredakteur der *Iswestija* war. Sie bewohnt eine ansehnliche Wohnung mit einigen schönen Möbeln, einem «Cavallo» von De Chirico und einigen Kacheln nach Entwürfen von Picasso.

Sie ist eine Frau mit heiterem Lächeln und hellen Augen, die kein Blatt vor den Mund nimmt. Ich glaube, sie war Nikita Sergejewitschs Lieblingstochter. Er schickte sie zum Besuch beim Papst, und Rada erzählte ihm, daß ihr die Hände von Johannes XXIII. gefallen hätten, denn sie ähnelten denen des Vaters: die Hände eines Bauern.

1956 enthüllt Chruschtschow in einer Rede von 20000 Worten

die Verbrechen seines Lehrers und Meisters Stalin. Auf dem 20. Parteitag sagt er: «Stalin war ein argwöhnischer und krankhaft mißtrauischer Mann. Das wissen wir, die wir mit ihm zusammengearbeitet haben. Ganz plötzlich konnte er jemanden fixieren und ihm sagen: ‹Warum hast du heute so einen unruhigen Blick?› Oder auch: ‹Warum bist du so aufgeregt und versuchst, meinen Blicken auszuweichen?›»

Chruschtschow will sogar den Opfern des unbeugsamen Georgiers ein Denkmal errichten lassen. Doch dann gesteht er: «Als er starb, da habe ich geweint.»

Auch Nikita Sergejewitsch ist eine umstrittene Person. Das bezeugen selbst seine Verwandten. Isaac Deutscher sagte: «Stalin war ein Meister der kompletten Lüge, Chruschtschow der halben Wahrheiten.»

Einige Genossen hassen ihn. So zum Beispiel Wjatscheslaw Molotow: «Er war ein regelrechter Flickschuster in theoretischen Fragen, und vor allem war er ein Feind der Revolution, ein schlauer, kaum erkennbarer und gut getarnter Feind. Man kann nicht behaupten, daß er ein Dummkopf war, denn das hätte bedeutet, auch alle seine Unterstützer seien Dummköpfe gewesen.»

Aber mit Chruschtschow ging der Terror als Herrschaftsmethode zu Ende. Ehrenburg schreibt einen Roman, der das neue Klima zum Ausdruck bringt: *Das Tauwetter*. Die Politik der Entspannung beginnt, die UdSSR nimmt wieder Beziehungen zu Tito auf, Chruschtschow trifft sich in Wien mit Kennedy, der Ökonom Liberman verhilft den Gesetzen des Profits zu neuen Ehren. Nikita erklärt, daß Kommunismus für ihn «einen vollen Bauch und warme Füße» bedeutet. Im Gespräch mit einem dänischen Parlamentarier gesteht er auch zu, daß «Opposition notwendig ist, denn Kritik tut allen gut».

Sein Abschied aus der Politik war undramatisch. Der letzte, der für seine Fehler mit dem Leben bezahlte, war Berija. Bei den anderen, Lenin und Stalin, kam der natürliche Tod dem zuvor. Man schickt Chruschtschow mit 300 Rubel monatlich in Pension auf seine Datscha. Ihm steht darüber hinaus ein Auto mit Chauffeur zu. Er geht Angeln, widmet sich der Hobby-Gärtnerei und liest. Ab und zu besucht ihn jemand, und dann erinnert er sich an die Momente seines abenteuerlichen Lebens, da «mit den verfaulten auch die gesunden Bäume abgeholzt wurden und die Späne nur so flogen».

Zuweilen stellt auch er sich die Frage: «Wieso bin ich dem Schicksal der anderen entgangen?» Er führt sein glückliches Schicksal auf die Sympathie Nadeschda Allilujewas, der zweiten Frau Stalins und Mutter von Swetlana, zurück, die ihn geschützt habe.

Als er gestürzt wird, verschwinden seine Bilder aus den Geschäften, wo revolutionäre Plakate und Andenken an die großen Führer verkauft werden. In der Oper *Boris Godunow* gibt es einen reichen Bojaren mit Namen Chruschtschow. Die Oper wird aus den Programmheften gestrichen. Sein Schwiegersohn, der Journalist Adschubej, wird in die Redaktion der *Sowjetunion* versetzt, eine einflußlose Monatszeitschrift. Seine Tochter Rada, die ihn auf vielen Reisen begleitet hatte, arbeitet weiter in der Zeitschrift *Wissenschaft und Leben*. Heute ist sie pensioniert.

In einem Kommuniqué wird sein Abgang angekündigt. Man sagt, er sei «aus Altersgründen» zurückgetreten. Ihm wird keine Gelegenheit gegeben, eine Erklärung abzugeben oder sich zu verteidigen. Gewiß hat er Fehler gemacht. Eines Tages trifft er Jewtuschenko, den er scharf kritisiert hatte, und spricht mit ihm über seine polternden Eingriffe in das Kulturleben. Er versucht, sich zu rechtfertigen: «Versteht mich doch, ich mußte das tun.»

Dem deutschen Botschafter Kroll hatte er anvertraut: «Ich will als derjenige in die Geschichte eingehen, der den Frieden gesichert und den Russen den Wohlstand gebracht hat.»

Man kritisiert seine Vulgarität, wie seinen Auftritt in der UNO, wo er mit den Schuhen auf das Pult schlug. Oder seine Eigenmächtigkeit, als er Königin Elisabeth von England einen Schrein der Romanows vermachte und dem schwedischen Premierminister Erlander einen Ring von Katharina II. Die gebildeteren Menschen werden durch seine Ignoranz und schlechten Manieren in Verlegenheit gebracht, und häufig bringen auch seine Extravaganzen sie außer Fassung. So bringt er es fertig, die reife Gattin eines westlichen Diplomaten «süßes Dickerchen» zu nennen; oder Mikojan vorzustellen und zu warnen: «Paßt auf die Armbanduhren auf. Ihr wißt, die Armenier haben fixe Finger.» Seine Reden und Gespräche mit den führenden Männern der Welt sind oft beleidigend.

Chruschtschow wird die Ehre der Kremlmauer nicht gewährt. Er ruht auf dem Friedhof von Nowodewitschi, und eine Bronzebüste bildet das breite Gesicht des Ex-Bergarbeiters nach, der heute rehabilitiert ist und als Vorläufer der Perestrojka angesehen wird. In der klaren Luft, zwischen Buchen, Akazien, Birken und prächtigen Apfelbäumen flattern die Tauben.

Mit Rada sprachen wir über die Vergangenheit, wie ihr Vater gelebt hat, wie sie sich an ihn erinnert, und schließlich auch darüber, wie sie seine Leistungen heute einschätzt: «Ich glaube nicht, daß er die scharfe Kritik an der kommunistischen Bewegung und ihren Idealen akzeptiert hätte. Im Gegenteil. Er war ein Mann seiner Zeit, der seine Ausbildung eben in jener Epoche erfahren hatte.

Als Stalin 1953 starb, war ich kein kleines Mädchen mehr, ich war 23 Jahre alt, aber wenn ich meine damaligen Ansichten von heute aus betrachte, dann finde ich mich damals noch sehr kindlich, ich begriff das alles nicht.

Ich wurde in der Tradition erzogen wie alle aus meiner Generation, und ich glaubte ohne den Schatten eines Zweifels, daß alles, was gemacht wurde, und alles, was von oben kam, richtig war.»

Ob es irgendeine Ahnung davon gab, was mit den anderen geschah?

«Auch das ist Teil einer sehr komplizierten Stimmungslage. Es war, als gäbe es zwei parallele Strömungen: Auf der einen Seite lebten wir ganz normal, unbeschwert; wir lebten die Gefühle aller Menschen. Auf der anderen Seite gab es da in gewisser Hinsicht, untergründig gewissermaßen, ich sage nicht Kritik, das gab es in unserer Familie wirklich nicht, aber vielleicht so etwas wie eine innere Beunruhigung. Ja, das Gefühl, irgendwo spiele sich eine Tragödie ab, von der wir nichts wüßten, das hatten wir nicht.

Meine beste Jugendfreundin war Sergo Mikojans erste Frau, die ganz jung gestorben ist, mit noch nicht einmal 26 Jahren. Und ihr Vater, Kusnetzow, war zu jener Zeit im Zentralkomitee. Er war zusammen mit Shdanow während der gesamten Zeit der Belagerung in Leningrad.

Dann wurde er Sekretär des Zentralkomitees in Moskau. Er hatte eine sehr wichtige Stelle inne. Ganz unvermutet wurde er all seiner Ämter enthoben und verhaftet. Das geschah 1948 oder 1949, und es geschah direkt unter meinen Augen.

Ein Mensch, den ich gut kannte, verschwand; auch die Mama meiner Freundin wurde verhaftet, und übrig blieben eine Familie mit fünf Kindern, meine Freundin war die Älteste, und die gelähmte Großmutter. Und trotz alledem, und das ist das Absurde, fragte ich niemals nach, auch wenn ich nicht glauben mochte, daß man Kusnetzow irgendeines Verbrechens bezichtigen könnte. Das war die Absurdität unserer Existenz in der damaligen Zeit.»

1956 trug Chruschtschow auf dem 20. Parteitag einen Bericht vor, der ein Schlaglicht auf ein langes und schreckliches Kapitel der russischen Geschichte warf. Hat sie von den Fakten gar nichts gewußt?

«Mein Sohn fragt mich oft: ‹Kann es sein, daß ihr von dem Terror nichts wußtet? Das kann doch gar nicht sein.›

Jetzt sind so viele Dokumente aufgetaucht und Erinnerungen von Leuten, die viel besser als ich in der Lage sind, über jene Geschehnisse ein Urteil abzugeben. Es war eine ganz merkwürdige Situation, die man auch heute, nach so vielen Jahren, nur sehr schwer begreifen kann.

In meiner Familie hat es niemals ein Gespräch darüber gegeben, aber wir machten auch keinen Kult um die Person von Stalin. Sein Tod jedoch war für uns – wie für Millionen und Abermillionen von Russen – eine Art Zusammenbruch. Man wußte nicht, was die Zukunft für uns bereithielt.

Vor kurzem las ich, daß selbst Koroljow, der Konstrukteur der Raketen, der Jahre im Konzentrationslager gesessen und gelitten hatte, solche Empfindungen hatte. In den Briefen an seine Frau schrieb er von diesem Gefühl der Bestürzung. Ich empfand dieselbe Trauer. ‹Wie werden wir leben?› fragte ich. Daß Stalin das Land blutig unterdrückt hat, wußte ich nicht, obwohl ich schon erwachsen war und es sich vor meinen Augen abspielte.»

Ob es Nikita Chruschtschow jemals leid getan habe, in seiner historischen Rede jene Dinge enthüllt zu haben?

«Niemals, nie. Nein, ich glaube auch, daß das einer der wichtigsten Schritte in seinem Leben war. Er hielt seine Entscheidung für richtig und sagte immer wieder: ‹Was werden wir unseren Kindern sagen? Was werden wir unseren Enkeln sagen? Wir müssen doch vor dem Volk Rechenschaft ablegen.› Daher kein Bedauern.

Ja, es war sogar so, daß mir das damals, als sich die Dinge allmählich entwickelten, alles vollkommen selbstverständlich vorkam. Heute dagegen, nachdem so viele Jahre vergangen sind, würde ich sagen, daß mein Vater ein ausgesprochen mutiger Mann war.»

Den Leuten erschien Chruschtschow als eine sehr humane Persönlichkeit. In einem Buch über ihn wird ihm vorgehalten, er habe die Moral den Erfordernissen der Macht untergeordnet.

«Nein. Mit mir hat er nie so geredet. Indirekt sprach er von Leuten, mit denen er in seiner Funktion als Leiter der Moskauer Parteiorganisation zu tun gehabt hatte und die fast alle festgenommen worden waren, verschwanden oder durch Erschießung ums Leben kamen. Es waren seine Freunde gewesen. Er erinnerte sich häufig an sie und sagte, er könne nicht glauben, daß sie irgendeine Schuld auf sich geladen hätten. Dennoch hätte er nichts für sie tun können.»

Damals wurden auch die Frau Molotows, die jüdische Schwiegertochter Stalins und die Kinder Mikojans verhaftet. Ob die Familie Chruschtschow Angst gehabt habe?

«Unter uns Kindern, und wir waren viele, gab es keine Besorgnis oder Angst. Über die Festnahmen wurde zu Hause nicht diskutiert; man sprach darüber nicht und stellte auch keine Fragen. Jetzt werde ich oft gefragt: Was hat ihr Vater erzählt? Bis Stalins Tod jedoch war es nicht üblich, über bestimmte Fragen zu reden, und unnütze Debatten wurden einfach nicht geführt. So war unsere Erziehung.

Zur selben Zeit wurde aber auch eine ganz enge Verwandte verhaftet, die Frau meines größeren Bruders. Der kam 1943 ums Leben. Er war Pilot. Er war auch ein Freund der älteren Brüder Mikojan gewesen, die ebenfalls Piloten waren. Er starb in der Nähe von Smolensk. Er ist gefallen, sie wurde wegen Kontakten mit Ausländern verhaftet.

Lange Jahre verbrachte sie in der Verbannung. Wenn solche Dinge vorkamen, beruhigte man sich doch immer damit, irgendeinen Grund würde es schon geben und irgendwie werde es schon rechtens so sein. Auf jeden Fall hatte man keine kritische Position und fragte auch nicht nach Erklärungen.»

Was ihr Vater in den Gesprächen in der Familie über die alten Bolschewiki gesagt habe, denen der Prozeß gemacht und die dann zum Tode verurteilt wurden?

«Nach Stalins Tod, als sich die Dinge allmählich änderten, gab es ein erstes Gespräch zu diesem Thema zwischen uns, und ich nahm mir vor zu fragen, ob Kusnetzow, Allas Vater, noch am Leben sei. Er schwieg. Wir gingen einen kleinen Weg entlang, und ich fragte einfach: ‹Und wie steht es mit Alexej Alexandrowitsch?›, aber er antwortete nicht.

Einige Tage später sagte er zu mir: ‹Richte Alla bitte aus, daß Alexej Alexandrowitsch nicht mehr am Leben ist und daß er sich nichts hat zuschulden kommen lassen.›

Das war die erste Information über jemanden, der in diesen nicht zu bremsenden Fleischwolf geraten war.

Bald darauf gab es weitere Berichte über andere Genossen, und einige besuchten uns auch in der Wohnung. Zum Beispiel Olga Grigorjewna Satonowskaja, ein altes Parteimitglied, die bei uns in der Datscha zu Gast war, als sie aus der Verbannung zurückgekehrt war. Sie arbeitete in der Rehabilitationskommission. Sie war sehr eng befreundet mit Mikojan und mit Anastas Iwanowitsch, mit denen sie diskutierte. Aber mit meinem Vater gab es keine Abende, an denen man in Erinnerungen schwelgte: Er war ein sehr zurückhaltender Mann.»

Man sagt, Berija sei Stalins schwarze Seele gewesen. Ob sie ihn jemals gesehen habe. Und was sie von ihm wisse.

«Jetzt weiß ich eine ganze Menge über ihn. Vielleicht gar nicht einmal so viel aus meinen persönlichen Erinnerungen, sondern aus den Berichten von anderen. Wissen Sie, ich habe ihn gesehen, aber nicht wirklich gekannt, es gab keine persönlichen Kontakte, er war nie bei uns zu Hause.

Ich erinnere mich an eine Episode. Da war ich achtzehn und studierte an der Universität von Moskau. Zu jener Zeit lebte meine Familie in Kiew. In der Granowskijstraße stand ein Wohnhaus, in dem etliche Regierungsmitglieder lebten: Malenkow, Budjonnyj und Wosnessenskij.

Eines Tages kam ich von den Vorlesungen zurück, bestieg den Lift, und zusammen mit mir stieg ein Mann ein, den ich nicht auf den ersten Blick als Berija erkannte, aber er war es. Wir fuhren gemeinsam nach oben, er in den vierten Stock zu Malenkow, ich in den fünften in meine Wohnung. Und ich muß Ihnen sagen, daß ich mich noch heute, wiewohl ich damals nur Bewunderung für ihn empfand, an seinen finsteren Blick erinnere. Na ja, er war wirklich eine unvergleichliche Persönlichkeit.»

Was sie von seinem Ende wisse?

«Es ist soviel darüber geschrieben worden. Ich fürchte, da kann ich nichts Neues beisteuern. Tatsächlich interessierten mich jene Jahre sehr, und die Dokumente, die sie mir zu lesen gaben, die mir auch mein Vater gab, waren eine Überraschung für mich. Es waren nur Dokumente, die an die Parteiorganisation geschickt worden waren, sonst nichts. Einer der Richter, die damit befaßt waren, war ein guter Bekannter von mir, der Ex-Sekretär des Zentralkomitees, Nikola Alexandrowitsch Michailow. Und ich erinnere mich, wenn er abends – er war Nachbar unserer Wohnung auf dem Lande – davon erzählte, na ja, eben so viel, wie er durfte. Ehrlich gesagt, viel verstand ich nicht, Einzelheiten schon gar nicht. Ich habe ihn immer noch um genauere Informationen bitten wollen, aber dann starb er ganz plötzlich, und so kam es nicht mehr dazu.»

Ob der Enkel von Trotzki etwas zu berichten hätte?

«Ich denke, er hätte viel zu sagen. Ich wußte, ebenso wie viele andere, wenig von Trotzki. Eigentlich nur die Allgemeinplätze, die in unseren Kreisen so im Umlauf waren. Aber ich glaube nicht, daß sich Trotzkis politische Position sehr von der Stalins unterschied. Wenn Trotzki gesiegt hätte, wäre es heute wohl eher noch schlimmer um unser Land bestellt. Dennoch war er ein gebildeter Mann, er publizierte, er rief zum Kampf auf, die fortschrittliche Weltmeinung aber war auf seiten Stalins.»

Wie sich eine Person wie ihr Vater mit einem Menschen wie Stalin hatte arrangieren können?

«Mein Vater war ein Politiker, der die marxistische Weltsicht teilte, die die Grundlage für die Oktoberrevolution gewesen war – ganz gleich, wie man heute darüber urteilen mag. Und er entschied sich in voller Überzeugung und bis zur letzten Konsequenz dafür. Er glaubte also, daß eine soziale Veränderung stattfinden, der Kommunismus den Kapitalismus ersetzen müsse, und daß es dafür keinen genau vorgeschriebenen Verlauf gab.

Er besaß keine höhere Schulbildung und keine philosophische Orientierung. Er war ein Autodidakt, aber ihm war eine außergewöhnliche Intelligenz gegeben, und man mußte sich wirklich wundern, daß er sich in jenen schrecklichen Zeiten seine Seele und sein Herz bewahrt hatte und daß sie ihm halfen, die richtige Einstellung zu finden. Er hat geschrieben, daß er in jener Zeit, als es galt, sich zwischen Stalin und Trotzki zu entscheiden, in Stalin regelrecht verliebt war. Es war eine Sichtweise, die er teilte und bis zum letzten verteidigte. Noch heute frage ich mich, woher er die Kraft nahm, mit all dem zu brechen.»

Unter meinen Büchern habe ich ein vergilbtes Bändchen hervorgezogen: *Moskau 1937*. Es stammt von Lion Feuchtwanger, dem Verfasser des *Jud Süß*, und trägt den Untertitel: «Tagebuch einer Reise für meine Freunde». Darin bekennt er: «Als Sympathisant abgereist.» Er kehrt begeistert zurück, obwohl es sich «um eine sehr bewegte Zeit» handelt. Er nimmt an einem politischen Prozeß teil, ließ sich aber nicht, gegen André Gide polemisierend, von «Kleinigkeiten» ablenken, er hatte «mehr Licht als Schatten» gesehen.

Am Anfang war André Gide ebenso begeistert gewesen wie Edmund Wilson und George Bernard Shaw, der ausrief: «Ich möchte meine Sympathie für die UdSSR laut herausschreien und würde mir wünschen, das möge überall vernommen werden.»

Denen, die allzu neugierig sind, zeigt man die Modellgefängnisse, die von den Insassen «Intourist-Kerker» genannt werden.

Aber die Begeisterung unter den Intellektuellen breitet sich aus, und Ehrenburg läßt seiner Freude freien Lauf: «Paul Claudel ist in den Hafen der Kirche gelangt, Paul Valéry in den der Akademie und André Gide in den des Lebens.»

Als Gide nach Moskau kommt, wird er mit allen Ehren empfangen. Es werden sogar 300000 Postkarten mit seinem Bild gedruckt, zahllose Fähnchen werden verteilt, um ihn zu feiern, der Besuch eines Schwimmbades voller schöner Athleten – Soldaten der Roten Armee – wird für ihn organisiert. Er aber bleibt dabei, die unerbittliche Verfolgung der Homosexualität in der Sowjetunion zu kritisieren. Er entdeckt, daß ihm an diesem Land der Verheißung gar nichts gefällt: weder die Trägheit der Arbeiter noch die Schlangen vor den Geschäften und auch nicht die dem Staat unterworfene Kunst. Ja, sogar die Melone, die sie ihm servieren, ist schlecht, und wie sagt doch das persische Sprichwort: «Die Frauen für die Pflicht, die Knaben fürs Vergnügen und die Melone für die Ekstase.» Es ist ihm ein Gebot der Aufrichtigkeit, das zu berichten, was er gesehen hat – und in diesem Fall seine Ansicht zu ändern. Ein kleines Büchlein, *Retour de l'URSS*, beseitigt jedes Mißverständnis.

Ehrenburg paßt sich daraufhin der unerwarteten Kehrtwende an und bezeichnet ihn als «einen geifernden alten Renegaten». Und er erklärt weiter, daß «die Revolution Schmerzen verursacht hat, aber eine Geburt ohne Schmerzen gibt es nicht».

Der Große Überlebende: Anastas Mikojan

Was wissen die Kinder der alten Bolschewiken, die in den Mauern des Kreml aufwachsen, von jenen Schmerzen der Revolution und von all dem, was draußen vorgeht?

Straßen und Plätze in der großen Feste sind immer verlassen. Einzig der Schritt der Wachen ist zu hören. Die Hausangestellten gehen den Begegnungen mit den Machthabern aus dem Wege. Auch Stalin kann man sehen. Er ist viel kleiner, als es nach den Denkmalen schiene, und er bewegt sich gemächlichen Schrittes fort.

Viele Familien leben in den Wohnungen für die Nomenklatura: die Shdanows und Woroschilows, die Kaganowitschs und die Andropows, Militärs, Gewerkschafter und Politiker. Einige leben hier einfach, andere betragen sich hochmütig.

Molotows Tochter fährt mit einem Packard zur Schule, und der Fahrer und die Leibwache beeilen sich, ihr die Tür aufzureißen. Bescheiden sind die Mikojans. Es sind fünf Geschwister, und die beiden ältesten geben ihre abgelegten Kleider an die jüngeren weiter: Das Gehalt des Vaters beträgt 800 Rubel, plus Wohnung, Datscha und Auto. Es sind schon Privilegien, aber doch kein Luxus.

Ich sprach über jene finsteren Tage mit Sergo Mikojan, dem Sohn von Anastas Iwanowitsch, der wie Stalin ein Seminarist aus Tiflis und seit 1915 Parteimitglied war und eine große Karriere bis hin zur Präsidentschaft der Union der Sozialistischen Sowjetrepubliken machte. Er war ein kluger Unterhändler und verstand es, sich durch alle Verdächtigungen, Verschwörungen und Denunziationen hindurchzulavieren, die der Personenkult mit sich brachte. Einige sahen in ihm einen Liberalen, aber er war nie der führende Kopf irgendeiner Gruppierung, er wollte nicht an der Spitze stehen.

Die größte Gefahr drohte ihm Ende 1952. Stalin griff ihn an und beschuldigte ihn, ein Agent der Türken zu sein. Er dachte an Selbstmord, aber der Tod Stalins, wenige Monate später, rettete ihn.

Daß er bei der Vernichtung der armenischen Partei eine entscheidende Rolle gespielt hatte, wurde mit Stillschweigen übergangen, die Schuld daran wurde Malenkow zugeschoben. Und sein Sohn Sergo meint: «Er wurde gezwungen, prinzipienlose Handlungen zu begehen.» Als Stalin starb und die Deportierten zurückkehrten, ließ er sich von ihnen berichten, was sie erlebt hatten, «er half ihnen, und man sah, daß Gewissensbisse ihn plagten».

Anastas Iwanowitsch Mikojan ist der einzige Genosse aus den Zeiten Lenins, der mit Zeremonien, Medaillen und einer angemessenen Pension abgetreten ist. «Der Große Überlebende», wie sie ihn nennen, Sohn des Schreiners von Sanain, hatte es zeit seines Lebens verstanden, die Kraft der Welle abzuschätzen.

Wie der georgische Freund entdeckte er Karl Marx und verwarf das Evangelium, er legte die Mönchskutte ab und predigte die Revolution. Als die Revolution ausbricht, wird er bei der Verteidigung Bakus verwundet. Sechsundzwanzig Gefangene, die man für wichtiger als ihn hält, werden erschossen. Er lernt Diskretion: Auch bei Feierlichkeiten hält er sich ein wenig im Abseits auf, denn die Erfahrung hat ihn gelehrt, daß es nicht ungefährlich ist, zu den Allergrößten zu gehören.

Die «schwarzen Listen» des Generalissimo sparen ihn aus, er steht Chruschtschow bei, als es darum geht, Molotow zu eliminieren, und er ist bei der Mehrheit, als es sich darum handelt, Chruschtschow abzuservieren. Er rettet sich vor den Säuberungen, vor Berija und vor dem Tauwetter. Er kritisiert nicht, er klagt nicht an, er ist gemäßigt in seinem Urteil sowohl über die Gesetzesbrüche und den Machtmißbrauch des Diktators wie über die Ungereimtheiten von Nikita. Er war der beste Geschäftsmann, den die Sowjetunion je besaß, der geschickteste sozialistische Unternehmer. Wäre er nach Amerika ausgewandert, so sagt man, wäre er Milliardär geworden.

Sergo A. Mikojan leitet die *Revista América Latina*. Er ist ein aufgeschlossener Mann mit guten Manieren und kritischem Witz. Als Heranwachsender verbrachte er einige Monate in einem Gefängnis, weil er etwas gesagt oder gemacht hatte, was dem KGB nicht gefiel.

Ich frage ihn, wie er jene Zeit beurteile, die ja noch gar nicht so weit zurückliege?

«Leider herrscht bei uns das Gefühl, Jahrzehnte umsonst gelebt zu haben. Ein gewaltiger Verlust für unser Volk und unser Land, für seine moralischen Fundamente und für seinen Glauben an die Zukunft.»

Wie hat ein Heranwachsender mit Namen Sergo Mikojan diese Zeit erlebt?

«In meiner Kindheit lernte ich, wie alle Jugendlichen in Rußland, grenzenloses Vertrauen in Regierung, Partei und in Stalin zu setzen. Zu Hause wurden wir streng behandelt. Papa und Mama legten großen Wert darauf, daß wir uns bescheidener als die anderen betrugen. Uns wurde eine Erziehung zuteil, die ich spartanisch nennen möchte.

Meinem Vater verdanke ich, daß es uns niemals verwehrt wurde, eine eigene Meinung zu haben. Wir diskutierten sehr viel, und er stachelte uns dazu an. Das öffnete uns die Augen hinsichtlich dessen, was geschah.»

Bucharins Frau, Anna Larina, berichtet in ihren Erinnerungen von Nikolai Iwanowitsch, wie er den Kindern Mikojans einen Uhu schenkte, den er in den Wäldern gefangen hatte. Erinnern Sie sich daran? Wie war Bucharin?

«Tja, ich muß gestehen, daß ich mich nicht sehr gut an ihn erinnere. Als er festgenommen wurde, war ich acht Jahre alt. Später habe ich viel von ihm erzählen hören und eigentlich nur Gutes.

Ich möchte es so sagen: In jene Traumwelt, in der der Junge Mikojan lebte, ist vollkommen unerwartet und unbegreiflich Stalin höchstpersönlich eingebrochen, denn auf seinen direkten Hinweis wurden mein Bruder – er war damals vierzehn – und ich der antisowjetischen Propaganda bezichtigt und festgenommen.

Ich besuchte den ersten Kurs am Institut, und mein Bruder, der mit mir zusammen festgenommen worden war, studierte an der Akademie, als Stalin eines Tages meinen Vater fragte: ‹Und was ist aus deinen Söhnen geworden, die wegen eines Komplotts angeklagt waren?›

Papa antwortete: ‹Sie studieren; der eine am Institut und der andere an der Akademie.› Und Stalin sagte drohend: ‹Haben sie denn überhaupt das Recht, eine Universität der UdSSR zu besuchen?›

Die Frage enthielt eine klare Drohung. Mein Vater erzählte meiner Mutter die Begebenheit. Sie war verängstigt, denn sie fürchtete ein Nachspiel. Aber der Alte litt offensichtlich schon an Verkalkung und vergaß die ganze Geschichte.»

Wie war für Sie die Erfahrung im Gefängnis?

«Eine Woche vor mir hatten sie meinen Bruder verhaftet. Es war Sommer, wir wohnten auf der Datscha, und tagsüber streiften wir durch die Gegend, ich spielte mit dem Hund. Damals war ich noch nicht einmal dreizehn.

Plötzlich war mein Bruder verschwunden. Als ich zum Abendessen nach Hause kam, fragte mich Mama: ‹Und wo ist Wanja?› Ich antwortete: ‹Ich weiß nicht.›

Sie sorgte sich und war beunruhigt; sie rief bei der Miliz an, aber niemand sagte ihr, was geschehen war.

Damals ließen die Leibwächter und die Agenten des KGB uns nicht aus den Augen. Der Kapo, der meinem Vater zugeteilt war, folgte ihm selbst dann, wenn er mit Mama einen Spaziergang um unser Landhaus machte, wohl nicht zu ihrem Schutz, sondern weil er hören wollte, worüber sie sprachen. Um nicht verstanden zu werden, sprachen sie armenisch.

In jenen Tagen kam einer von unseren Wächtern zu mir und sagte: ‹Weißt du, sie sind gekommen und wollen, daß du ins Auto steigst und mit zum KGB kommst. Es gibt da einiges zu klären mit deinem Bruder. Das dauert vielleicht eine halbe Stunde.›

Ich ging mit, und aus der halben Stunde wurde ein halbes Jahr. Aber ich halte mich nicht für ein Opfer, denn ich wurde nicht geschlagen, sie wandten keine Gewalt an, um etwas aus mir herauszuholen. Sie stellten mir dumme Fragen, und ich, offensichtlich noch ziemlich naiv, nahm diese Verhöre eher als eine Art Zeitvertreib. Erst später begriff ich, wie ernst die ganze Angelegenheit war.

Ich verweigerte den Freigang und das Essen. Ich weiß nicht, wie sich die anderen verhielten – es gab da noch acht Jungen in meinem Alter.

Sie riefen uns ins Büro des Kommissars, der die Untersuchung leitete. Dort bedeutete man uns, daß wir sofort entlassen werden könnten, wenn wir unterschrieben. Sie sagten mir, nebenan warte die Mama. Die Vorstellung, sofort bei ihr sein zu können, ließ mich, ohne zu zögern, unterschreiben, ich achtete überhaupt nicht darauf, was da geschrieben stand.

Das Komische aber ist, daß wir auch nachher noch Stalin verehrten. Ich hielt nicht ihn, sondern Berija oder irgend jemand anderen für den Verantwortlichen dieser Geschichte.»

Hat Ihr Vater jemals über die Prozesse und die Verurteilten gesprochen?

«Erst nach Stalins Tod. Solange Stalin lebte, sagte er zu Hause gar nichts, denn er wußte, daß alles abgehört wurde. Er erinnerte sich an Bucharin und die anderen, und er hielt viel von ihnen. Ich dagegen steckte noch so sehr im Stalinismus, daß ich viele Dinge gar nicht begriff; und ich hatte sehr merkwürdige Gefühle, wenn jene Namen fielen, die sich aus den Zeiten meiner Kindheit als ‹Volksfeinde› in mein Gedächtnis eingegraben hatten.

Besonders über Bucharin sagte Papa viel Positives. Er erzählte, daß sie Freunde gewesen waren, sie hatten sich mit Spitznamen gerufen.»

Stalin haben Sie doch sicher kennengelernt?

«Gesehen habe ich ihn schon, aber nicht aus der Nähe, denn nach dem Tod seiner Frau kam er nicht mehr auf die Datscha, die zwei Kilometer von der unseren entfernt war. Und damals war ich noch sehr klein.

Danach mied er immer mehr den Kontakt mit den Familien der anderen Politbüromitglieder. Ich sah ihn manchmal, wenn er in den Kreml kam, um einen Film zu prüfen, denn die Entscheidung, ob ein Film gezeigt werden durfte oder nicht, lag immer bei ihm. Das waren die Zeiten, als es bei uns nicht mehr als acht bis zehn neue Filme im Jahr gab.

Der Vorführungsraum war im Eingang des alten Kreml untergebracht, wo sie auch den Kongreßsaal gebaut haben. Wir wohnten dort, und als wir erfuhren, daß Stalin kommen würde, öffneten wir die Tür einen Spalt breit und schauten. Er war sehr klein, pockennarbig und machte überhaupt nicht jenen machtvollen Eindruck, den die Fotos von Zeremonien im Leninmausoleum und anderen offiziellen Anlässen erweckten.»

Was halten Sie von den Menschen aus seinem Umfeld?

«Der größte Teil waren Fanatiker. Das Grundübel unserer Partei noch bis in die siebziger Jahre war der Fanatismus. Stalin wußte diese Überspanntheiten zu nutzen. Die Leute aus seinem Umfeld ließen sich nach Charakter, Gewissen und Moral, nach Zielen und Ideologien unterscheiden. Da gab es diejenigen, die ihn bedingungslos und freiwillig unterstützten: Hier wären Molotow und Kaganowitsch an erster Stelle zu nennen. Und natürlich auch Berija. Viele Alternativen gab es nicht: entweder mit Stalin zusammenzuarbeiten oder sich eine Kugel in den Kopf zu jagen, als Volksfeind abgestempelt zu werden oder zu versuchen, das Beste für das Land zu tun.

Ich habe Malenkow nicht genannt, der ein außergewöhnlich tüchtiger Exekutor von Stalins Absichten war. Die anderen haben sich angepaßt, sie mußten gehorchen und alles Denkbare tun – trotz dieser bedrückenden Allgegenwart –, um wenigstens etwas Vernünftiges tun zu können.»

Eine ganz entscheidende Persönlichkeit des Stalinismus ist Berija. Was war er? Ein bloßer Befehlsempfänger oder ein Monster?

«Ich sehe in ihm nicht eine Hauptfigur des Stalinismus. Die Hauptrolle des Stalinismus spielte Stalin selbst, er war es gewesen, der dieses System noch zu Lenins Lebzeiten aufzubauen begonnen hatte. Und das liegt wenigstens dreizehn Jahre vor Berijas erstem Auftritt in Moskau.

Als er Berija zum Chef des Geheimdienstes machte, hatte Stalin den Repressionsapparat bereits organisiert, und er lief schon auf Hochtouren. Daher empfiehlt es sich, die Bedeutung Berijas nicht zu überschätzen. Er war ein Instrument, das nach Jagoda, Jeschow und anderen an die Reihe kam. Und nach Berija oder auch zur gleichen Zeit gab es Abakumow und Merkulow usw.

Aber die Rolle, die er dann spielen sollte, paßte zu seinem Charakter. Einerseits war er auf gewisse Weise ganz vernünftig. Als er 1938 aus Tiflis ankam, da sagte er vor allen leitenden Kadern zu Stalin: ‹Man hat so viele Leute beiseitegeschafft, daß bald niemand mehr da sein wird, den man ins Gefängnis werfen könnte. Vielleicht muß man Schluß machen.›

Andererseits aber konnte sich Berija mit besonderer Grausamkeit an seinen persönlichen Feinden rächen. Man sagt, er habe sich oft persönlich an den Folterungen und Erschießungen beteiligt.»

Kennen Sie sein Ende? Es sind so viele Geschichten über ihn im Umlauf. Man sagt, er habe zu seinem Vergnügen einfach Frauen auf der Straße entführen lassen.

«Für ihn nahm die Geschichte ein trauriges Ende. Denn im Juni 1953 wurde er auf Veranlassung Chruschtschows von allen Ämtern entbunden und unverzüglich festgesetzt.

Sie brachten ihn in eine Militärkaserne, denn sie trauten dem KGB nicht und wollten kein Risiko eingehen. Die Untersuchung dauerte bis in den Dezember hinein, dann wurde er erschossen.

Und ich denke, daß Untersuchung und Prozeß nach altem Muster durchgeführt wurden, ohne Öffentlichkeit und Volksbeteiligung. Ich glaube, sie haben sich so beeilt, weil er tausend Dinge wußte, über die wir heute auch gern Bescheid wüßten. Aber leider war das Erbe des Stalinismus damals noch allzu lebendig.

Zweifellos hat er auf der Straße Mädchen entführt, aber ich möchte sagen, diese Jagd war sein höchstpersönliches Privatvergnügen. Ich erinnere mich, als ich einmal die Gorkistraße entlangging in Richtung Telegrafenamt und plötzlich mit Erstaunen einen großen Wagen – mit diesem Autotyp waren damals einzig unsere Leitungskader unterwegs, ein amerikanisches Modell, das mit dikkem Panzerglas ausgerüstet war – wahrnahm. Hinter dieser Limousine fuhr noch eine mit den Leibwächtern langsam am Bürgersteig entlang.

Ich trat näher und erkannte Berija, der die Passanten aufmerksam musterte. Ich begriff nicht, warum, denn von jenen Gerüchten wußte ich damals gar nichts. Ich habe es in der Familie erzählt:

Mein Vater war nicht da, aber mein Onkel mütterlicherseits. Der fing an zu lachen und sagte: ‹Der war auf der Suche nach Volksfeinden.›

Später erklärten meine größeren Brüder mir, zu welchem Zweck Berija bei derartigen Anlässen die Fußgänger so genau musterte. Wenn ihm eine Frau gefiel, machte sein Adjutant sich an sie heran und traf eine Verabredung. Er trug diese Frauen alle in ein Verzeichnis ein – da gab es mehr als hundert Namen –, und normalerweise überhäufte er sie mit Geschenken.

Eine seiner Eroberungen habe ich in den sechziger Jahren kennengelernt. Ich war zum Skilaufen, und im selben Hotel wohnte eine Dame, die die Geliebte Berijas gewesen war, seine Favoritin. Normalerweise dauerten seine Abenteuer eine Nacht oder eine Woche, mit ihr aber hatte Berija ein Kind, und die Frau vertraute mir an, daß sie nur gute Erinnerungen an ihn hege. Andere dagegen hatten schlechte, denn sie hatten sich ihm verweigert und nahmen, wie man in diesen Fällen zu sagen pflegte, ‹ein böses Ende›.»

Hatte Ihr Vater Angst?

«Ich glaube, ja. Die Frage habe ich mir selbst oft gestellt. Mit Bucharin machte er Ausritte oder Bergtouren. Sie flogen zusammen in einem kleinen Sportflugzeug, obwohl Stalin das verboten hatte. Er nannte ihn Buchartschik (der kleine Bucharin), und Bucharin rief ihn Mikojaschka.

Und dann las ich – ohne jede Vorwarnung – den Text der Rede, die mein Vater als Zeuge gegen Bucharin hielt, als dieser als Volksfeind angeklagt war. Dieser Widerspruch hat mich dazu gebracht, in Terror und Einschüchterung die einzig denkbare Erklärung zu sehen. Er hatte mit Sicherheit Angst.

Aber ich muß auch sagen, daß in einem anständigen Charakter die andauernde Empfindung von Angst eine Gegenreaktion auslöst, und es gab Momente, da war er nicht ängstlich, sondern mutig. Als ich die Tochter des Helden der Belagerung Leningrads, Kusnetzow, heiraten wollte, waren die Mitglieder des Politbüros bereits seit einigen Wochen über Stalins Absicht auf dem laufenden, ihn von allen Ämtern zu entbinden. Alle wußten, was das zu bedeuten hatte und daß Kusnetzow wenig später festgenommen und eliminiert werden würde.

Kaganowitsch sagte zu Mikojan: ‹Stimmt es, daß Sergo die Tochter von Kusnetzow heiraten will?› – ‹Sicher›, antwortete er. ‹Bist du verrückt geworden? Das erlaubst du?› Er sagte: ‹Ich weiß nicht; das Mädchen gefällt mir sehr, aber das Wichtigste ist, daß sie sich lieben, und sie hat absolut nichts verbrochen. Deshalb will ich die Heirat nicht verhindern.›

Am festgesetzten Tag meiner Trauung weigerte sich Kusnetzow, an der Feier teilzunehmen, weil er das Haus meines Vaters nicht durch seine Anwesenheit kompromittieren wollte. Ich ging zu meinem Vater und sagte zu ihm: ‹Was soll denn das? Ich heirate, und der Vater der Braut ist nicht bei dem Fest?›

Mein Vater ging zum Telefon und rief ihn an; sie diskutierten lange hin und her, und schließlich hatte er ihn überredet. Das war in jenen Tagen unter dem Regime Stalins wirklich mutig.»

Haben Sie sich jemals die Frage gestellt, warum die Angeklagten in den großen Prozessen Schuldbekenntnisse ablegten?

«Das ist eine Frage, die uns alle sehr interessiert. Wir wußten, daß gefoltert wurde, geprügelt, aber wir begriffen auch, daß das allein nicht der Grund war, warum sie sich selbst bezichtigten. Jetzt wissen wir sehr viel mehr. Ich habe mit vielen Leuten gesprochen, die gequält und geschlagen worden waren, die achtzehn und mehr Jahre im Gefängnis zugebracht haben. Entscheidend aber war bei vielen, daß sie moralisch unter Druck gesetzt wurden.

Sie sagten: ‹Ja, wir wissen, daß du unschuldig bist, aber die Partei will es anders; es wird einen Prozeß geben, und du wirst dich schuldig bekennen. Wenn du Vorbehalte äußerst, dann schadest du unseren Idealen, dem Volk und dem Land.›

Es gab Gefangene, denen sagten sie: ‹Du bist ohnehin verloren. Du bist schon tot. Hier kommst du nicht mehr lebend raus. Aber du hast eine Tochter, einen Sohn, eine Frau. Wenn du möchtest, daß sie am Leben bleiben, dann verhalt dich so, wie wir es wollen.›

Und noch schlimmere Fälle, wo sie während der Zeit der Verhöre die Frau oder auch den Sohn des Angeklagten festnahmen und in seiner Gegenwart quälten. Und dann unterschrieb man die verrücktesten Behauptungen, nur damit sie aufhörten.»

Wieso wurden die Hauptverantwortlichen des Terrors, Jagoda, Jeschow und Berija, allesamt erschossen?

«Sie waren das Bauernopfer. Kaum war Stalin zu der Einschätzung gelangt, sie hätten ihre Aufgabe erfüllt und seine Geschäfte erledigt, durch die sie dann auch zuviel wußten, war es nur konsequent, sie auch zu beseitigen. Man konnte ihnen die Schuld an vielen Verbrechen unterschieben, und Stalin tat so, als habe er selbst von nichts gewußt.»

Mehr als siebzig Jahre nach der Oktoberrevolution, welche Bilanz ziehen Sie?

«Eine enttäuschende, denn es tut weh, das Leben vergeudet zu haben. Ich bin jetzt sechzig Jahre alt, und ich bin zufrieden, bis zu diesem Punkt gelangt zu sein: Die letzten fünf Jahre stellen mich vor eine völlig neue Existenz. Das aber bedeutet zugleich, viele Tage umsonst gelebt zu haben, die etwas Besseres für Politik, Wissenschaft, Kunst hätten bedeuten können.

Auf der anderen Seite mag ich nicht glauben, daß alles umsonst gewesen ist, mag es auch nur dazu gedient haben, um jetzt endlich zur Perestrojka zu gelangen.»

Es ist die Zeit der Rehabilitationen. Was halten Sie vom Fall Trotzki?

«Es ist ganz klar, daß Trotzki ein persönlicher Feind von Stalin war, und daß darin sein einziges Verbrechen bestand. Auf einem anderen Blatt steht, daß seine Vorstellungen und die von Stalin einander sehr ähnlich waren. Ich glaube aber, er wäre nicht so grausam und nicht ganz so repressiv gewesen.»

Welches Gewicht hat die Vergangenheit für das sowjetische Volk?

«Sie hat für uns eine enorme Bedeutung. Es scheint so, als seien wir ein wenig zu sehr bei der Geschichte stehengeblieben. Aber die Geschichte ist notwendig, um zu wissen, was wir abschütteln müssen.»

Die «Ritter der Revolution»: Die Geheimpolizei

Es gibt Symbole – Tscheka, GPU, NKWD und KGB –, und es gibt Personen, die zum trüben Epos der Macht gehören. Den Anfang macht Felix Dsershinskij, «der eiserne Felix», der «Ritter der Revolution». Ein Pole, aus adliger Familie, aber mit nur bescheidenen Mitteln. Als Jugendlicher zeigt er mystische Neigungen, will katholischer Priester werden, wendet sich dann aber dem Kommunismus zu. Zwanzig Jahre kämpft er gegen die Ochrana, die zaristische Geheimpolizei. Ronald Hingley sagt, seine «asketisch priesterhafte, kalte und unkorrumpierbare Persönlichkeit erinnert immer wieder an den ‹Großinquisitor›». Conquest sieht in ihm «eine leicht hysterische Person, die sich mit totaler Hingabe den Aufgaben widmet, die die Partei ihm zuweist».

Anfangs stehen ihm 120 Funktionäre zur Verfügung, aber die aktiven Kämpfer sind knapp 250000. Seine Männer tragen dicke Lederjacken, sind mit einer Mauser bewaffnet, und wenn es gilt, die Gegner zu eliminieren, die Anarchisten, die «Weißen» oder die Zaristen, dann lassen sie die Motoren der Lastwagen laufen, um den Knall der Schüsse zu übertönen, und sie trinken sich Mut an. Er bringt sie in den Büroräumen einer Versicherung unter: der Lubjanka. Dsershinskij sagt: «Wir sind für den organisierten Terror. Es ist die Pflicht der Tscheka, die Revolution zu verteidigen, auch wenn ihr Schwert bisweilen auf die Häupter von Unschuldigen herniedersaust.»

Ab und zu kommen sie auch im Hotel Lux vorbei. Wenn sie den Beschuldigten mitgenommen haben, versiegeln sie die Tür. «Heute», verkünden sie, «kümmern wir uns nur um die geraden Nummern.» Ein russisches Sprichwort sagt: «Das Gefängnis und das Hospiz stehen allen offen.»

Die Beschuldigung lautet fast immer gleich: Artikel 58, der in jeder «Handlung, die darauf gerichtet ist, die Autorität der Sowjets umzustürzen, zu untergraben oder zu schwächen», ein kriminelles Vergehen sieht.

Man bereitet sich auf den Abschied vor: Sinowjew verläßt das

Haus mit der nicht-manipulierten Totenmaske von Lenin; Karl Radek nimmt sich vor, seine Bücher zu verkaufen, denn er hat nicht einen Rubel in der Tasche und schreit Victor Serge an: «Was für Idioten waren wir doch mit unserer berühmten revolutionären Ehre. Wir hätten eine schöne Kriegsbeute beiseite schaffen können, und jetzt krepieren wir, weil wir kein Geld haben.»

Sie arrestieren den Komiker Bim Bom, der unter einem Zirkuszelt die neuen Herren und die proletarischen Errungenschaften verspottet. Sie stürmen in die Arena und machen mit Pistolenschüssen Jagd auf den Clown, während das Publikum das Ganze für einen Gag hält und sich vergnügt.

Der 5. September 1918 ist ein historisches Datum. Der Rat der Volkskommissare beschließt, die Klassenfeinde in Konzentrationslagern zu isolieren. Der bereits erwähnte Hingley schreibt in seiner Arbeit *The Russian Secret Police*: «Es muß festgehalten werden, daß nicht Stalin, sondern Lenin das sowjetische Polizeisystem erfand.»

Nach Dsershinskij kommt ein weiterer Pole: Wjatscheslaw Menshinskij. Er ist sanft, hat Sprachen studiert. Dann Jagoda, der Erfinder des Gifts. Und dann, nach Jeschow, der Architekt Lawrentij Berija, der stärkste, düsterste und mächtigste Apparatschik unter den Bolschewiken.

Vielleicht wird ihm größere Schuld zugeschrieben, als er wirklich auf sich geladen hat: Das war schon bei Jeschow so. Er verfügt über eine beachtliche Intelligenz und ist ein fähiger Organisator. Stalin schätzt ihn, weil er mit ihm georgisch sprechen kann, weil Lawrentij Wein und Wodka bestens verträgt und niemals die Kontrolle über sich verliert.

Wie er beseitigt wurde, ist unbekannt. Chruschtschow ändert seine Darstellungen immer wieder. Einmal behauptet er, er selbst habe ihn umgebracht, dann schreibt er dieses Verdienst Mikojan zu, der ein ausgezeichneter Schütze war, dann wieder dem General Moskalenko. Nach der offiziellen Kremlversion wurde er, nach der Verurteilung, durch ein Erschießungskommando hingerichtet.

Man hat versucht, seine Grausamkeit psychoanalytisch zu erklären: die armselige Kindheit, der Vater war gestorben, die Mutter Köchin, sein Komplex, häßlich zu sein. Zum Ausgleich wollte er vor allem anderen befehlen. Er war ein Sadist mit einer fetischistischen Vorliebe für kleine Schülerinnen; es machte ihm Spaß, so ein Biograph, ihnen den Hintern zu versohlen. Verheiratet war er mit Nina, einer sechzehnjährigen Bauerstochter, die er entführen ließ. Für seinen sexuellen Heißhunger ließ er jedoch die erfahrensten Prostituierten aus ganz Moskau und keusche Schülerinnen herbeischaffen, die er am Schultor abfing.

Zehn Millionen Menschen endeten in den Arbeitslagern in der sibirischen Taiga. Unter ihnen Isaak Babel, Boris Pilnjak und Ossip Mandelstam. «Nur der Tod macht den Buckel gerade», lautet ein geflügeltes Wort. Berija setzte das in die Praxis um. Was hatte Mandelstam verbrochen? Er schrieb zwei Verse: «Von Ferne hört man den Mann aus den Bergen im Kreml, / den Mörder, den Bauernschlächter». «Sie kamen», so erinnert sich seine Frau Nadeschda, «in der Nacht vom 13. auf den 14. März 1934.»

Der eine legt ein Geständnis ab, der andere versucht vergebens, die Dinge zurechtzurücken. Achmatowa, die mit ihrem inhaftierten Sohn erpreßt wird, wie auch Mandelstam schreiben Lobeshymnen auf den Bau von Kanälen oder Elektrizitätswerken. Andere verfassen lyrische Gedichte anläßlich der Großen Prozesse. Ihre Titel: «Keine Gnade», «Kein Mitleid».

Berija und seine Leute kümmern sich nicht um Beweise oder die «sozialistische Gesetzgebung». Als der Ribbentrop-Molotow-Plan in Kraft tritt, übergeben sie der Gestapo deutsche Staatsbürger, Juden und Kommunisten. Unter ihnen ist auch Margarete Buber-Neumann, die aus den Händen des NKWD in die der SS übergeht.

Und die Richter stehen ihnen in nichts nach. Auszüge aus dem Verhör des Genossen Lew Kamenjew. Die Fragen stellt der Generalstaatsanwalt Wyschinski.

Frage: Wie bewerten Sie die von Ihnen im Jahr 1933 verfaßten Artikel, in denen Sie Ihre Ergebenheit gegenüber der Partei bekunden? Lügen?

Antwort: Nein, schlimmer als Lügen.

Frage: Hinterlist?

Antwort: Schlimmer.

Frage: Schlimmer als Lüge, schlimmer als Hinterlist. Suchen wir das richtige Wort: Verrat?

Antwort: Sie sagen es.

Frage: Verrat, Hinterlist, Doppelzüngigkeit.

Antwort: Ja.

Andrej Wyschinski, der Generalstaatsanwalt der UdSSR, ist ein gebildeter, aufmerksamer Mann, einer aus dem zweiten oder dritten Glied und eine Knechtsnatur. Seine Karriere ist auf Fälschungen und Verleumdungen gebaut. Am Ende einer Anklage brüllt er: «Ich verlange, daß diese tollwütigen Hunde allesamt erschossen werden.» Seine Sprache ist vulgär und gnadenlos: «Dreckige Verräter des Kommunismus, ihr werdet bestraft werden, und eure Kadaver werden verfaulen.»

Die Prozesse sind eine tragische Farce, aber gut vorbereitet. Die Korrespondenten der westlichen Zeitungen und die Diplomaten werden aufgefordert, ihnen beizuwohnen. Viele glauben an die Korrektheit der Verhandlung. Einer der Überzeugtesten ist der amerikanische Botschafter Davies.

Lew Kamenjew erklärt nach Beendigung des Verhörs: «Es ist unwichtig, wie das Urteil ausfällt. Ich erkläre es von vornherein für gerecht.» Als er den Urteilsspruch hört, ist er erschüttert. Vielleicht hatte er sich Illusionen gemacht. In einer Nacht werden seine Haare weiß. Ein junger Leutnant des NKWD erschießt ihn, mißhandelt den Leichnam mit Fußtritten, und feuert dann das gesamte Magazin seiner Pistole auf ihn ab.

Es wird von drei Millionen Exekutionen gesprochen, aber die Zahlen haben, wie immer, wenn es um die Sowjetunion geht, einen relativen Wert. In Leningrad muß man vor dem Lift zu den Kellerräumen Schlangestehen. Jede Erschießung wird in dreieinhalb Minuten erledigt. Alles ist genau berechnet. Ein Wachstuch deckt den Boden ab. Ab und zu macht eine Frau sauber.

Auch muß ein gewisses Zeremoniell eingehalten werden: In der Lubjanka geben die Verurteilten ihre Kleider ab und behalten nur ein weißes Hemd an. Für den «Vorgang» steht eine Zelle bereit, die benutzte Waffe ist eine automatische TT mit acht Schuß, ein Arzt stellt den Tod fest.

«Oft waren zwei oder drei Schuß erforderlich», sagte mir Robert Conquest. «Denn die kleinkalibrigen Geschosse töten nicht sofort.»

Schließlich gab es auch die Hinrichtungen in der Nähe der Massengräber, draußen auf dem offenen Lande, wie im Fall der Polen von Katyn. In der UdSSR gibt es etliche dieser Plätze. So jener berühmte bei Kuropaty in der Nähe von Minsk, wo Hunderte von Menschen mit einem Gewehrschuß in den Kopf getötet und dann in Gruben verscharrt wurden, die sie zuvor selbst ausgehoben hatten.

Auch die Chefs der Geheimpolizei erlitten dasselbe Schicksal: Jagoda, weil er nicht genügend umgebracht hatte, Jeschow, weil er zu viele umgebracht hatte, Berija, weil er den hochgestellten politischen Persönlichkeiten Schwierigkeiten gemacht hatte. Henker in einem despotischen Regime zu sein, war schon immer ein gefährlicher Job.

Wenn keine Beweise der Schuld vorlagen, dann war es am Opfer, ein Bekenntnis zu erfinden: «Das gesamte Verhör», so Conquest, «beruhte auf Lüge. Zuweilen wurde sogar die politische Überzeugung des Angeklagten zurechtgebogen. So konnte es vorkommen, daß ein bürgerlicher Nationalist als Trotzkist verurteilt wurde.

Es gibt ein noch unveröffentlichtes kleines Handbuch, das einige derer verfaßten, denen die Verhöre oblagen. Die Wächter sagten dem Opfer: ‹Schuldig bist du sowieso. Und jetzt sagst du uns, was du getan hast.›

Dann ging man zur Folter oder zu subtileren Quälereien über. Nach den Prügeln kamen Tage und Nächte ohne Schlaf oder auch die ‹Stojka›: Der Gefangene mußte so lange aufrecht stehen, bis er ohnmächtig wurde.»

Fast immer werden die Verhöre nachts durchgeführt. Die Wachen, die den Gefangenen aus der Zelle ins Büro begleiten, wo der die Untersuchung führende Kommissar schon wartet, schnalzen mit der Zunge oder sie klappern mit den Gürtelschnallen: Das ist das Zeichen. Die Korridore müssen leer sein, niemand soll den Angeklagten sehen.

Es gibt viele Mittel, den Angeklagten gesprächig zu machen. Neben der «Stojka» gibt es noch den «Appetithappen», eine äußerst schmerzhafte und erniedrigende Behandlung: Der Kopf wird in einen Spucknapf oder Ähnliches getaucht, die Geschlechtsteile werden mit Schlägen traktiert. Oder auch der «Gürtel»: Ein ununterbrochenes Gespräch, ohne jede Pause. Nach einer Woche solcher Behandlung brechen auch die Stärksten zusammen.

Lubjanka, Lefortowo und Butyrki sind die drei Sammelpunkte für die politischen Gefangenen. In Lefortowo sind sie Spezialisten in Strafen. Kaum trifft der Festgenommene ein, wird er einer physischen Durchsuchung unterzogen und einer genauen Überprüfung der Kleider. Man nimmt ihm nicht nur alle Riemen weg, sondern auch die Knöpfe.

In der Lubjanka, am Dsershinskij-Platz, ganz in der Nähe des Bolschoi-Theaters, kommen viele berühmte Persönlichkeiten an. Die Zellen sind für gewöhnlich überfüllt. In einigen Räumen werden bis zu dreißig Personen pro Quadratmeter festgehalten. Die Fenster sind mit Läden verrammelt, die ein bißchen Himmel erkennen lassen. Von elf Uhr abends bis sechs Uhr morgens: Ruhe. Die Hände dürfen nicht unter der Decke versteckt werden. Die Tagesration wird «Jeschowtschina», nach Jeschow, ihrem Erfinder, genannt. Fünf- bis sechshundert Gramm Schwarzbrot, zwanzig Gramm Zucker, zwei Rationen Kohlsuppe, dreimal warmes Wasser.

In der Butyrki gibt es auch Haferschleimsuppe und Fisch. In der Lubjanka gibt es eine Bibliothek mit Geschichtsbüchern, wissenschaftlichen Texten und Texten klassischer Autoren.

Es riecht nach Karbolsäure; beim Aufstehen kann man sich rasch waschen oder anderen Bedürfnissen nachgehen. Alle zehn Tage gibt es in Moskau ein Bad. Die Bekleidung wird desinfiziert.

Auf hundert Urteile entfallen zehn Todesurteile. Die Überfüllung zwingt die Gefangenen dazu, auf dem Boden zu schlafen und sich im Turnus auszustrecken. Durch die große Enge verbreiten sich ansteckende Hautkrankheiten. Alle leiden an Zahnfleischerkrankungen, viele an Kreislaufschwäche.

Die Krone an Brutalität gebührt Fortrable, das für Soldaten bestimmt ist. Die Tortur ist normaler Alltag. Pjotr Jakir, Sohn eines hingerichteten Heereskommandanten, landet für vierzehn Jahre darin. Mit einem schon im Mittelalter bekannten Verfahren binden sie ihm die Arme hinter dem Rücken zusammen, ziehen ihn mit einem Strick hoch und lassen ihn baumeln.

Einigen wird das Trommelfell durchstochen, vor den Augen eines kommunistischen Führungskaders aus der Ukraine wird dessen Tochter vergewaltigt. Den Insassen bis aufs Blut zu prügeln, ist weithin üblich.

Aber für den, der dazu Lust hat, gibt es auch Ablenkung. Mit aus Brot gefertigten Figuren kann man Schach spielen, das Rauchen ist erlaubt; und bei den Frauen gibt es einige, die das Schicksal anhand von Streichhölzern vorhersagen können.

Die Verwandten der Insassen in der Lubjanka gehen einmal im Monat in die Kusnetzkij Most 24 und überweisen 50 Rubel für den Angehörigen in Erwartung seines Urteils, das zu sprechen Sache der «Troika» ist: ein Vertreter des NKWD, einer der Partei und ein Staatsanwalt.

Der Slánský-Prozeß: Artur London

Warum gestehen sie? Diese Frage stellte ich Artur London, einem Überlebenden. Ich traf ihn in seiner Pariser Wohnung, einem grauen, kleinbürgerlichen Appartement. Er war schon sehr krank. Alles machte ihm große Mühe: essen, lesen, sprechen, vielleicht sogar das Lächeln. Da stand ich nun vor einem müden und gutmütigen alten Herrn, der Respekt erheischte.

Als Artur London starb, da hatte er eine grausame Geschichte hinter sich. Die eines Kommunisten nämlich, der aus Liebe zur Partei dazu gebracht worden war, Taten zu gestehen, die er niemals begangen hatte. Dafür wurde er zu lebenslanger Haft verurteilt, während seine Genossen, Vlado Clementis und Rudolf Slánský, die ebenfalls unschuldig waren, gehenkt wurden. Artur London, genannt Gérard, hat Erinnerungen geschrieben, *La Confession*, nach denen ein Film mit Yves Montand gedreht wurde. Im November 1952 fand in Prag der Prozeß statt: vierzehn waren die Angeklagten, elf wurden gehenkt.

Das erste Mal wurde London festgenommen, da war er sechzehn Jahre alt. Er war ein Revolutionär und kämpfte mit den Internationalen Brigaden in Spanien, dann in der Résistance in Frankreich, dann Mauthausen. Die Tuberkulose hatte ihm die Lungen zerfressen. Es war die Zeit des Personenkultes um Stalin, und die «sozialistische Gesetzlichkeit» schickte treu ergebene Kämpfer auf die Anklagebank, stellte sie als Verräter hin, als Agenten der Amerikaner und des Kapitalismus.

Es waren schwierige Zeiten. An den Ufern der Moldau wurden herzzerreißende Demonstrationen für Stalin organisiert. In der Tatra erinnerte der Name eines Berggipfels an ihn, sein ironisch lächelndes Konterfei zierte eine Briefmarke, ein beispielloses Denkmal spiegelte sich in den ruhigen Wassern des Flusses. Es brauchte zahllose Preßlufthämmer, um dieses Zeugnis der Ergebenheit gegenüber dem «Vater der Völker» wieder abzureißen.

London sprach nicht. Das tat seine Frau, Lise Ricol, auch sie eine gläubige Marxistin-Leninistin. Sie muß einstmals sehr schön gewesen sein. Immer mußte sie kämpfen. Die Deutschen verurteilten sie zum Tode, aber sie war schwanger. So beließen sie es dabei, sie ins Gefängnis zu stecken.

«Wir haben uns in Moskau kennengelernt, 1934. Ich war als Schreibkraft dorthin gegangen. Achtzehn Jahre war ich alt und schon verheiratet. Ein paar Tage nach meinem Eintreffen, ich stand gerade Schlange in der Kantine der Komintern, drehe ich mich um und entdecke einen großen, blonden Jüngling, der mitten im Saal steht. Er sieht mich an und ist wie gelähmt, fast hätte er sich den Tee, den er in der Hand hielt, über den Ärmel geschüttet; und als sich unsere Blicke begegneten, da wurde er puterrot. Das war unsere erste Begegnung.

Dann sind wir uns wiederbegegnet, und ich muß gestehen, daß ich sehr schlecht Russisch sprach, während Gérard keinerlei Probleme damit hatte. Sprachen fielen ihm sehr leicht; so besaßen wir also mein Russisch, das nie jemand verstanden hätte und das doch unser Russisch wurde, die Sprache unserer ersten Liebe.

Derjenige, der mir in einem gewissen Sinn die Kraft gab, allen Pressionen standzuhalten, die von den Freunden, den Genossen und der Familie ausgeübt wurden, das war Palmiro Togliatti. Der 7. Kongreß wurde vorbereitet. Er sollte den wichtigsten Beitrag ausarbeiten; und ich mußte ihn tippen. Togliatti hatte die Angewohnheit, beim Diktieren umherzugehen. Manchmal sprach er sehr schnell, dann hielt er wieder inne und dachte nach. Ich wartete, und mit den Gedanken war ich weit weg von jenen Problemen. An einer Stelle fing ich an zu weinen, und er bemerkte, daß mein Gesicht voller Tränen war, und sagte zu mir: ‹Aber das gibt es doch gar nicht, Lise? Was ist denn los mit dir?›

Ich erzählte ihm von meinem Kummer, und er sagte: ‹Hör zu Lise, wenn du ihn wirklich magst, dann wirst du auch alle Schwierigkeiten überwinden.›

Auch wenn wir in ganz verschiedenen Ländern gelebt hatten, so waren unsere Lebensläufe doch außergewöhnlich ähnlich. Die Kindheit in einem Kohlerevier, mein Vater ein Bergarbeiter in Saint-Étienne, Gérard war in Ostrava aufgewachsen. Unsere Eltern, Kommunisten, hatten uns von klein auf beigebracht, daß das der einzige Weg zur Rettung der Menschheit war.

Als ich Gérard kennenlernte, war er faszinierend – auch das hat für eine Frau Bedeutung; er war einfühlsam, höflich, und schließlich umgab ihn die Aura eines Mannes, der für seine Überzeugung bereits im Gefängnis gesessen hatte.

Mein Mann wurde im Januar 1951 festgenommen. Ich habe ihn erst sechs Monate nach dem Urteilsspruch wiedergesehen. Der einzige Kontakt zwischen uns waren die Briefe, die ich ihm schickte und in denen ich mich so ausdrückte, wie meine Gedanken und Gefühle damals waren, denn so war ich nun einmal erzogen. Mein Glaube in die Partei und ihre Gerechtigkeit war unerschütterlich.

Heute sehe ich, daß sie sehr, sehr naiv waren, aber von geradezu erschütternder Ehrlichkeit. So sagte ich ihm: ‹Gérard, vielleicht hast du Fehler begangen, vielleicht mußt du dafür zahlen, aber du sollst wissen, daß ich immer an deiner Seite sein werde. Stalin hat uns gelehrt, daß der Mensch das kostbarste Kapital ist, daß man ihm beistehen muß, und wenn er zu ertrinken droht, dann muß man ihm einen Stock hinhalten, der ihm aus dem Wasser hilft. Ich werde die Planke sein, an der du dich festhalten kannst.›

Kurz, ich dachte, er muß seine Strafe abbüßen, denn unsere Moral verlangt, daß ein jeder, der einen Fehler begeht, dafür auch zahlt.

Der Tag, an dem die Verhandlung eröffnet wurde, war uns, den Angehörigen, nicht bekanntgegeben worden. Ich kannte auch die Anklagepunkte nicht. Ich hatte auf dem Weg zur Arbeit um 5 Uhr morgens erfahren, daß er zu den Angeklagten gehörte. In der Straßenbahn lasen einige Leute die Zeitung. Mit großen Lettern sprachen die Schlagzeilen von der ‹Verräterbande›. Auf der Liste fand sich auch sein Name.

Die Anhörungen wurden im Radio übertragen. Ich dachte: ‹Irgend etwas ist an dieser Sache, das ich nicht begreife, etwas Rätselhaftes. Aber wenn Gérard an die Reihe kommt, dann wird er alle Anschuldigungen zurückweisen, er wird sich verteidigen.›

Ich wollte es einfach nicht wahrhaben, daß in einem sozialistischen Regime Methoden angewandt werden könnten, die einen Unschuldigen dazu bringen, sich schuldig zu bekennen, zu gestehen, ein Verbrecher zu sein. Als ich dann jedoch meinen Mann hörte, wie er alle Anschuldigungen, alle Anklagen bestätigte, da brach ich zusammen.

Ich kannte seinen Mut. Selbst gegen die Nazis hatte er mit Würde Widerstand geleistet. Als ich glauben mußte, der Vater meiner Kinder sei ein Vaterlandsverräter und ein Verräter des Kommunismus, konnte ich gar nicht anders als zu billigen, daß sich eine sozialistische Regierung auch gegen ihre inneren Feinde zur Wehr setzte.

Was den Widerstand nicht nur von Artur London, sondern auch der Angeklagten in den Moskauer Prozessen brach, waren die Verhöre, die sich ohne Pause, ohne daß man schlafen konnte, über Wochen hinzogen. Es kam die Stunde, in der es für den Angeklagten keinen Unterschied mehr zwischen Realität und Imagination gab, die Grenzen verschwammen selbst im Wachzustand. Dann die Prügel, die Folter. Die Inquisitoren sagten ihm: ‹Wenn du nicht gestehst, was wir wollen, dann wird deine Frau ins Gefängnis gesteckt. Sie ist Ausländerin, was ist leichter, als aus ihr eine Spionin zu machen? Deine Kinder kommen in ein Erziehungsheim, und deine Eltern werden auch verhaftet.›

Aber die Zwangsmaßnahme, die unweigerlich zum Erfolg führte, war die Forderung: ‹Wenn man von dir verlangt, dieses oder jenes zu tun, dann deshalb, weil die Partei es so will. Und du mußt gehorchen.›

Mein Mann war zweieinhalb Jahre vollkommen isoliert, und unter solchen Bedingungen funktioniert der Verstand nicht mehr normal. Es ist, als stünde die Welt auf dem Kopf, die Überzeugungen und alle existentiellen Wahrheiten sind beschädigt und durcheinander gebracht, irgend etwas ist explodiert. Es gibt nichts mehr, an das man sich noch halten könnte, und wie ein Gespenst sucht man am Ende dann doch noch, der Sache zu dienen.

Nach dem Prozeß stellte ich den Antrag auf Scheidung. Der Richter fragte mich, ob mein Mann die Kinder sehen könnte, falls er das wolle, und ich willigte ein, aber ich fragte mich: ‹Wie erkläre ich, als Kommunistin, ihnen, was ein Verräter ist? Denn sie werden ihn wiedererkennen, sie werden ihn liebhaben und einem Dilemma ausgesetzt.›

Damals schrieb ich einen schrecklichen Brief, einen wirklich grausamen Brief, auch wenn es ein Glück ist, daß ich ihn abschickte, denn dadurch erhielt ich die Möglichkeit, meinen Mann wiederzusehen.

Ich erklärte ihm meine Überlegungen: ‹Als Teil deiner Strafe mußt du auch den Verzicht auf deine Kinder ansehen. Um mir die Sache nicht noch schwerer zu machen, mußt du mir helfen, aus ihnen wahre Kommunisten zu machen. Weigere dich also, sie zu sehen.›

Das war für ihn ein erschütternder Brief. Als der Berichterstatter das Drama von Gérard sah, versprach er ihm, alles zu tun, damit wir uns wiedersehen könnten, denn, so sagte er, ich hätte keinerlei Recht, ihm zu verbieten, seine Kinder zu umarmen.

Es geschah das Unvermeidliche. Beim ersten Besuch gewann ich mein Vertrauen zu Gérard zurück. Kaum hatte ich den Besucherraum verlassen, zog ich den Scheidungsantrag zurück.

Als Artur London verhaftet wurde, war ich beim Radio beschäftigt, in der Redaktion für französischsprachige Sendungen. Sie ließen mich wissen, daß ich dort nicht weiter beschäftigt werden würde. Ich mußte die Arbeit in einer Fabrik aufnehmen. Ich sagte dem Funktionär, daß ich keinerlei Erfahrungen hätte und fragte ihn nach dem Grund. Er erwiderte: ‹In der Sowjetunion wird so verfahren. Wenn einer verhaftet wird, dann muß seine Frau in die Fabrik.›

Ich wandte ein: ‹Das ist aber eine merkwürdige Art, die körperliche Arbeit zu behandeln. Für Sie muß also die Arbeiterklasse eine Strafe abbüßen.›

Rausgeschmissen aus dem Büro und der Wohnung, mit fast nichts außer ein bißchen Bettwäsche, praktisch ohne Geld, hatte ich große Schwierigkeiten, eine Wohnung zu finden, aber mit meiner Hände Arbeit gelang es mir, fünf Personen durchzubringen.

Auch Artur hatte sich verändert. Seine Menschlichkeit, der Grund für meine Liebe zu ihm, war noch größer geworden. Das Ideal war unversehrt geblieben. Sie hatten das große Ziel des Sozialismus, den glücklichen Menschen, nicht zerstören können. Er kam mit tiefer Weisheit zurück.

Es war Karl Marx, der auf die Frage, welche Eigenschaft er am meisten schätze, zur Antwort gab: den Zweifel. Das ist sie, seine, unsere Errungenschaft.»

Das Räderwerk der Geschichte

Seeleningenieure

Bestimmte europäische Errungenschaften kamen im Zarenreich erst mit einer gewissen zeitlichen Verzögerung nach Rußland; andere wiederum wurden, im Vergleich zur späteren UdSSR, viel eher eingeführt. Die Druckerkunst fand erst hundert Jahre nach der Gutenberg-Bibel nach Rußland. Erst fünfzig Jahre nach Shakespeares Tod wurde die erste Komödie in einem Theater zur Aufführung gebracht. Und es gab auch nur einen einzigen Zuschauer: den Zar. Die Zensur, die Geheimpolizei, das Exil, die Verbannung und die Zwangsarbeit wurden dagegen von den Romanows direkt an die Sowjets weitergereicht.

Bereits in der Privatkanzlei des Zaren existierte ein Büro, die sogenannte Sektion III, das die Manuskripte durchforstete und aussonderte. Aus einem Schulbuch für Physik wurde die Formulierung «die Kräfte der Materie» gestrichen, weil sie als atheistisch galt. Aus einem Buch mit Kochrezepten wurde der Satz «Bewegungsfreiheit ist die notwendige Voraussetzung zum Kochen» eliminiert, er könnte schließlich auch eine subversive Anspielung sein. Ein Dichter wurde strengstens ermahnt, weil er erklärt hatte, «eine Frau mehr als alles auf der Welt zu lieben», ein Superlativ, der dem Thron und Gott vorzubehalten war.

Auch den Samisdat gab es bereits. Es zirkulierte verbotene Literatur: Schriftsteller und Musiker – noch verfügten sie nicht über Schreibmaschine oder Fotokopie – lasen aus ihren verbotenen Werken oder führten sie im Privaten auf.

Die Situation der Intellektuellen barg immer gewisse Risiken. Ideologische Delikte führten vormals in die Peter-und-Pauls-Festung und nach Sibirien, später waren es die Lubjanka und die Konzentrationslager, in die die Häretiker gebracht wurden.

Dostojewski wurde zum Tode verurteilt, weil er in der Öffentlichkeit einen Text gelesen hatte, der als subversiv erachtet wurde.

Erst im letzten Moment senkten die Soldaten das Gewehr, und der Urteilsspruch wurde umgewandelt in Deportation nach Sibirien. Lenin hielt ihn für «abstoßend», Stalin hingegen äußerte sich über ihn zu Milovan Djilas: «Er ist ein großer Romancier und ein großer Reaktionär. Er verdirbt die Jugend.»

Turgenjew wird gezwungen, ins Ausland zu gehen. Puschkin stirbt in einem Duell, das auf Geheiß des Despoten provoziert wurde: Seine Verse waren eine Hymne auf die Freiheit. Ebenfalls in einem Duell kommt Michail Lermontow ums Leben, Autor eines Buches mit dem anspielungsreichen Titel *Ein Held unserer Zeit*. Tschechow reist durch ganz Rußland, um die Chronik des Lebens der Verbannten in der «Taiga» zu schreiben. Tolstoi predigt eine Form universalen christlichen Anarchismus; er kämpft gegen die Methoden der Regierung, schlägt alle Privilegien und Vorurteile seiner Klasse aus.

Dann kommt die Revolution. Auch Sergej Jessenin, Sohn eines «Muschik» aus Rjasan, ist Pastor. In seinem Gedicht «Genosse» kommt Jesus auf die Erde, um dem russischen Volk zu helfen, aber die Kugel aus einer Waffe der Polizei tötet ihn. Sergej trinkt, nimmt Drogen, wechselt dauernd die Frauen. Isadora Duncan, die amerikanische Tänzerin, seine große Leidenschaft, ist doppelt so alt wie er. Er will sich auslöschen. Er schreibt: «Ich bin kein ‹neuer Mensch›. Mit einem Bein noch in der Vergangenheit, versuche ich mit dem anderen, Schritt zu halten mit der stählernen Armee, aber ich komme ins Stolpern und falle.» Am 27. Dezember 1925 erhängt er sich in einem Hotelzimmer. Wladimir Majakowski, «der beste und sensibelste unserer sowjetischen Epoche», wie Stalin sagte, greift zur Pistole und erschießt sich.

Nicht einmal Maxim Gorki, der als Begründer des «sowjetischen Realismus» angesehen wird, bleibt ungeschoren. «Sein Sozialismus», so Nina Gourfinkel, «überwindet nie das Anfangsstadium: Menschenliebe und Vertrauen in die Menschen.» Den Ideologen konnte das nicht gefallen. Er gesteht: «Mehr und besser als aus Büchern habe ich den Marxismus von Semjenow, einem Bäcker in Kazan, gelernt.» In Jesus sah er die Idee des Erbarmens, in Prometheus die der Revolte gegen das Schicksal.

Anna Achmatowa, verheiratet mit dem extravaganten Dichter

Nikolaj Gumiljow, der 1921 als reaktionärer Verschwörer erschossen wird, steht siebzehn Monate lang vor den Gefängnissen Schlange, um irgendeine Nachricht von Lew zu erhalten, ihrem Sohn, den Stalin verhaften ließ. Später wird der junge Mann in ein Lager gesteckt, wo er bis zum Tode des Diktators bleibt. Die Bücher der Achmatowa werden geächtet.

In ihrem Leben ist sie vielen Menschen begegnet. Curzia Ferrari vertraute sie an: «Modigliani war der einzige, der mich verstanden hat. In seiner Nähe fühlte ich mich glücklich. Glücklich, mich in seinen Bildern zu entdecken, die schwarze Tolle, der dünne Hals, die verträumten Augen.»

Als sie starb, fand man auf ihrem Nachttisch die *Canti* von Leopardi. In einem ihrer Gedichte heißt es:

Willst du sehen, was aus deinem Leben geworden ist?
Am Ende einer Schlange von 300 Menschen,
stehst du vor dem Gefängnis Kreskij
und deine brennenden Tränen bringen das Neujahrseis zum Schmelzen!

Die Wissenschaft des Abschiednehmens: Ossip Mandelstam

Als sie Mandelstam das erste Mal festnehmen, schlägt er mit Fäusten gegen die Tür und schreit: «Ihr müßt mich rauslassen, ich bin nicht fürs Gefängnis geschaffen.» Er phantasiert und wird von Wahnvorstellungen so sehr gequält, daß selbst seine Ehefrau Nadeschda, die Mut hat und ihn liebt und die seine Schriften aus dem Gedächtnis niederschreibt, damit sie nicht verlorengehen, schroff sagt: «Sie tun gut daran, dich zu erschießen. So bewahren sie dich vor dem Selbstmord.»

Das erste Mal verurteilen sie ihn wegen Verschwörung zu drei Jahren Verbannung. Danach kommt er zunächst in die Lubjanka und wird dann zu fünf Jahren Zwangsarbeit im äußersten Osten verurteilt. Er hat sich nichts zuschulden kommen lassen. Er ist klein, zierlich, «offenherzig und zu keinerlei verschwörerischer Hinterlist fähig».

Aber er hat einen schweren Fehler begangen: Er hat einige beißende Verse gegen den Genossen Stalin geschrieben, der «Finger hat dick wie Würmer», «den Schnauz einer Küchenschabe», und er macht sich lustig über «den Geheimdienst der halben Männer».

Andere hatten bereits vor ihm Schlimmes durchgemacht. Wie Demjan Bednyj, ein Dichter und Propagandist, den Lenin sehr schätzte. In seinem Tagebuch hatte er geschrieben, daß er Stalin ungern Bücher auslieh, weil der Fettflecken auf den Seiten hinterließ. Sein Sekretär hatte ein Exemplar an den Kreml geschickt.

Mandelstam sagt: «Für das Leben verzichte ich auf alles (ich brauche viel Zuwendung); auch ein Zündholz würde mir reichen, mich zu wärmen.» Und er fragt den Untersuchungsrichter: «Es stimmt doch, die Unschuldigen laßt ihr laufen?»

Als er in der Lubjanka gar zu oft durch den Gucker schaut, spritzen sie ihm eine Säure in die Augen. Der Untersuchungsrichter behauptet: «Seine Augen sind rot, weil er zuviel liest.»

Man gibt ihm versalzenes Essen und nichts zu trinken. Wenn er sich beschwert, wird er in die Zwangsjacke gesteckt und wandert in die Gummizelle. Und dennoch behauptet Stalin gegenüber Pasternak: «Mandelstam wird nichts geschehen.»

Er ist, so heißt es in einem seiner Verse, «allein auf allen Straßen» und ohne Schutz. Nie hat er Geld, und wenn man ihn einlädt, dann weiß man vorher, daß man das Taxi wird bezahlen müssen. Seine Ausrede ist immer dieselbe: «Entschuldigt bitte, aber ich habe meinen Geldbeutel zu Hause gelassen.»

Er erwartet die «höchste Strafe», wie es Nadeschda ausdrückt. Er geht und trägt eine kleine Ausgabe der *Göttlichen Komödie* bei sich. Und der Soldat, der ihn am 1. Mai 1938 abführt, muß ihn vor sich herstoßen. Mandelstam schrieb: «Ich habe die Wissenschaft des Abschiednehmens gelernt.»

Fünf Jahre Zwangsarbeit muß er leisten. Anschuldigung: Verschwörung. Im Tausch gegen etwas Essen erzählt er den Zwangsarbeitern die Abenteuer der *Drei Musketiere*, und er erfindet noch neue hinzu. Die gewöhnlichen Kriminellen rauben ihn aus und werfen ihn aus der Baracke hinaus. Er lebt wie ein Tier und sammelt Abfälle, er, der sich schon ekelt, wenn er Wasser trinken muß, das nicht abgekocht ist. Seine Mithäftlinge berichten, daß er, bereits erkrankt, an einem Feuer die Sonette Petrarcas rezitiert. Der Typhus bringt ihn schließlich um.

Von Boris Pasternak hat man gesagt, er sei «naiv und mutig» gewesen. Er setzt sich für Mandelstam ein, und er verleugnet auch Bucharin nicht. Selbst in den dunkelsten Stunden bringt er ihm gegenüber seine Solidarität zum Ausdruck. Seine Frau bedrängt ihn, sie beschwört ihn, aber er weigert sich, das Dokument der Intellektuellen zu unterzeichnen, das die Exekution billigt. «Mir graute vor diesem Blutvergießen», sagt er. «Ich ertrug das alles nicht mehr. Ich war fest davon überzeugt, daß sie mich festnehmen würden, daß auch ich jetzt an der Reihe sei. Ich war darauf vorbereitet.»

Nadeschda Mandelstam hatte ihn ermahnt: «Paß auf, daß sie sich nicht auch um euch kümmern.» Aber der einzige, der sie aufsucht, als er vom Tode Mandelstams erfährt, ist Boris Pasternak. Ehrenburg erinnert sich: «Von allen Dichtern, die ich kennengelernt habe, war er der faszinierendste und der unerträglichste. Eine schwierige und dunkle Person, verworren und mysteriös.»

In seinem Land erhielt er in seinem ganzen Leben keinen einzigen Preis und keine einzige Ehrung. Nur Malraux sagte auf dem Schriftstellerkongreß von 1934: «Ihr habt einen der größten Dichter unserer Zeit vor euch.»

Begegnung mit «Lara»: Boris Pasternak

Ich traf mich mit Olga Iwinskaja, der Frau, die das Vorbild für die Lara im *Doktor Schiwago* abgab. Dort liest man von ihr, sie sei von «luzider Intelligenz und bescheidenem Charakter. Sie war sehr kostbar».

Als sie sich kennenlernten, war Olga blond, zart, ohne Voreingenommenheit und sehr offen: Ihr ist viel Unglück widerfahren, und sie spricht ganz offen darüber. Ihr erster Ehemann erhängte sich, weil Olga ihn mit einem Rivalen betrog. Ihr zweiter Ehemann, der in ihren Armen starb, hat möglicherweise ihre Mutter wegen einer respektlosen Bemerkung über Stalin angezeigt und so dafür gesorgt, daß sie in den Gulag kam. «Und dann», sagt Olga, «gab es noch viel Kummer.»

Pasternak hört sich die schonungslosen Bekenntnisse an, ohne sie zu verurteilen. In seinem *Doktor Schiwago* heißt es: «Ich mag keine vollkommenen Menschen, keine, die niemals ins Straucheln kamen. Ihre Tugend ist erloschen, sie sind nichts wert. Ihnen wurde die Schönheit des Lebens nicht offenbar.»

Die wunderbare Präsenz von Olga erschüttert ihn zutiefst. «Du bist mein Frühlingsgeschenk, meine Seele», seufzt Borja. Sie ist Olga, Lailjuscha, Oletschka, Oljuscha und was Verliebte sonst noch alles an Kosenamen erfinden. In ihren Memoiren merkt Olga an: «Wieviel Glück, wieviel Schrecken und wieviel Wirren brachte mir dieser Mann.» Jetzt lebt sie in Moskau in einer bescheidenen Wohnung. Nur einige Fotos erinnern an die Vergangenheit. Ein Schmerz ohne Ende über die Toten, zweimal das Konzentrationslager und, als einziger Trost, ihre Rolle an der Seite von Boris, «der elementare Worte für die Leidenschaft eines Mannes und die Schwäche einer Frau gefunden hat».

Der Schriftstellerverband hatte sie «eine skrupellose Liebhaberin» genannt. Sie wurde rehabilitiert. Jetzt ist sie alt und kann das Haus nicht mehr verlassen. Das Leben nimmt Abschied von ihr. Sie erzählt: «*Doktor Schiwago* ist auf tragische Weise mit meinem Leben verwoben. Ende 1946 lernte ich Boris Leonidowitsch kennen. Zu jener Zeit gab es nur einige schriftliche Skizzen dessen, was später der Roman werden sollte. Auch der Titel stand noch nicht fest. Es waren die Ereignisse unseres Jahrhunderts, durch die hindurch seine Ideen und seine Philosophie zum Ausdruck kommen sollten. Sein poetisches, soziales und politisches Credo, und er sah das als die wichtigste Sache in seinem Leben an.

Boris Leonidowitsch schrieb an den ersten Kapiteln. Ich teilte seine Lektüre, versammelte seine Freunde, und ich versuchte, das möglichst unverdächtig zu tun, denn wir wußten, daß einer von dreien ein Spitzel war. Das erweckte die Neugier und den Verdacht der Machthaber. Sie hatten ihn sogar in Verdacht, ein Spion zu sein. Wir erfuhren das, als ich verhaftet wurde.

Noch in der Nacht meiner Verhaftung, im Oktober 1949, wurde ich in die Lubjanka gebracht.

Boris Leonidowitsch und ich, wir kannten uns seit drei Jahren. Es war ganz offensichtlich, daß sie ihn treffen wollten, als sie mich bestraften.

Während der Durchsuchung konfiszierten sie nur die Bücher, die er mir gewidmet hatte, sowie seine Fotografien und Manuskripte. Anschließend brachten sie mich direkt ins Zentrum des KGB. Eine Zeitlang war ich in Einzelhaft, dann wurde ich in eine Zelle mit einigen anderen Frauen verlegt.

Unter ihnen war eine schöne, junge Frau mit scharfen, dunklen Augenbrauen. Ihr Gesicht machte einen starken Eindruck auf mich. Sie fragte mich sofort: ‹Erinnere ich Sie an jemand?› Ich erwiderte: ‹Ja, Sie erinnern mich an Lew Dawidowitsch Trotzki.› So lernte ich Saschenka Trotzki kennen. Jetzt weilt sie leider nicht mehr unter uns.

Sie wurde festgenommen, nur weil sie die Verwandte eines Volksfeindes war. Gemeinsam mit der Stiefmutter wurde sie in die Verbannung geschickt, dort litt sie schrecklich unter der Kälte. Lange war sie kränklich, bis sie schließlich starb. Das war nach der Begegnung mit ihrem Bruder, der sie besuchte, nachdem er ihren Aufenthaltsort in Erfahrung gebracht hatte. Er hatte ihn aus meinen Erinnerungen erfahren. Deshalb hat er sich während seines kurzen Moskauaufenthaltes mit mir treffen wollen. Er war mir dankbar.

Die Repräsentanten der Macht, die bereits einen Kurswechsel vollzogen hatten, kamen zu seiner Begrüßung. Er reiste bald wieder ab; sie verstarb wenig später an den Folgen der Krankheit, die sie sich in der Verbannung zugezogen hatte. Sie litt an einer Art Rückenmarkserkrankung.

Nach vierzehn Tagen Lubjanka dachten wir schon, sie würden mich wieder frei lassen. Im allgemeinen teilten sie binnen vierzehn Tagen die Anklagepunkte mit. Aber genau in jener Nacht holten sie mich ab.

Sie führten mich durch lange, vollständig verlassene Korridore, dann hießen sie mich eine Art Drehschrank betreten, der in einen Raum voller Militärs mündete. Durch eine weitere Tür gelangten wir in einen Raum, der mit einem grauen, schallschluckenden Material ausgekleidet war.

Am Schreibtisch saß ein Mann von etwa 45 Jahren; er war schön, mit dunklen Haaren und trug ein Kaukasierhemd. Es war der Minister [für Staatssicherheit] Abakumow. Ich erfuhr allerdings erst sehr viel später, um wen es sich handelte.

Abakumow kam sofort zur Sache und fragte mich, ob Boris ein Gegner der Sowjets sei. Auf seinem Schreibtisch lagen die Bücher von Pasternak, die sie in meinem Haus beschlagnahmt hatten. Unter den wenigen Fragen, die er an mich richtete, war eine besonders bezeichnend. Sie betraf den *Doktor Schiwago*. Er fragte mich: ‹Sagen Sie bitte, welchen antisowjetischen Roman verbreitet Pasternak mit Ihrer Hilfe in Moskau?›

Sie behandelten mich recht human. Der Richter, der mit mir einige Stunden zusammensein mußte, vertrieb sich die Zeit mit dem Vortrag von Gedichten. Doch ich erlebte auch schreckliche Augenblicke: so als sie mich unter dem Vorwand eines Termins auf den Korridor brachten, und anschließend in die Leichenhalle, einfach um mir Angst zu machen.

Anschließend brachten sie mich nach Potschmark, das war ein Lager. Boris schrieb mir und täuschte vor, er sei meine Mutter. Ich erkannte seine Handschrift. Sie händigten mir auch einen Brief von ihm mit vielen Versen aus. Heute stellen diese Briefe einen Teil des nationalen literarischen Erbes dar.

Sie hatten noch keine festgefügte Meinung über Pasternak, und sie wußten nicht, wie sie ihn behandeln sollten. Boris versuchte es weiter mit Petitionen an den Minister, er bat sie, ihn festzunehmen und mich freizulassen, denn er ahnte das Motiv für meine Festnahme.

Möglicherweise hatte der Untersuchungsrichter auch die Aufgabe, Zeit verstreichen zu lassen. Damals waren in der Lubjanka die nächtlichen Verhöre in Mode. Das waren endlose Verhöre, und ich sollte den Inhalt des Romans zusammenfassen. Sie waren mit meinen Antworten nie zufrieden.

Ins Gefängnis kam ich in einem für eine Frau sehr delikaten Moment: ich war schwanger. Aus diesem Grund gaben sie mir ein besonderes Essen, ein besseres. Es gab da einen schrecklichen Augenblick. Das war, als sie mir mitteilten, sie würden mich zu einer Gegenüberstellung mit Pasternak führen, der gestanden habe, ein Informant der Engländer zu sein.

Gefängnis und Lager sind auf ganz unterschiedliche Art häßlich.

Wenn einer weiß, daß er unschuldig ist, dann erwartet er die Freilassung. Mich verurteilten die drei Richter des Sondertribunals trotzdem zu fünf Jahren, weil ich mit Personen befreundet war, die man der Spionage verdächtigte. Ich war traurig und ohne Hoffnung.

Aber im Lager ging es mir besser. Man konnte frische Luft atmen und im Hof sehen, wie das Gras wuchs. Im Gefängnis sah ich ein Jahr lang nichts als Mauern, ich verlor mein Kind, unser Kind, ich erlebte endlose nächtliche Verhöre.

Boris Leonidowitsch hatte seine ganz persönliche Art: er half denen, die es nötig hatten. Er sagte immer, es sei leichter, hilfsbereit und freundlich zu sein, als es nicht zu sein. ‹Also›, pflegte er zu sagen, ‹tue ich es aus Egoismus.›

Eine große Zahl von Personen schrieb an ihn und bat ihn um Hilfe; und er verweigerte sich nie. Alles Geld, was die Familie entbehren konnte, wurde dafür verwendet, Leuten zu helfen, die ins Unglück geraten waren. Meine Söhne und meine Eltern haben nur dank seiner Hilfe überlebt. Er reagierte auf jede Bitte um Hilfe.

Da gab es zum Beispiel einen sehr tüchtigen Schriftsteller, Bogatyrjew. Er wurde vom KGB umgebracht. Heute kann ich es sagen, vorher hätte ich das nicht gewagt. Es war der Sohn eines Freundes. Ohne sich um die Konsequenzen zu scheren, schickte Pasternak Bogatyrjew die gerade neu erschienenen Bücher und griff ihm finanziell unter die Arme. Es gibt Menschen, die nur dank seines Engagements am Leben blieben.

Ich kann Ihnen die Episode berichten, auf die die Beziehung zu Bucharin zurückgeht. Auf dem ersten Schriftstellerkongreß bezeichnete Bucharin – er war ein sehr gebildeter Mensch – die Dichtung Pasternaks als einzig in ihrer Art.

Er sagte, es sei beschämend, die Auftragsgedichte von Surkow und seinen Anhängern zu lesen, während es doch die wundervollen, raffinierten Poesien von Boris Leonidowitsch gab. Sie entsprachen seinen Vorstellungen, und das sagte er auch in aller Öffentlichkeit. Boris Leonidowitsch war ihm dafür dankbar.

Als Bucharin in Ungnade fiel, da konnte Pasternak nicht anders, als seine Sympathie für ihn zum Ausdruck zu bringen. Er sagte öffentlich, er glaube nicht, daß Bucharin Verrat begangen habe.

Es stimmt auch, daß Boris Leonidowitsch ein Buch geschrieben hat, in dem Lenin und Stalin nicht einfach wie Menschen behandelt werden, sondern als epochale Größen. Seine Lobesworte waren ehrlich gemeint. Er wußte noch nicht, wer sich da im Kreml niedergelassen hatte. Im übrigen sind viele der Faszinationskraft Stalins erlegen.

Später dann, als die Verhaftungswelle begann, als die «Raben», die kleinen Lieferwagen der Polizei, durch die Straßen streiften und die Leute aufatmeten, wenn der Kelch noch einmal vorübergegangen war, da wollte Boris Leonidowitsch mit dem Großen Führer sprechen und ihm erklären, welche wahnwitzigen Verbrechen in seinem Namen begangen würden. Dieses absurde Verhalten seinerseits können sich nur die vorstellen, die ihn gut gekannt haben.

Genau in dieser Zeit ereignete sich etwas ganz und gar Außergewöhnliches. Stalin rief ihn an. Es gibt von diesem Gespräch verschiedene Versionen, denn Pasternak hat mehreren Personen, darunter mir und auch der Achmatowa, davon erzählt, und möglicherweise mit unterschiedlicher Akzentuierung. Stalin rief ihn an, um seine Meinung über Mandelstam zu erfahren. Boris Leonidowitsch sagte, Mandelstam sei zweifellos ein ganz großer Lehrmeister, ein ausgezeichneter Dichter. Er wollte das Gespräch aber nicht auf diesen Punkt begrenzen, er wollte mit Stalin über die Ungerechtigkeiten reden. Er schlug ihm vor, ein wenig über Tod und Leben zu sprechen.

Stalins einzige Antwort war, Pasternak könne noch nicht einmal einen Genossen und Freund verteidigen und hängte ein.

Später dann kam Chruschtschow, der es zuließ, daß eine Verleumdungskampagne gegen Pasternak in Gang gesetzt wurde, denn: ‹Mein Gott, wie schauderhaft, er hat seinen Roman den Italienern überlassen› *.

Da sie wußten, daß ich Pasternak nahestand, fingen sie an, mich vorzuladen und von mir zu verlangen, ich solle das Manuskript wiederbeschaffen.

* Das Manuskript des *Doktor Schiwago* gelangte auf abenteuerlichen Wegen durch die Vermittlung des ehemaligen stellvertretenden Chefredakteurs von *L'Unità*, Sergio Scuderi, an den italienischen Verlag Feltrinelli. So kommt es, daß die weltweit erste Publikation in italienischer Sprache erfolgte. (A. d.Ü.)

Ich schrieb an Feltrinelli, der sich jedoch entschloß, das Buch zu publizieren, weil er nicht glaubte, daß es in der Sowjetunion veröffentlicht werden würde. Und er hatte recht.

Pasternak nannte mich seine rechte Hand, denn ich erledigte seine Korrespondenz und alle anderen praktischen Fragen, um ihm den Rücken für seine Arbeit und seine Übersetzungen freizuhalten. Sie spionierten ihm nach, sie verfolgten ihn, sie nannten ihn Judas und einen Lumpen.

Ich bewahrte alle Briefe auf, die Pasternak aus dem Ausland erhielt, beispielsweise von Steinbeck, von Nehru und von Hemingway, der ihm Exil anbot. Ich war auch im Besitz des Manuskriptes von *Doktor Schiwago*, das Pasternak für mich geschrieben hatte. Es gibt da ein Kapitel, das niemals publiziert wurde, weil mir das Manuskript niemals zurückgegeben wurde.»

Der «Sänger der Rebellion»: Wladimir Majakowski

Die russische «Intelligenzija» steht seit jeher im Widerstreit zum Despotismus, sie ist für die Freiheit des Denkens: In der Stalinschen Ära kämpfen auch Wissenschaftler wie der Physiker Lew Landau, der grundlegende Studien zur Festkörpertheorie durchführte und als Erbe Einsteins angesehen wird. Mit vierzehn Jahren beginnt er sein Universitätsstudium, mit achtzehn schließt er es ab, und mit vierundzwanzig ist er Lehrstuhlinhaber in Charkow.

Er spricht perfekt Französisch, Englisch, Deutsch und Dänisch. Mit der GPU hat er zahllose unangenehme Begegnungen. Er wird das Opfer eines furchtbaren Autounfalls gerade in der Zeit, da er eingesteht, «ich sammelte wissenschaftliche Auszeichnungen und Frauen». Viermal wird er aus dem Koma geholt.

Der Genetiker Waslow macht die Erfahrung der Lager und stirbt schließlich im Gefängnis. Aber insgesamt zahlen die Schriftsteller den höchsten Preis für den Erhalt des Regimes und für die Theorie des sozialistischen Realismus, der der Kreativität enge Grenzen setzt.

Der Dichter Alexander Blok, der sich kurzzeitig für die Roten Garden begeisterte, stirbt an Anämie, verursacht durch Unterernährung.

Marina Zwetajewa wollte in ihr Vaterland zurückkehren. Sie hält die Last der Emigration nicht mehr aus und verläßt 1939 Paris mit Ziel Moskau. Ehemann und Sohn sind vorausgereist. Sie werden festgenommen und verschwinden. Desorientiert, bleibt sie ganz allein.

An einem Sonntag im Sommer 1941, während die Deutschen vorrücken, erhängt sie sich in einem Zimmer, das sie in einem Haus von zwei Pensionären in Jelabuga, einer kleinen Tatarenstadt am Fluß Kama, gemietet hat. Der Ehemann kam im Gefängnis ums Leben, der Sohn fiel im Kampf.

Niemand weiß, wo sie beerdigt wurde. Unter einer Kiefer steht ein metallenes Kreuz mit der Aufschrift: «In diesem Bereich des Friedhofs ruht Marina Zwetajewa 1892–1941. Pasternak widmet ihr ein Gedicht: ‹Dein stummer Abschied birgt einen wortlosen Tadel›.»

Boris Pilnjak versteht nichts von Politik, aber er hat eine Geschichte geschrieben, *Erzählung des Mondes, der nicht untergeht*, die sich auf den Tod von Michail Frunse zu beziehen scheint, den Kommandanten, der Koltschak und Wrangel besiegte. Stalin hatte den Befehlshaber der Roten Armee zu sich gerufen und ihm befohlen, sich wegen eines Magengeschwürs einer Operation zu unterziehen. Das Chloroform betäubte ihn für immer. Es wurde auch von Gift geredet.

Pilnjak wird beschuldigt, ein japanischer Spion zu sein und wird zwischen 1940 und 1941 – fast immer gibt es bei diesen russischen Ereignissen keine gesicherten Daten – erschossen. Um sich zu retten, hat er versucht, mit einem konformistischen Roman Wiedergutmachung zu leisten. Genutzt hat es ihm nichts.

Lenin kann Emphase nicht ausstehen und schätzt Majakowski gar nicht. Er betrachtet ihn als einen «Clown». Er sagt: «Es gelingt mir nicht, diese grenzenlose Liebe zu begreifen.» Seine Dichtung bezeichnet er als ein «Tara-Bum-Bum». Stalin nennt ihn den «größten Dichter der sowjetischen Ära».

Er war der «Sänger des Oktober», Millionen Exemplare seiner

Werke in mehr als 50 Sprachen sind in der Sowjetunion im Umlauf. Es gibt noch Menschen, die sich an seine donnernde Stimme erinnern, an seine auffällige Kleidung und seine Freude an der Provokation: «Die weiße Garde wurde dem Hinrichtungskommando überlassen. Warum nicht auch Puschkin?» – «Der Kommunismus wird siegen, denn er bedeutet die Jugend der Welt.» In einem seiner Gedichte aber heißt es:

Auch ich bin es leid
        mit dem Agit-Prop.
Auch ich könnte Lieder schreiben über Dich
        es wär leichter und brächte größeren Ertrag
        aber ich tat mir Zwang an
                und setzte den Fuß auf den Hals meines eigenen Lieds.

Jene Zeit kehrt zurück. Lilja Brik spricht mit Distanz von ihnen: es sind Geschichten aus einer fernen Vergangenheit. Es ist Nachmittag an einem Wintertag in Moskau, und der Wind fegt durch die Straßen Moskaus. Die Lampe mit ihrem Schirm wirft ein gleichmäßiges Licht auf die Bilder des Malers Pirozmanaschwili: karge Berge Georgiens, kleine dunkle Menschen, Bauernhütten und Märkte. «Wladimir», sagt sie, «wurde da unten geboren: sein Vater war Förster.» Im silbernen Samowar kocht der Tee, während wir über Petersburg in den Zeiten des Zaren und von Lenin sprechen, von einer jungen Frau mit Namen Lilja und von einem jungen Dichter, Wladimir Majakowski.

Sie blättert einen Packen Briefe durch; eine Stola bedeckt ihre Schultern, und in ihrer Stimme liegt keine Melancholie.

«Sehen Sie hier», erklärt sie, «diese Zeichnungen: Er unterschrieb mit ‹kleines Hundchen›, und mich nannte er ‹Katze›.» Sie liest laut: «Liebe, innig geliebte, grausam süße Liljina, vor allem anderen auf der Welt möchte ich bei Dir sein. Ich liebe Dich, meine kleine, heiße Sonne.» – «Meine liebe, zauberhafte und wunderbare Liljina, nichts kann qualvoller sein als ein Tag ohne Dich. Vergiß mich nicht, wenn Du mir nicht schreibst, dann werde ich verrückt.»

Und immer weiter so: liebe Liljik, liebe Lisik, liebe Lisiok, liebe Liliotschek. Es war eine Orgie von Kosenamen.

«Als ich Wladimir Wladimirowitsch das erste Mal sah», erzählt sie, «da war ich dreiundzwanzig und er zweiundzwanzig. Er war ein Freund von Elsa Triolet, meiner Schwester. Er tauchte aus einem Wäldchen auf; er trug eine gelbe Bluse, eine Ballonmütze und ein rotes Halstuch. Er betrat unsere Datscha und brüllte: ‹Elsa, wir gehen spazieren.› Und ich kam mit. Wladimir Wladimirowitsch stapfte durch den Wald und deklamierte Verse. Am Ende fragte er mich: ‹Darf ich dieses Gedicht dir widmen?›, und ich begriff augenblicklich, daß ich ihn liebte.

Aber ich war mit Ossip Maximowitsch Brik verheiratet, seinem besten Freund. Ossip Maximowitsch hatte ich kennengelernt, als ich noch ein Mädchen war, im Gymnasium. Seine Intelligenz und seine Begeisterungsfähigkeit hatten mich fasziniert. Es war eine Jugendliebe. Ich sagte ihm, daß Majakowski und ich uns mochten, und er verstand. Wir drei entschieden gemeinsam, daß wir uns niemals trennen würden, daß wir auch in Zukunft zusammenbleiben würden. ‹Ich kann es mir nicht leisten, eifersüchtig zu sein›, sagte Wladimir Wladimirowitsch.

Ich weiß, es fällt schwer, das anzuerkennen, aber es war eine ganz reine, unverstellte Beziehung; und das ist auch der Grund dafür, daß wir unser Leben im Geiste immer vereint erlebten, und noch dazu in derselben Wohnung. Was geschah damals nicht alles, das heute längst in Vergessenheit geraten ist: Leute, Ereignisse, äußere Umstände. Viele verschwanden, und ich lebte einfach.»

Sie sucht nach einem Album: sie mit den lebendigen Augen, die noch heute ihr altes Leuchten bewahrt haben, mit den gleichmäßigen Gesichtszügen, die Bluse, die die Schultern freiläßt; er mit der Zigarette zwischen den Lippen, verschlossen, ärgerlich, und die Freunde Mejerhold, Babel, Schostakowitsch und Pasternak.

Pasternak begegnete Majakowski in einem Café auf dem Arbat, dem Viertel der Figuren aus Tolstoi, wo die Holzhäuser stehen und die Barockpaläste. Der Krieg hatte gerade begonnen, und er beschreibt Majakowski so: «Vor mir saß ein schöner junger Mann mit finstrem Gesichtsausdruck und einer bedeutungsschweren Stentorstimme, mit der Faust eines Boxers, einer tödlichen Intelligenz, so eine Art Mittelding zwischen einem mythischen Helden von Alexander Grin und einem spanischen Torero.»

«Wenn er nicht immer alles auf die Spitze getrieben hätte», erklärt Lilja Brik, «dann wäre er kein Dichter gewesen. Er fühlte und lebte mit hyperbolischer Kraft: die Liebe, die Neigungen, die Freundschaft. Er war nur schwer zugänglich. Und er war unglücklich. Nur in den ersten Jahren der Revolution lebte er voller Leidenschaft und Heiterkeit, aber er mochte den Niedergang nicht miterleben, er konnte den Gedanken nicht akzeptieren, daß die Jugend ein flüchtiger Augenblick und die Zukunft nur allzuoft mittelmäßig ist.

Fünfzehn Jahre lang stand ich ihm nahe, näher als alle anderen. Ich sehe ihn vor mir in den Momenten des Glanzes, wie er seine hermetischen Verse in den Kabaretts rezitierte und die Spießer verschreckte. ‹Wie köstlich ist der geröstete Schenkel eines Mädchens›, brüllte er. Und im Stall des Pegasus brach Budjonnyj, der harte Kommandant der Kavallerie, in Tränen aus, als er eine Ballade von Jessenin über ein kleines Fohlen hörte, das mit einer starken Lokomotive um die Wette laufen wollte.

Es gab die Kämpfe um die neue Kunst, es herrschte der Hunger, die Kollontaj predigte, man solle die Liebe nehmen wie ein Glas Wasser, Wladimir Wladimirowitsch schrieb Vorlagen für den Zirkus und für Filme. Er rezitierte auch vor der Kamera, komponierte Verse für kommerzielle Anzeigen, lancierte mehr als 3000 Slogans, er sprach von allem: von der fehlenden Seife, vom Getreidepreis, von der sowjetischen Sparkasse. Er machte sich lustig über Pilsudski, Lloyd George, Clemenceau, den amerikanischen Kapitalismus, die Mittelmäßigkeit der Deutschen, die französische Grobschlächtigkeit, und er erträumte sich eine andere, eine bessere Menschheit. ‹Wir sind›, so sagt einer seiner Verse, ‹diejenigen, die die schwindsüchtige Nacht erbrach›. Er machte sich viele zu Feinden, und ihm widerfuhr viel Unangenehmes. ‹Mit jeder vergossenen Träne›, schreibt er, ‹habe ich mich selbst ans Kreuz geschlagen.›

Die Jungen bewunderten ihn, aber seine Gegner waren zahlreich. Einige hielten seine Dichtung für zu schwierig, die Kolchosbauern und die Metallarbeiter würden sie nicht verstehen. Und dann gab es da noch die Konservativen, die sich nicht mit diesem aggressiven Neuerer abfinden mochten.»

Pasternak schreibt: «Ich begreife seinen propagandistischen Eifer nicht, wie er sich gewaltsam in das soziale Gewissen hineindrängt, diese Manie, Vereinigungen zu bilden, und seine Unterordnung unter die Erfordernisse der Aktualität.»

Derweil lebte Majakowski sein beispielloses Abenteuer im Rußland der Anarchie des Jahres 1920, der sozialistischen Schriftsteller und der revoltierenden Arbeiter, als Satire noch erlaubt war und die epischen Ereignisse des Roten Oktober die Vorlage für Schauspiele und Bücher bildeten und die Hoffnung noch lebendig war.

Seit 1915, seit jenem «hellsten aller Tage», an dem er Lilja Jurewna Brik unter den Bäumen von Petersburg traf, war sie seine Geliebte geworden. Für Wladimir hat es niemals eine größere Passion gegeben, und das Bild der «schönen, zarten, weiblichen, eigensinnigen, sprunghaften, liebenswerten und intelligenten» Lilja – wie sie ein Zeuge jener Momente des Kampfes und des Glücks präsentiert – begleitet ihn bis zu seinem letzten Augenblick. Vorher hatte es andere Begegnungen gegeben, und später wird es auch noch andere geben, denn – wie es Claude Frioux gesagt hat – Majakowski war ein «gräßliches Kind der Liebe».

Da war zum Beispiel die Studentin aus gutem Hause, die er in Odessa kennengelernt hatte, die jedoch sein lärmendes und sprunghaftes Talent nicht ertrug; da war Tatjana, die ins Ausland geflohen war und seinen verzweifelten Bitten nicht nachgab: sie zog ihm einen mitteleuropäischen Adligen vor und danach einen amerikanischen Hutfabrikanten. Und schließlich kam Veronika Polonskaja, eine Schauspielerin, eine glanzvolle und starke Erscheinung, aber auch sie war mit einem anderen Mann liiert, den sie nicht für immer verlassen mag, wie Wladimir wünschte und worum er sie anflehte. An sie schickt er, kurz vor dem Selbstmord, seinen Abschiedsbrief.

Lilja Brik jedoch beeinflußt seine Arbeit und hinterläßt eine tiefe Spur in der kurzen Spanne seiner Existenz. Es ist Lilja, die ihn in den Zeiten der Trennung eine Leere spüren läßt, die er nicht zu füllen vermag.

«Als ich einmal von dir hinausgeworfen wurde», schreibt er nach einer der vielen Auseinandersetzungen an sie, «vertraute ich darauf, daß wir uns bald wiedersähen. Jetzt fühle ich, daß ich vollständig vom Leben abgetrennt bin, daß es nichts mehr geben wird. Ohne dich gibt es kein Morgen. Das habe ich immer gesagt und gewußt. Alles was ich freudvoll dachte, ist jetzt abstoßend. Aber ich drohe nicht, und ich bitte nicht um Verzeihung. Nichts, und ich tue nichts gegen mich. Ich bin zu besorgt um Mama und Ludmilla. Ich sitze in einem Café und weine. Die Kellnerinnen lachen mich aus. Es macht mich untröstlich, wenn ich daran denke, daß mein zukünftiges Leben von jetzt an immer so sein soll.»

Wladimir Majakowski ist inzwischen einsam, er ist müde, seine Nerven halten nicht mehr, die Polemik erschöpft ihn. Jessenin steht ihm vor Augen, der sich in seinem Hotelzimmer mit einer Gardine erhängte. Auch er hat schon zwei Selbstmordversuche hinter sich. Einmal löste sich der Schuß nicht, das andere Mal riß Gorki ihm die Pistole aus der Hand.

«Er sprach immer vom Selbstmord», erzählt Lilja Brik. «Er hatte Angst vor dem Alter. Das Gefühl des Niedergangs kann einen dazu bringen, Hand an sich zu legen. Er aber hat 36 Jahre lang seine Jugend bewahrt, er ist kein Kleinbürger geworden, er hat vor nichts und niemand Angst gehabt. Er fürchtete, allzu vernünftig zu werden, und er wollte um keinen Preis banal werden und in der alltäglichen Resignation ersticken. Das Schlimmste ist Wladimir sogar erspart geblieben.»

Der Mann, der einst an Liljina geschrieben hatte, «alle Frauen lieben mich, alle Männer schätzen mich», vermochte seine Einsamkeit nicht zu besiegen. Wie Elsa Triolet sagt: Gegen ihn waren «die Reaktionäre, die Sektierer und die Neider». Er verachtet sie und sagt zu einem Kritiker, der ihm auf die Nerven geht, in gereiztem Ton: «Finden Sie mir Zigaretten.» Aber er lamentiert auch: «Ich möchte von meinem Land verstanden werden.»

Der 14. April 1930 ist ein milder Frühlingsmorgen. Wladimir Majakowski schließt sich ein in seinem Zimmer im dritten Stock eines grauen Baus in der Lubjanskijstraße, wo er zur Untermiete lebt. Ein Raum, ein Sofa, einige wenige Dinge in einer Wohnung, die von anderen bewohnt wird. Lilja ist weit weg, in Berlin. Er schreibt noch einen Brief: Er hat entschieden, sich «die Wangen von der Kreide des Todes bleichen zu lassen». Er erwartet Besuch: Veronika Polonskaja, die letzte Frau, die letzte Liebe. Sie ist einundzwanzig, wunderschön, und sie mag ihn. Sie trifft ihn und gesteht: «Wir mochten uns sofort sehr.»

Er holt sie mit dem Auto ab, sie machen gemeinsame Spaziergänge, sie gehen ins Restaurant, ins Kino; und jeden Tag sucht sie ihn in seinem Studio auf, wo es Champagner, Obst und Süßigkeiten gibt, während draußen das nackte Elend herrscht.

Und bei alledem sagt Majakowski, der lange Auslandsreisen nach Paris und Berlin unternehmen darf, er verachte «den mehr oder weniger banalen Komfort und Luxus».

Veronika hatte mit siebzehn Jahren den Schauspieler Janshin geheiratet – der, wie es scheint, keinen Verdacht hegt, noch nicht einmal nach einer Abtreibung –, aber sie fühlt sich angezogen von jenem heiklen Dichter, jenem Hypochonder, der sich niemals an ein Geländer lehnt, der keine Klinke in die Hand nimmt, wenn er sie nicht zuvor mit einem Taschentuch bedeckt, weil er Ansteckungen befürchtet, und der Angst vor Erkältungen hat. Und der sie zur Lüge zwingt, ohne jemals ernstlich über eine gemeinsame Zukunft zu sprechen. Wladimir ist ein Mythos, doch ist er auch zu ganz und gar überraschender Zärtlichkeit fähig. Man hat sie gewarnt: er ist furchtbar, er ist grob, er ist zynisch, «ein Rowdy und Schlawiner bei den Frauen». Sie findet ihn romantisch. Eines Tages sagt er zu ihr: «Man muß die Liebe schreiben» und nennt sie Nora, Nordoschka, aber sie hegt Achtung für ihn: Sie siezen sich.

Wladimir Majakowski durchlebt eine schwierige Zeit. Bei der Einweihung einer Ausstellung über ihn ist nicht ein Schriftsteller anwesend. Seine Beziehungen zur Vereinigung der proletarischen Schriftsteller sind schlecht. Die Aufführung eines Bühnenstücks, *Das Schwitzbad*, verhallt ohne ein Echo. Majakowski fühlt sich erdrückt von der geistigen Isolierung, gegen die er nicht anzukämpfen versteht. Jemand hat gesagt: «Er nahm die Rose nicht wahr, er suchte den Stachel.»

Veronika Polonskaja hat acht Jahre später das Tagebuch ihrer letzten Begegnung an jenem fatalen Morgen aufgeschrieben: «Er näherte sich mir, küßte mich, er war ganz ruhig und sagte mit sanfter Stimme: ‹Mädchen, geh allein. Mach dir keine Sorgen um mich. Ich rufe dich an. Hast du Geld fürs Taxi?›

Dann gab er mir zwanzig Rubel. Ich verließ das Zimmer und machte ein paar Schritte in Richtung Haustür. Da hörte ich den Knall eines Schusses. Wladimir Wladimirowitsch lag mit ausgebreiteten Armen auf dem Teppich. Auf der Brust war ein winzig kleiner Blutfleck. Die Augen waren geöffnet, er blickte mir ins Gesicht und wollte den Kopf heben. Es schien, als wolle er etwas sagen, aber es war schon kein Leben mehr in seinem Körper.»

Niemand weiß, was im Kopf eines Menschen vor sich geht, der sich aus allem herausgedrängt fühlt, der jedes Interesse verloren und alle Brücken abgebrochen hat.

Auf seinem Schreibtisch liegt ein mit unordentlicher Handschrift vollgeschriebenes Blatt, das seine letzten Gedanken enthält: «An alle. Gebt niemandem die Schuld an meinem Tod, und, ich bitte Euch, tratscht nicht darüber. Der Verstorbene konnte den Klatsch nicht ertragen. Mama, Schwester und Freunde, vergebt mir. Es ist nicht das System (ich empfehle es aber anderen nicht), doch ich weiß keinen Ausweg mehr. Liljana: lieb mich. Genosse Regierung, meine Familie, das sind: Lilja Brik, die Mama, die Schwestern und Veronika Witoldowna Polonskaja. Wenn du ihnen ein erträgliches Leben garantierst, danke schön. Wie man so zu sagen pflegt: ‹Der Zwischenfall ist abgeschlossen›, und das Boot der Liebe ist am Ufer des Lebens gestrandet. Mit dem Leben habe ich keine offenen Rechnungen mehr, und es ist überflüssig, die wechselseitigen Schmerzen, Strafen und Leiden aufzulisten. Einen glücklichen weiteren Aufenthalt.» Dann noch ein letzter Hinweis: «In der Schachtel habe ich 2000 Rubel. Zahlt die Steuern.»

Pasternak sagt: «Nach meinem Eindruck hat sich Majakowski aus Stolz erschossen, weil er irgend etwas in sich oder seinem Umfeld verurteilte, etwas, mit dem sich seine Selbstliebe einfach nicht abfinden konnte. Sie haben ihn aufgezwungen wie die Kartoffeln zur Zeit von Katharina. Das war sein zweiter Tod. Aber daran trägt er keine Schuld.»

Majakowski, der Agitator, «der Sänger der Rebellion», der Kopf des Volkes, er war noch nicht einmal Parteimitglied. «Er hätte vor den Augen der Leute, die niedergedrückt waren durch die schweren Zeiten, die Vision einer leuchtenden Zukunft aufblitzen lassen sollen», sagt Veronika Polonskaja. Aber er tat es nicht.

1985 erinnert Frau Polonskaja im Gespräch mit dem italienischen Journalisten Ferdinando Mezzetti an jene ferne Leidenschaft und fragt sich, welches Schicksal ihr wohl bestimmt gewesen wäre, hätte Majakowski sich nicht erschossen: «Er war ein ehrlicher Dichter der Revolution, und er akzeptierte das Sowjetsystem. In seinen Beziehungen zu den Machthabern trat er freimütig und selbstsicher auf. Aber gewiß sah er, daß das, was um ihn herum geschah, nicht das war, was er sich erhoffte. Er sprach nicht darüber, aber er war zu intelligent, als daß er es nicht wahrgenommen hätte. Vielleicht wäre er im Lager geendet wie so viele andere. Der Selbstmord jedoch lag irgendwie in ihm. Er war ein Mensch, der sich dem Schicksal anvertraute, eine Spielernatur.»

Aus der Wohnung, wo er mit Lilja und Ossip Maximowitsch Brik zusammen lebte, in der Taganka, haben sie ein Museum gemacht. Da hängen seine Plakate, eine krächzende Plattenaufnahme erinnert an seine machtvolle Stimme, das Sofa aus schwarzem Leder steht noch immer an seinem Platz, der Tisch, an dem sich die Freunde versammelten, ist mit Kaffeetassen und einer elektrischen Teekanne gedeckt. Das altmodische Telefon ist noch immer dasselbe, und auch die Nummer, die Mejerhold, Babel und Pasternak so oft wählten, ist dieselbe geblieben: 2-35-79. Am Kleiderhaken hängen eine Lammfelljacke und ein zerknitterter Hut. Unter den Büchern befindet sich auch dasjenige, das er als letztes las. Es ist von Tschernyschewski und trägt den Titel *Was tun?*.

In Liljas Geschichte tauchen noch andere Namen auf: der eines Offiziers, der in den «Säuberungen» von 1937 verschwand, der Autor von Drehbüchern für den Film, Wassili Katanjan, ihr letzter Ehemann, mit dem sie bis zum Tode zusammenblieb. Er war der aufmerksamste und genaueste Biograph von Majakowski: also noch einmal ein Trio, aber ein ideelles.

Ossip Brik starb 1945. Vera Polonskaja hat wieder geheiratet und drei Kinder gehabt. Tatjana Jakowlewa, die andere Frau, die er in seinem Testament erwähnt, wird schließlich die Ehefrau von Alexander Liberman, dem verantwortlichen Verleger der Gruppe Vogue. Als er sie kennenlernte, da war sie das Lieblingsmannequin von Coco Chanel. Majakowski wollte sie in Paris treffen, aber sie ließen ihn nicht gehen. Lilja Brik, «anspruchsvoll und despotisch», spürte, daß sie ihn zu verlieren drohte, wenn er ginge. Sie hatte gute Bekannte bei der Polizei und sorgte dafür, daß ihm das Ausreisevisum nicht erteilt wurde.

Das Schweigen des Schriftstellers: Isaak Babel

Das Klima der damaligen Zeit war erstickend. Jessenin schreibt: «Sterben ist nichts Neues unter der Sonne, aber zu leben ist auch nicht neuer.» Blok klagt: «Alle Klänge sind zerbrochen, es gibt keinen Klang mehr.» Und Majakowski hat inzwischen seine fatale Entscheidung getroffen: «Ich habe keine andere Wahl, es gibt nichts mehr zu tun, gar nichts.»

Die nackten Zahlen lieferte der KGB. Im Zeitraum zwischen 1930 und 1953 wurden «legal» 3778234 Personen verurteilt. 786098 von ihnen wurden erschossen. Mehr oder weniger vier Millionen Unschuldige. Aber diese Zahlen enthalten nicht die ganze Wahrheit. Unter ihnen viele Intellektuelle mit ihren Frauen, Kindern, und selbst fernen Verwandten sowie Bekannten. Zur selben Zeit erhielten etwa zweitausend Literaten einen Besuch von der Geheimpolizei. Eintausendfünfhundert landeten in Lagern oder im Gefängnis und kamen nie wieder, einhundertfünfzig sind verschollen.

Ich wollte mit irgend jemand von damals sprechen, mit einem Zeitzeugen oder Überlebenden. Das gelingt nicht mit Hilfe von Ministern oder der Agentur Nowosti. Es gibt keine «offiziellen» Mittelsmänner. Eine Freundin hat mir geholfen. Es ist ein Holzhaus, das in der Zeit der NEP (Neue Ökonomische Politik) von Lenin gebaut wurde. Ringsherum stehen einige Bäume im Herbstlaub, und der feuchte Boden riecht nach fauligen Blättern.

Hier lebte Isaak Babel. Ich denke, ein Tag wie dieser hätte ihm gefallen. Er hätte ihn – vielleicht – an seine Kindheit in Odessa erinnert, wie sie als Schüler in den kurvigen Straßen um die Wette rannten, an die jüdischen Kleinhändler, die in den letzten Strahlen der untergehenden Sonne ein Nickerchen machten. Oder an den Herbst in den polnischen Dörfern mit den wahnsinnigen Kosaken von Budjonnyj und an die grausamen Geschehnisse aus seinen Erzählungen *Budjonnyjs Reiterarmee.* Geschichten von Kriegern und von Frauen – die Toten, die auf den Stoppelfeldern zurückgelassen wurden, die tropfnassen Morgen und der rote Himmel des Sonnenuntergangs, die Schüsse in den Stuck der Paläste; oder auch im Schatten der Birken, die obszönen Liebesszenen in verrauchten

Kneipen oder verlassenen Kirchen unter den verwirrten Blicken byzantinischer Madonnen, die Massaker der Truppen und die Schwächen der Kämpfer. «Sie kann nicht darauf verzichten zu schießen», sagte Babel, «denn es ist die Revolution.»

Antonina Nikolajewna Piroschkowa hat graue Augen und ein trauriges Lächeln. Sie war Ingenieurin; unter anderem leitete sie den Bau der U-Bahn. Sie hat auch an der Universität unterrichtet, und sie ist die Witwe von Isaak Emmanuilowitsch Babel.

Wir blättern in einem Bündel Fotografien. Da ist Babel als Junge, in der Uniform des Kolleg-Schülers, neben seinem Vater, der aussieht wie ein strenger alter Rabbiner. Und hier steht er unter einem Baum, neben Antonina. Er hat eine Glatze, ein kleines Bäuchlein und lacht. Sie ist mager und anmutig, auf dem Arm trägt sie Lidija, die kleine Tochter. «Er war zuvorkommend und menschlich», sagt die alte Dame.

Ein anderes Bild zeigt ihn mit einer Schiebermütze, auf einer Bank sitzend und versunken nach vorn schauend. Auf der Rückseite hat er einen kurzen Satz geschrieben, der eine Art Bekenntnis ist: «Ich kämpfe mit mir selbst und gehe mein ganzes Leben durch.»

Ich lausche den Worten von Antonina Nikolajewna, die mir das mysteriöse Leben des Schriftstellers erzählt, der es verstand, das Epos von Lenins Soldaten im Rhythmus der antiken Balladen zu erzählen; ihren Kampf gegen den Fürsten Radziwill und gegen den Popen, gegen die Wucherer und die Landbarone, diese Soldaten, die mordeten und vergewaltigten und die als Lohn Wodka und den Orden der Roten Fahne erhielten; die weinten, wenn ein Genosse fiel oder wenn ein Pferd starb, denn, so sagt eine Hure auf einer von Babels Seiten, am Ende «sind alle Menschen gut, aber sie haben ihnen eingeredet, daß sie schlecht seien».

In der kurzen Geschichte von Isaak Babel – «Schöpfer des revolutionären Romantizismus», wie ihn Gorki genannt hat; Autor eines «vulgären und beleidigenden Werkes» nannte ihn sein Kommandant, der große Budjonnyj – gab es drei Frauen. Antonina Nikolajewna war die letzte, die jüngste, diejenige, die ihn aus dem Holzhaus gehen sah, in das er nie wieder zurückkehren sollte.

Ich sehe mir das Zimmer an, das Bett in der Ecke, das Klavier, den

Schrank aus Fichtenholz, das Bild, das den zarten grünen Wald darstellt und die Kastenfenster, die Schutz bieten gegen den Frost. Und dann die glänzenden Augen von Antonina Nikolajewna, der beim Sprechen die Tränen kommen.

Sie lernte ihn bei einem Abendessen im fernen Sommer 1932 kennen. Sie kam zu spät, denn sie hatte im Kreml um eine Ausreiseerlaubnis nachgefragt. Sie wollte zu ihrer Familie nach Frankreich. Sie sprach von Natascha, ihrer dreijährigen Tochter, die sie nach Rußland holen wollte, denn sie fürchtete, in Frankreich würde aus ihr ein Äffchen gemacht werden.

Nach einigen Tagen meldet sich Isaak Emmanuilowitsch wieder. Er lädt sie zum Abendessen ein und verspricht ihr süße Kirschtaschen. Er ist voller Manien und besitzt eine maßlose Neugier: «Es interessiert mich furchtbar, was sich in den Handtaschen der Frauen befindet», gesteht er ihr.

Die von Antonina Nikolajewna enthält einen Brief. Ohne Zögern bittet er sie – wenn er ihr nicht «aus irgendeinem besonderen Motiv» etwas bedeutet –, ihn vorzulesen. Und er verspricht ihr einen Rubel für jedes weitere Zugeständnis.

Sie sehen sich öfters. Und sie läßt sich von dieser «merkwürdigen» Person erobern, die die Welt der Literaten nicht ertragen kann, gleichzeitig aber eine regelrechte Leidenschaft für Pferde hegt. «Auf einer Schriftstellerversammlung zu sprechen», so sagt er, «das kommt für mich auf dasselbe hinaus, wie wenn ich Honig mit Rizinusöl kosten müßte.»

Sie gehen aus, schauen sich Gestüte an, und er beschreibt ihr den Charakter der Zuchtstuten, die in vielen Aspekten Menschen glichen: Die da sei hysterisch, die sei eine Hure, aber sie bringe großartige Fohlen zur Welt – selbst mit Hengsten, die wenig taugten. Er geht auf Pferderennen, aber er wettet nie. Auch als er sich für die Revolution einsetzt, sieht er die Welt «wie eine Wiese im Mai, eine Wiese, auf der Frauen und Pferde herumspazieren».

Immer braucht er Geld, und er beneidet Ehrenburg ein wenig, denn der ist reich. Zum wiederholten Male haben ihm die Amerikaner den Roman *Jeanne Ney* abgekauft, um daraus einen Film zu machen. Er gesteht: «Ich besitze nicht nur kein Haus, sondern noch nicht einmal einen elenden Tisch.»

In dem Zimmer, wo er arbeitet und schläft, stehen eine Ottomane, ein Schrank, zwei Stühle, ein kleines Sofa, ein winziger Schreibtisch und ein paar Bücherregale. Die Notizbücher mit Aufzeichnungen und Tagebucheintragungen hält er in einem schweren Metallkasten unter Verschluß.

Fast wie in Apologien gibt er Auskunft über sich: Was ist sein Ideal? Er antwortet im Stile der Philosophie eines alten jüdischen Lumpensammlers: «Und ich wünsche mir die Internationale der guten Menschen, ich möchte, daß jede Seele dort Platz hat und daß uns eine erstklassige Essensration zuteil werde.» Und weiter: «Der Mensch lebt für sein Vergnügen, um mit einer Frau zu schlafen und um an einem heißen Tag ein gutes Eis zu essen.»

Babel liebt es, sich über den Nächsten lustig zu machen. Wenn er nicht gestört werden will, antwortet er am Telefon mit einer Frauenstimme. Er macht sich sogar über Jagoda lustig, den er bei Freunden trifft: «Genrich Gregorijewitsch, sagen Sie mir, wie muß man sich verhalten, wenn man Ihnen in die Fänge gerät?»

Und Jagoda antwortet belustigt: «Alles abstreiten, wie auch immer die Vorwürfe lauten, nein sagen, immer nur nein sagen. Dagegen können wir nichts machen.»

Er will Antonina Nikolajewna erobern. Als er erfährt, daß sie sich mit einem anderen Mann getroffen hat, schreibt er ihr: «Wie ein Messer wühlt die Eifersucht in meinem Herzen.» Und daran schließt sich eine Einladung an, die beinahe einem Ultimatum gleichkommt: «Ich bin abergläubisch, und ich möchte Silvester unbedingt mit Ihnen verbringen.»

Sie akzeptiert und wird seine Frau; und er sagt ihr eines Tages, auch wenn er ein wenig übertreibt: «Ich bin bereit, das Wasser zu trinken, mit dem Ihr Euch die Füße wascht.»

Was war so besonders an Isaak Emmanuilowitsch? «Für mich alles», sagt die Witwe. «Aber es ist schwer, darüber zu sprechen.»

Er war gebildet, sprach acht Sprachen, er war faszinierend und scharfsinnig, eine große Hoffnung der russischen Literatur und, wie Gorki sagte, ein geladenes Gewehr. Er hatte so viele Ideen und Projekte.

«Als ich ihn gerade kennengelernt hatte, da machte er mir überhaupt keinen Eindruck. Aber es war außerordentlich spannend mit

Isaak, so spannend, daß meine jungen Freunde, mit denen ich bis dahin ins Theater, ins Kino oder auch spazierengegangen war, dem Vergleich nicht standhielten. Und mit ihm zusammenzuleben war wunderbar. Denn, und das zählt vor allem, er stellte dich immer auf ein Podest. Sie wissen, es gibt Familien, in denen Ehefrau und Ehemann beständig versuchen, sich herunterzumachen. Mit Isaak war das Leben sehr leicht, weil man ihm alles sagen konnte.»

Er war großzügig: «Wenn es mir Spaß macht, gewisse Dinge zu besitzen, dann nur, um sie dir schenken zu können.» Und in jenen grauen Tagen verschenkt er die Uhr, das Hemd, Krawatten. Er ist so gutmütig, daß es fast zur Katastrophe führt.

Freunde hat er wenige. Einer von ihnen ist Solomon Michajlowitsch Michoels, der große Schauspieler des jüdischen Theaters: Babel liebt ihn sehr. Michoels verliert seine Frau, und es gelingt ihm nicht, den Verlust zu verschmerzen. Also küßt er ihre Kleider.

Ein anderer ist Sergej Eisenstein, der Regisseur von *Alexander Newski.* Babel und er arbeiten an einem Drehbuch, und während sie diskutieren, zeichnet Eisenstein unaufhörlich erotische Traumszenen.

Maxim Gorki schätzt Babel sehr, seine Scharfsichtigkeit macht ihm großen Eindruck. «Sie sind ein richtiger Spion», sagt er lachend. «Man hat Angst, Sie in die Wohnung zu lassen.»

Sein Ruhm reicht über die Grenzen der Sowjetunion hinaus, und als in Paris der Kongreß zur Verteidigung der Kultur und des Friedens organisiert wird, da fragen die Franzosen nach ihm und nach Pasternak, die beide nicht zur offiziellen Delegation gehören.

Pasternak möchte nicht reisen und klagt, er sei krank. Und im übrigen glaube er nicht, so schwerwiegende Probleme ließen sich durch das Geschwätz auf einem Kongreß lösen.

Um ihm unter die Arme zu greifen, bereiten Babel und Ehrenburg ihm einen Rohentwurf einer Rede vor und versuchen ihn zu überzeugen, das Wort zu ergreifen. Pasternak spricht, und ganz unschuldig, fast ein wenig gedankenverloren, greift er an: «Überall sucht man nach der Poesie, und dann findet man sie im Gras.» Das ist keine Vorlesung eines Propagandisten, und er ruft stürmische Begeisterung hervor.

Isaak Babel ist sehr kritisch mit seinen Arbeiten, und er sucht die

Schlichtheit. Er braucht Geschichten, die man erzählen kann; seine Neugier für das Leben und für die Menschen ist grenzenlos. Er ahmt keine Vorbilder nach. «Proust», so sagt er, «ist ein großer Schriftsteller, aber er ist langweilig. ... Wer weiß, vielleicht macht es auch ihm selbst Mühe, das ganze Zeug zu Papier zu bringen.»

Babel lebt aus Erfahrungen, aus Begegnungen mit Menschen: Er hört zu und macht sich Notizen. Er ist Soldat an der rumänischen Front gewesen, dann macht er Dienst in der Tscheka, nimmt teil an den Beschlagnahmungen von 1918 und kämpft mit der 1. Reiterarmee. In Odessa arbeitet er als Drucker, und in Tiflis als Chronist. Seiner Grenzen ist er sich bewußt: «Lew Nikolajewitsch Tolstoi hatte das Temperament, 24 Stunden von 24 Stunden zu erzählen. Bei mir reicht es für die interessantesten fünf Minuten.»

Als André Malraux in Moskau eintrifft, besucht er mit Babel und Antonina Nikolajewna die Turnvorführungen auf dem Roten Platz; oder sie gehen in einem georgischen Wirtshaus essen. «Schlag dir den Bauch voll, Andriuschka», insistiert Babel, wobei er den großgewachsenen eleganten Herren mit den großen, immer ernsten Augen auf den Arm nimmt. Als Antonina fragt, was ihn denn an Moskau beeindruckt habe, da erwidert er ironisch: «Un peu trop de métro.»

Auch Feuchtwanger kommt. Das ist ein ganz anderer Typ: klein gewachsen, rote Haare. Er saugt die Atmosphäre in sich auf, und als die Sprache auf die UdSSR und Stalin kommt, da rutscht ihm heraus: «Viele bittere Wahrheiten.»

Es ereignen sich Dinge, die Babel nachdenklich machen und ihn alarmieren. Er trifft sich mit Ehrenburg bei dessen Rückkehr aus Spanien. Er ist traurig und hat Angst: Er berichtet von Waisenheimen, wo die Kinder von Eltern landen, die noch am Leben sind. Er schreibt an Antonina: «Heute habe ich von F.s Tod erfahren. Schrecklich!»

Es handelte sich um einen Genossen aus den Tagen der Revolution, Benjamin Furer. Er war berühmt für seine Kämpfe um die Verbesserung der Lebensbedingungen der Bergarbeiter und stand unter dem Schutz von Kaganowitsch. Aus heiterem Himmel beging er Selbstmord. Das rief auch Stalins Unmut hervor: «Ein dummer Junge! Er hat sich erschossen, ohne auch nur ein Wort zu sagen.»

Während Isaak und Antonina nach Gagra gehen, um bei den Dreharbeiten zu einem Film dabei zu sein, begegnet ihnen ein Auto mit vergitterten Fenstern. Als sie ankommen, ist die *troupe* völlig verängstigt. Gerade hatten sie Nikolaj Erdman abgeholt, den Drehbuchautor und Verfasser satirischer Verse und Erzählungen. Einige seiner Epigramme über die Mächtigen, darunter auch über Stalin, waren im Umlauf.

Babel begreift, daß die Dinge eine schlimme Wende nehmen. Ab und zu besucht ihn jemand, der ihn um Hilfe bittet, er möge intervenieren. Einige Freunde – darunter Mejerhold und Kolzow, der Journalist – sind bereits in der Lubjanka gelandet.

Anfang Mai 1939. Er reist ab nach Peredelkino. Er hat einen Auftrag für eine Arbeit über Gorki, und außerdem schreibt er an einem neuen Buch. Als er sich von Antonina verabschiedet, sagt er: «Jetzt werde ich nicht mehr so oft hierher zurückkehren.»

Er mag es, sich in seine Datscha zurückziehen zu können. Den Eltern schreibt er einen Brief: «Da bin ich glücklich. Der Nieselregen geht über den Wald hernieder, es pfeift der Wind, im Haus ist eine Tischlampe an, und ich laufe in Pantoffeln umher.»

Am 5. Mai kommen sie um 5 Uhr morgens und holen ihn ab.

Antonina Nikolajewna erzählt: «Als ich öffnete, traten zwei Männer in Militäruniform ein und sagten, sie müßten den Dachboden kontrollieren, denn sie suchten jemand. Babel hätte sagen sollen, wo er sich befand. Ich mußte mit ihnen nach Peredelkino gehen. Ich zog mich an, und wir fuhren los. Der Fahrer kannte die Straße ganz genau, und er fragte mich kein einziges Mal.

Ich klopfte an und hörte die Stimme von Babel: ‹Wer ist das?› ‹Ich.› Da zog er sich an und machte auf.

Sie stießen mich beiseite und stürzten sofort auf Babel los: ‹Hände hoch!› sagte einer; dann durchsuchte er seine Taschen und tastete den Körper ab, um festzustellen, ob er Waffen bei sich trug.

Babel schwieg. Sie forderten uns auf, in ein anderes Zimmer zu gehen, in meins. Wir setzten uns nebeneinander und hielten uns an den Händen. Wir konnten nichts sagen. Sie durchsuchten das Haus, steckten alle Manuskripte in Aktenordner und wiesen uns dann an, wir sollten uns fertig machen, sie würden uns jetzt mit in die Stadt nehmen.»

«Sie bringen Isaak Babel weg», schrieb Nadeschda Mandelstam, «einen Menschen, der vielleicht in seinem ganzen Leben nicht ein einziges Mal mit der Pistole geschossen hat, den besten russischen Erzähler.» Auf der Fahrt sitzen Isaak und Antonina auf dem Rücksitz, aber die Unterhaltung ist nur kurz. «Sie haben mich nicht fertigschreiben lassen», sagt Babel, und meint sein neues Buch. Dann sagt er leise: «Sagt Andrej Bescheid», womit er André Malraux meint. Und er fügt hinzu: «Das Schlimmste ist, daß meine Mutter keine Briefe mehr von mir erhalten wird.»

Dann ein langes Schweigen. Schließlich spricht Antonina: «Ich werde auf Euch warten, wie wenn Ihr nach Odessa gegangen wärt...»

Isaak: «Ich bitte Euch bloß: kümmert Euch um das Kind, sonst muß es im Elend leben.»

Antonina: «Aber ich weiß ja gar nicht, was mein Schicksal sein wird.»

Ein Agent wirft ein: «Gegen Sie liegt keine Anschuldigung vor.»

Antonina erzählt weiter: «Wir kamen zur Lubjanka und fuhren durch das Tor. Das Auto hielt vor einer dicken Tür, die geschlossen war und vor der zwei Wachen standen. Babel gab mir einen Kuß und sagte: ‹Eines Tages werden wir uns wiedersehen.› Er stieg aus dem Auto, und, ohne sich noch einmal umzudrehen, verschwand er durch jene Tür.

Im Januar oder Dezember, ich erinnere mich nicht mehr genau, ging ich ins Gefängnis, aber die Wache sagte mir, er sei nicht mehr da. Er war vom Tribunal abgeurteilt worden: Artikel 58. Das bedeutete Verrat des Vaterlands, Komplott oder Spionage; zehn Jahre Gefängnis ohne das Recht auf Korrespondenz mit der Familie und Beschlagnahme des Vermögens.

Jedes Jahr», sagt Antonina Nikolajewna, «durften wir Informationen abholen. Man ging in die Lubjanka und einer fragte: ‹Wie geht es ihm?› – ‹Gut›, gaben sie zur Antwort.

Sie sagten mir 1944: ‹Es geht ihm gut›, 1945, 1946 dasselbe, und 1947 versprachen sie mir, er würde in wenigen Monaten freigelassen werden. 1948 gab es jedoch eine neue Repressionswelle, und die Kontakte wurden noch schwieriger.

Ich ging zum Staatsanwalt und bat ihn: ‹Erklären Sie mir, was vorgefallen ist. Ich bin eine starke Frau.› Und er erwiderte: ‹Ich habe die Wahrheit gesagt.› Erst 1953 habe ich erfahren, daß sie ihn rehabilitieren würden. Aber erst am 23. Dezember des darauffolgenden Jahres erhielt ich dieses Blatt hier.»

Ich lese: «Aufgrund der neuen Tatsachen wurde der Fall Isaak Emmanuilowitsch Babel am 8. 12. 1954 erneut geprüft, und da sich keinerlei Anhaltspunkte für ein Verbrechen ergaben, wurde der Fall abgeschlossen. Unterschrift: der General des Militärtribunals Tscheprow.»

Und dann die Kopie des Urteils. Da steht geschrieben: «Geboren: 13. Juli 1894. Gestorben: 17. März 1941. Gestorben in:... Todesursache...»

Ich besuchte Antonina Nikolajewna Piroschkowa noch einmal in ihrer neuen Wohnung, einem kleinen modernen Appartement, das elegant eingerichtet ist. Dort lebt sie mit ihrer Tochter, einer schönen Dame.

Die Perestrojka hat dem rehabilitierten Babel ein wenig Gerechtigkeit widerfahren lassen: Seine Werke werden gedruckt, sein Leben im Gefängnis hat man rekonstruieren können. Die Zeitschrift *Ogonjok* hat das gemacht. Sie verfügten über drei Aktenordner des Gerichtsverfahrens, und endlich konnte Antonina alles berichten, ohne Auslassungszeichen, ohne daß «kriminelles» Material eliminiert wurde.

Sie hat, so erinnert sie sich, den großen Bau am Dsershinskij-Platz niemals betreten.

«Ich habe nur einmal 75 Rubel an einem Schalter draußen übergeben. Sie nahmen das Geld ohne irgendeinen Beleg. Ich sagte den Namen, und sie kassierten das Geld. Später, nach dem Urteil, ging ich dann jedes Jahr hin, um Auskunft über sein Schicksal zu erhalten. Und jedesmal erhielt ich die Antwort: Der Gefangene lebt in einem Lager.»

Haben sie Ihnen jemals die beschlagnahmten Liebesbriefe zurückgegeben?

«Nichts, nichts haben sie mir zurückgegeben. Beim erstenmal haben sie einfach gesagt, sie hätten sie nicht gefunden. Dann hat der Schriftstellerverband nachgefragt. Da gaben sie zur Antwort, die Aktenordner mit den beschlagnahmten Dokumenten seien nicht gefunden worden. Dann habe ich gedacht, vielleicht sind sie verbrannt worden. So etwas ist passiert. Dem Bruder von Michail Kolzow gab man diese Auskunft. Der Packen Manuskripte ist verbrannt, die Nummer der Akte ist die und die...

Dann hat das Institut für Weltliteratur dieselbe Frage gestellt, und auch diesmal gaben sie zur Antwort: nichts. Die Antwort kam sehr rasch, und daraus wird klar, daß sie gar nicht gesucht haben, denn sie wußten genau, daß sie nicht mehr existierten.

Vor nicht allzu langer Zeit besuchten mich zwei Männer. Sie riefen mich vorher an und sagten: ‹Wir möchten Sie wegen Ihres Briefes besuchen.› – ‹Wie viele sind Sie?› fragte ich. ‹Zwei.›

Mich freute das sehr. Ich war überzeugt, sie würden mir die Briefe bringen. Einem einzelnen wäre das wohl schwergefallen. Sie kamen. Und sie erklärten mir, daß die Texte von Babel nicht mehr da seien. Es gäbe keine staubigen Keller, in denen Unterlagen dieser Art aufbewahrt würden. Alles sei genau registriert worden, und was man gefunden habe, das sei den Familienangehörigen oder irgendwelchen Archiven ausgehändigt worden. Aber von Babel gäbe es nicht viel. Wenn es irgendein Dokument gäbe, das sich auf den persönlichen Status von Babel bezöge, dann wäre es der Prozeßakte beigeheftet worden. Alle anderen Texte seien verbrannt worden.

Ich fragte: ‹Haben Sie mich aufgesucht, um sich die schriftliche Antwort zu sparen?› Sie antworteten: ‹Was sagen Sie denn da! Wir sind gekommen, um Ihnen unser Bedauern auszudrücken, denn wir wissen, wie kostbar die Manuskripte von Babel sind.› Das ist alles.»

Hat man jemals etwas Genaues über seinen Tod in Erfahrung bringen können?

«Erst jetzt, denn die Mitteilung des Standesamtes sagte, er sei am 17. März 1941 an Herzversagen gestorben. Da ich wußte, daß sein Prozeß am 26. Januar stattgefunden hatte, war mir klar, daß er zu jener Zeit noch nicht in den Registern auftauchen konnte. Und ich habe es nicht geglaubt. 1984 erschien ein Kalender. Er wurde von Politisdat herausgebracht, einem verantwortungsbewußten Verlag. Und dort stand zufällig am 13. Juli geschrieben: 90. Jahrestag von Babel, und weiter 1894–1940. Also habe ich gleich bei Politisdat angerufen, denn ich wollte wissen, woher sie jenes Datum hatten. Sie wunderten sich nicht und sagten auch nicht, es sei alles ein Irrtum. Sie erklärten mir vielmehr, daß sie die Information von offizieller Seite hätten. Sie haben es vom KGB erfahren.»

Aus dem Gefängnis hat er nie mit ihnen Kontakt aufgenommen?

«Nichts. Einzig am 7. November, dem Festtag der Revolution, kam ein Mann und bat um Pantoffeln und Taschentücher. Ich parfümierte die Taschentücher mit meinem Parfüm, denn ich wollte Babel gar zu gern die Grüße von zu Hause schicken; er sollte etwas von mir finden. Wir dachten, dieser Besuch sei ein gutes Zeichen.

Ich arbeitete bei der Projektierung der U-Bahn. Auch am Tag, als sie Babel festnahmen. Ich bat sie, mich gehen zu lassen, damit ich nicht zu spät ins Büro käme. Abends kehrte ich nach Hause zurück, und endlich weinte ich.

In dieser Hinsicht hatte ich keine Probleme, denn niemand stellte mir Fragen, ich hatte einen anderen Familiennamen. Und wer Bescheid wußte, vermied es, mit mir über das Vorgefallene zu sprechen.

In der Bewältigung des praktischen Lebens verlief alles normal, ich war am Entwurf der Station Pawlezkaja beteiligt und bald danach ohne weitere Verpflichtung; sie schickten mich in den Kaukasus. Dort kam ich zwei Tage vor Ausbruch des Krieges an, vielleicht auch einen. Die Ankündigung des Kriegsausbruchs hörte ich im Zug.

Zunächst war ich mir nicht sicher, ob ich losfahren sollte, denn ich mußte für meine Tochter und meine Mutter eine Datscha für den Sommer mieten, aber sie sagten mir, ich könne sie beide mitnehmen, denn ich würde ein Einzelzimmer bekommen.

Der Ort, an den ich gehen sollte, lag am Schwarzen Meer bei Nowyj Afon. Dort wurden Tunnel gebaut, und es war unbedingt erforderlich, daß das Personal an Ort und Stelle wohnte. Drei Jahre habe ich da zugebracht, denn die Verbindungen nach Moskau waren unterbrochen, und ich konnte nicht zurück. Als ich mich wieder in Moskau meldete, erhielt ich eine neue Arbeit. Ich leitete eine Gruppe und war verantwortlich für ein Projekt. Ich arbeitete wie immer.»

Was hat Ihnen die Rehabilitierung Babels bedeutet?

«Die Möglichkeit, seine Werke zu veröffentlichen. Das geschah jedoch auch nicht gleich. Sie haben mir das Geld aus dem beschlagnahmten Vermögen zurückgegeben. Ich weiß nicht, was die Bewertungsgrundlage war. Aber wie auch immer, das hatte für mich überhaupt keine Bedeutung.

Das erste Buch erschien 1957. Jetzt werden seine Bücher ständig neu aufgelegt. In allen Städten werden sie veröffentlicht. Außer in Odessa, seiner Geburtsstadt. In Odessa, nichts.

Aber es konnte auch nicht alles sofort geschehen. Dennoch hatte seine Rehabilitierung damals eine große Bedeutung für mich. Ich war nicht mehr die Angehörige eines Volksfeindes.»

Wie lange hat Babel überlebt, und wo ist er gestorben?

«Nach der Festnahme wurde er vom Gericht zum Tod durch Erschießen verurteilt und hat vielleicht noch einen Tag gelebt.»

Die Schritte des Verfahrens gegen Babel, die ersten Verhöre und die ersten Protokolle kann man rekonstruieren.

Es beginnt so: «Ich, der leitende Untersuchungsrichter des NKWD der Sowjetunion, Leutnant Serikow, habe nach Prüfung des vorliegenden Materials über den Bürger Babel I. E. gefunden, daß er an antisowjetischen Organisationen unter den Schriftstellern beteiligt war.»

Dann sucht Leutnant Serikow die Beweise. Da gibt es den Ex-Direktor der *Tageszeitung der Arbeiter*, Semjon Borissowitsch Urizkij, zum Tode verurteilt als verabscheuungswürdiger Trotzkist, der bezeugt: «Ich traf mich regelmäßig mit Babel in der Wohnung von Jewgenija Solomonowa Jeschowa. Babel sagte mir: ‹Der Schriftsteller sollte sich ehrlich ausdrücken. Aber das, was in ihm am authentischsten ist, darf nicht veröffentlicht werden, denn es stimmt nicht mit der Linie der Partei überein. Sein Schweigen wird zum unverhohlenen Ausdruck des Antisowjetismus.›»

Und was sagt Frau Jeschowa? Daß ihr Ehemann wegen Babel sehr eifersüchtig war, daß er ihr eine Szene gemacht habe, den Schrank habe er durchsucht, weil er die Briefe von Isaak Emmanuilowitsch finden wollte, an denen ihr ein bißchen zu viel lag. Auch sie gab an, daß Babel trotzkistische Anschauungen gehegt habe.

Ihr erster Ehemann, ein Ex-Diplomat, dessen Schicksal bereits besiegelt ist – auf ihn wartet ein Pistolenschuß ins Genick –, bestätigt dies: Der Häretiker Babel war besonders empört über die Literaturpolitik. Er beschwerte sich: «Sie drucken die größten Blödheiten, aber nicht das, was ich schreibe.»

Glaubt man den Informanten, dann hat er gesagt: «Die Sowjetmacht hält sich allein durch die Ideologie. Andernfalls wäre sie schon vor zehn Jahren am Ende gewesen.»

Warum frequentiert Babel die Jeschows? Er ist ein alter Bekannter von Jewgenija, und sie laden auch Theaterleute ein, wie zum Beispiel Michoels. Babels Interesse ist rein beruflicher Natur: Er versucht zu begreifen, was an der Spitze von Partei und Staat vor sich geht. Er entdeckt, daß hinter Jagoda und Jeschow der Wille Stalins steckt.

Jewgenija Solomonowa Jeschowa vergiftet sich, entsetzt wegen der Festnahme einer Person, die ihr nahesteht. Und Babel kommentiert: «Für Stalin ist dieser Tod unbegreiflich. Er hat Nerven aus Stahl, und er kann nicht begreifen, daß jemand anderes die Nerven verliert.»

Am Dsershinskij-Platz Nr. 2 ist das Gefängnis der Geheimpolizei. Drei Tage lang – am 29., 30. und 31. Mai – wird Babel einem Verhör unterzogen. Anfänglich hält er stand und bekennt sich nicht schuldig, aber dann gibt er auf einmal nach.

Er muß sich wegen ausgedehnter Kontakte zu Trotzkisten verantworten, er habe leitende Kader verunglimpft, er habe die Situation im Lande in den düstersten Tönen gemalt. Er nannte die Namen anderer Intellektueller, die sich derselben Verbrechen schuldig gemacht hätten: Boris Pilnjak, Romancier, Lidija Sejfullina und Sergej Jessenin, Dichter.

Dann folgen die kompromittierendsten Aussagen, die aktuellsten Häresien: verbotene Gespräche mit den Schriftstellern Olescha und Katajew, mit dem Schauspieler Michoels, mit den Regisseuren Alexandrow und Eisenstein. Ehrenburg wird sogar zum Mittelsmann einer Verschwörung von Spionen. Malraux seien nicht nur Informationen über die Stimmungen unter der «Intelligenzija» übermittelt worden, sondern auch über die Aeronautik und die Rote Armee, und sogar über die Verhaftungswelle.

Beim Prozeß jedoch bricht das ganze Lügengebäude zusammen. Babel quälen seine Falschaussagen, es reut ihn, was er gesagt hat. Er weiß, was ihn erwartet, und so hat er Berija gebeten, zumindest noch seine beschlagnahmten Manuskripte ordnen zu dürfen. Der Bescheid ist negativ.

Am 10. Oktober widerruft Isaak Emmanuilowitsch seine Aussagen: «Ich bitte den Untersuchungsrichter, der Tatsache Rechnung zu tragen, daß ich, während ich mich im Gefängnis befand, ein Verbrechen begangen habe: Ich habe andere Personen verleumdet.»

Er findet keine Ruhe, und am 21. November schickt er, mit unsicherer Handschrift verfaßt, ein weiteres Gesuch: «In den Protokollen meiner Verhöre sind falsche und erfundene Behauptungen, die Personen antisowjetische Tätigkeiten unterstellen, welche hingegen ehrbar und voller Pflichterfüllung zum Wohle der Sowjetunion arbeiten. Ich halte es für meine Pflicht, diese Schande aus meinem Gewissen zu tilgen.»

Im Dezember folgt ein weiterer Appell. Er hat die Wahrheit verborgen, hat die Untersuchung auf eine falsche Fährte gelockt, insistiert er. Die Verleumdung sei einzig wegen «meines feigen Verhaltens im Verlauf der Untersuchung» zustande gekommen.

Am 26. Januar 1940 präsentieren sich endlich die Richter. Den Vorsitz führt der erfahrene Jurist W. W. Ulrich, die beiden anderen Mitglieder der «Troika» sind die Militärs Kandybin und Dimitriew.

Jeder Vorgang wird in zwanzig Minuten abgewickelt.

Babel: «Ich bin nicht schuldig. Ich war kein Spion. Niemals habe ich irgendeine Handlung gegen die Sowjetunion unternommen. Bei den Aussagen habe ich mich selbst beschuldigt. Unter Zwang habe ich andere Unschuldige verleumdet.»

Das Urteil wird tags darauf in Moskau vollstreckt. Es ist nicht bekannt, wo er beerdigt wurde. Das Dossier Nr. 419 ist geschlossen. Solschenizyn schrieb, daß der Himmel über der Lubjanka «unglücklich» ist.

Die Männer von *Budjonnyjs Reiterarmee* sind verschwunden, getötet durch die Zeiten und Unruhen jener Welt, die sie doch so sehr erstrebten. Und wie viele seiner Genossen, die im Nebel und den Sümpfen Polens während des Rückzugs spurlos verschwanden, so ist auch Isaak Emmanuilowitsch Babel einfach verschwunden. Und keiner kann ihm einen Sattel oder ein Paar glänzende Reitstiefel oder einen Strauß Feldblumen auf das Grab stellen.

«Massenfeindlich»: Wsewolod Mejerhold

Wie weit liegen die Jahre der verrückten Illusionen zurück, als aus Moskau die neuen Ideen kamen, die begeisterndsten Erfahrungen, die unglaublichsten Geschichten, die unnachahmlichen Bilder und Klänge.

Aus Paris schreibt Babel an seinen Freund Lifschitz: «Vom Standpunkt der individuellen Freiheit aus ist es begeisternd, hier zu leben; aber wir, die wir aus Rußland kommen, verspüren Heimweh nach dem Strudel der großen Ideen und der großen Leidenschaften.»

Der großartige, sinnliche Léon Bakst – Cocteau nennt ihn abschätzig einen «enormen Wellensittich» – bestimmt die Regeln des Art déco, er kleidet die Tänzerinnen von Sergej Djagiljew und die Marchesa Casati, Gabriele D'Annunzios Geliebte aus dem Jahr 1912, ein; er entwirft die Kostüme von Tamara Karsawina, die im Ballett *Feuervogel* auftritt, das ein junger Komponist, Igor Strawinsky, geschrieben hat, der proklamiert: «Ich bin ein musikalischer Erfinder», und von Ida Rubinstein. In Strawinskys Erinnerungen heißt es: «Bakst war wie andere Dandies sensibel und im Innersten mysteriös.»

Die Avantgarde kommt aus Rußland: Kasimir Malewitsch und Wassily Kandinsky sind die Pioniere der abstrakten Malerei. «Malen», schreibt Kandinsky, «wird für mich eine Befreiung von meinen inneren Ängsten sein.» Malewitsch geht gegen die Venus von Milo los als «Krimskrams der akademischen Künste». Sie suchen die reine Form und hassen die Bildlichkeit. In ihrer Philosophie steckt etwas Mystisches: Sie wollen die Ikonen der Anarchie malen. Das «Weiß auf Weiß» ist der letzte, unübertreffliche Ausdruck der Nicht-Gegenständlichkeit.

In Witebsk bemalt ein junger Jude Leinwände mit bärtigen Violinspielern, am Himmel fliegen Ziegen und Engel, in den Höfen der Hütten wimmelt es von Tieren aus seiner Kindheit. Neben einer Palme oder einem siebenarmigen Lüster ist immer Platz für ein Liebespaar oder ein nacktes Mädchen.

Zur selben Zeit revolutioniert Stanislawski das Theater: Prokofjew und Strawinsky erschüttern die Konzertsäle. Und endlich kommt der Oktober 1917. Die unerschrockenen Bolschewiken spalten sich untereinander in verschiedene Gruppen: Da sind die Konstruktivisten, die Produktivisten und die Suprematisten. Dann gibt es die LEF, die linke Front der Künste, von denen die Konservativen sagen: «Sie stehen links vom gesunden Menschenverstand.»

Einer ihrer Exponenten ist Majakowski: Er schlägt vor, alles auf den Müllhaufen zu werfen, was bisher geschaffen wurde; von Adam bis zu ihm. Ihn selbst allerdings ausgenommen.

Sie wollen Häuser wie «Wohnmaschinen», so Bruce Chatwin, hochziehen, sie verstecken die Fassaden der alten Paläste hinter enormen Plakaten, sie hüllen die alten zaristischen Denkmale in rotes Tuch.

Über alle wacht der kluge und tolerante Anatoli Lunatscharski, der erste Volkskommissar für Erziehung. Er wacht nicht nur über die Kunstwerke der Vergangenheit, sondern auch über die Künstler der Zukunft. Chagall sagte ihm einmal: «Fragen Sie mich nicht, warum ich das Blau oder das Grau verwandt habe, oder warum man im Euter einer Kuh die Umrisse eines Kalbes sieht. Suchen Sie doch die Antwort bei Marx, wenn er denn so allwissend ist, daß er Ihnen eine Antwort zu liefern vermag.»

Dann fangen die Schwierigkeiten an. Mit sechsundzwanzig Jahren dreht Eisenstein den *Panzerkreuzer Potjemkin*, ein Meisterwerk und ein Vorbild für das Kino in der ganzen Welt. Aber später wird er, wie auch Pudowkin, der Autor von *Die Mutter* und ein Meister der Schnitt-Technik, scharf angegriffen. Die Anschuldigung lautet, aus Iwan dem Schrecklichen ein «unentschlossenes, charakterschwaches Wesen vom Schlage eines Hamlet» gemacht zu haben.

Alexander Dowschenko hat gerade seinen Film *Die Blüte des Lebens* beendet. «Sie zeigten ihn dem Großen Führer», erinnert er sich. «Dem größten aller Sterblichen, seit das Universum geschaffen wurde. Und der Allergrößte wies meine Arbeit zurück.»

Berija ruft ihn ins Politbüro. Man ermahnt ihn: «Wir werden dir den Kopf schon zurechtrücken, Freundchen, du hast Stalin mal gerade zehn Meter Film gewidmet, und selbst das ist schon hoch gegriffen. Nicht eine einzige Sequenz deines Films handelt von ihm. Du bist von Hochmut zerfressen, und jetzt wird es dir schlechtgehen. Und dein Talent? Darauf spucke ich. Mach, was du willst, aber wenn du einen Film drehst, dann bring hier und da das, was den Leuten gefällt: eine kleine Sichel hier, ein kleiner Hammer da, und hier wieder ein Roter Stern...»

Wenn Berija mit dem blauen Stift unterzeichnet, bedeutet das: Erschießen. So geschehen auf dem Deckel der Akte Wsewolod Emiljewitsch Mejerhold. Ein einziges Wort fügte er hinzu: «Bestätige». Noch ein Schicksal nähert sich seinem Ende.

Es ist der 20. Juni des Jahres 1939, ein klarer Sommertag in Leningrad. 9 Uhr vormittags, Mejerhold hält sich noch in seinem Haus an der Uferpromenade Korpuska auf. Es hat eine häßliche Nummer: dreizehn. Zwei Agenten der dritten Abteilung Nachforschungen des NKWD treten ein und fordern ihn auf mitzukommen. Sie bringen ihn in das interne Gefängnis der Direktion.

Zwischenzeitlich wird seine Wohnung in Moskau in der Brjusowski-Gasse in Anwesenheit des Portiers, der den Zeugen abgeben muß, durchwühlt. Seine Frau, Zinaida Nikolajewna Rajch ist mit ihrem Sohn Konstantin Jessenin anwesend. Sie ist hell empört und protestiert: «Sie haben kein Recht, in Abwesenheit meines Mannes eine Durchsuchung vorzunehmen. Sie verhalten sich nicht korrekt. Und dann durchwühlen Sie auch meine Sachen und meine Unterlagen. Es ist nicht in Ordnung, daß Sie mein Sparbuch nehmen. Ich verlange eine Aufstellung für jedes Blatt Papier, das Sie wegnehmen.» Einer der Polizisten, ein gewisser Wlassow, ist besonders grob und unhöflich, und die Frau läßt das ins Protokoll aufnehmen.

Um zwei Uhr nachts wird Mejerhold unter starker Bewachung in den Zug Nummer neunundfünfzig gebracht, der ihn nach Moskau bringt. Unverzüglich wird er in einer Zelle des Lubjanka untergebracht. Ärztliche Untersuchung und Desinfizierung der Kleider. Es wird festgestellt, daß «weder eine Infektion noch eine Verlausung vorliegt».

Wsewolod Emiljewitsch Mejerhold ist ein großer Regisseur und ein schwieriger Charakter. Gutmütig, aber jähzornig, so beschreiben ihn seine Freunde. Mit krankhaftem Mißtrauen: Eifersüchtig auf seine Mitarbeiter fürchtet er Intrigen, die nur in seiner Phantasie existieren.

Er liebte elegante Kleidung, erinnert sich Schostakowitsch. Und er umgab sich gerne mit schönen und kostbaren Dingen: Bildern, Porzellan und Glas. Aber das ist alles nichts im Vergleich zum Luxus von Zinaida Nikolajewna: «Eine sehr schöne Frau, vielleicht ein ganz bißchen dick, was besonders auf der Bühne auffiel, wo sie sich überraschend plump bewegte. Ihrem Äußeren widmete sie große Aufmerksamkeit.»

Dimitrij Dimitrewitsch Schostakowitsch respektiert Mejerhold als seinen Gönner, aber die Rajch kann er nicht ausstehen. Er macht sie verantwortlich für seine schlechten Beziehungen zu Mejerhold. Er vergleicht sie mit einer Fischverkäuferin, auch wenn sie ihrer Herkunft nach adlig und eine Lutheranerin ist; seiner Ansicht nach ist sie geizig und bereit, selbst noch aus dem Schicksal der ins Unglück geratenen Damen, die die Überbleibsel ihrer Vergangenheit verkaufen, Vorteile zu ziehen.

Auch mit Mejerhold, dem er zugute hält, daß er niemals enge, freundschaftliche Beziehungen mit den Mächtigen geschlossen und sich nie zum Lakaien Stalins herabgewürdigt hat, ist er unerbittlich: Er sieht ihn, wie er atemlos hinter Kaganowitsch herrennt, der unzufrieden ist und eine seiner Inszenierungen in der Pause verlassen hat.

Aber Mejerholds Persönlichkeit und seine Lehren haben ihre Spuren hinterlassen. Er sagt: «Wenn du allen gefällst, dann bedeutet das, das Theater ist ein totaler Reinfall. Wenn dich andererseits alle kritisieren, dann kann das schon bedeuten, daß irgend etwas gut ist an dem, was du tust. Der wirkliche Erfolg ist, wenn die Leute über deine Arbeit diskutieren.»

Schon zu Zeiten des Zaren verschreckte Mejerhold das Publikum in Sankt Petersburg mit der Extravaganz seiner Inszenierungen, für die er alles nur Erdenkliche einsetzte – vom Zirkus über die Revue bis hin zum Film –, und wegen seiner theoretischen Ansichten, die nicht alle teilten und die wüste Polemiken auslösten. Die Schauspieler sah er als Marionetten an, die sich seinen Vorstellungen und Absichten vollkommen hinzugeben hatten.

Er ist, so sagt man, eine «paradoxe Persönlichkeit», und er fügt sich nicht in die ästhetische Regelwelt des Systems ein: «Das Theater des Sozialistischen Realismus hat nichts mit Kunst zu tun», lautet eine seiner Aussagen. Deshalb beschuldigt man ihn des Formalismus. Aber ein aufrechter Kritiker schreibt: «Er hat die Grundlagen des zukünftigen Theaters geschaffen.»

Sie haben ihn als Trotzkisten, als Spion und Organisator von Rebellionen gegen das Sowjetregime enttarnt. Und sie haben, wie könnte es anders sein, Beweise. Michail Koltzow, der Journalist, der über den Spanischen Bürgerkrieg berichtete, hat seinen Namen genannt und ihn als Informanten bezichtigt. Koltzow ist hochintelligent und macht sich keine Illusionen. Er sagt, auch ein Artikel sei eine Form von Kunst, aber daran glaubt er selber nicht.

In der *Prawda* hat er ein luxuriöses Arbeitszimmer. Er empfängt Ehrenburg, der gerade aus dem Ausland zurückgekehrt ist. «Warum sind Sie zurückgekommen?» fragt er ihn.

Er führt ihn zur Toilette, und hinter vorgehaltener Hand erzählt er ihm den neuesten Witz. «Sagt einer: ‹Sie haben Teruel festgenommen.› Fragt der andere: ‹Auch die Frau?› Komisch, nicht?»

Nicht so sehr. Michail Koltzow wird verhaftet. Sie behaupten sogar, er sei ein Agent von Lord Beaverbrook, dem unumschränkten konservativen Herrscher über die britische Presse.

Weiter liegt gegen Mejerhold die belastende Aussage eines japanischen Kommunisten, des Regisseurs Iosida Iosimasu, vor, der sich mit seiner Lebensgefährtin, der Filmschauspielerin Akada Iosika, nach Moskau geflüchtet hatte. Iosimasu ist kein schlechter Mensch. «Nächtelang ließen sie mich nicht schlafen, sie zwangen mich zu stehen, und ich wurde beinahe ohnmächtig», erzählt er.

Vor dem Todesurteil gibt er, von Gewissensbissen geplagt, weil er seinen Lehrmeister kompromittiert hat, zu Protokoll: «Man kann die Erschießung fürchten, aber die Unwahrheit zu sagen ist schlimmer als Spionage. Und ich bin schuldig, Mejerhold mit hineingezogen zu haben.»

Einige Tage nach der Festnahme zwingt der Richter Kobulow den Angeklagten, den bedeutenden Theatermann, eigenhändig ein Schuldbekenntnis abzufassen. Demzufolge hat er so ziemlich alles gemacht: Rechts- und Linksabweichungen, Sabotage durch seine Inszenierungen, Spionage mit Hilfe des Engländers Fred Gray: «Ich informierte ihn über die Vorhaben der sowjetischen Theater.»

Sie haken nach; er soll möglichst viele weitere Personen belasten, und sie geben ihm noch mehr Papier, damit er das aufschreiben kann. Er erzählt von seinen Aktivitäten: Wie Stalin ins Theater kommt, um sich die Aufführung satirischer Verse von Majakowski anzusehen, oder wie Bucharin ihm nahelegt, ein Finale zu ändern, er das aber ablehnt.

Eines Morgens ruft ihn der Richter Woronin zu einem Verhör, das ohne Pausen achtzehn Stunden dauert. Immer drängender werden die Fragen: «Jahrelang haben Sie ein Doppelspiel betrieben: stimmt das? Ihre Vorliebe für den Verräter Trotzki ist bekannt: sprechen Sie über Ihre Beziehungen zu gewissen Genossen. Warum verheimlichen Sie Ihre Kontakte als Spion?»

Er gesteht, weil er nicht mehr kann. Und er zieht Ehrenburg mit hinein, den er als denjenigen hinstellt, der Pasternak und Olescha korrumpiert habe, die Komplizen bei den Intrigen gegen den Kreml.

Aber in einem Brief an Molotow, den Volkskommissar, berichtete er von den Schikanen, denen er unterworfen wurde: «Sie haben mich geschlagen, sie haben einen fünfundsechzigjährigen, kranken Mann geschlagen, sie haben mich zu Boden gestoßen und mir dann mit einem Gummiknüppel auf die Fersen und auf den Rücken geschlagen. Während ich auf einem Stuhl saß, haben sie mir mit demselben Gummiknüppel mit voller Kraft auf die Beine und auf die Knie geschlagen. In den darauffolgenden Tagen bildeten sich blaurote und gelbe Blutergüsse, und trotzdem schlugen sie mich immer wieder.»

Am 13. Dezember schreibt Mejerhold an den Generalstaatsanwalt der Sowjetunion: «Meine Aussagen sind falsch. Ich habe mich selbst verleumdet. Ich habe gelogen, und der Untersuchungsrichter hat diese Lügen noch hervorgestrichen. Andere Falschaussagen hat er diktiert, und ich habe unterschrieben.»

Er weiß nicht, daß sich tags zuvor in seiner Moskauer Wohnung eine Tragödie abgespielt hat. Zinaida, seine geliebte Frau, wurde umgebracht. Noch vor gar nicht langer Zeit hatte ihr Wsewolod aus einem Ferienort geschrieben: «Wenn ich die Fabelwelt des goldenen Herbstes betrachtete, diese ganze wunderbare Welt, dann stotterte ich: ‹Zina, Zinotschka, schau, welch ein Wunder. Verlaß mich nicht, mich, der ich dich liebe, Frau, Schwester, Mama, Freundin, Geliebte, die du ganz aus Gold bist wie diese wundersame Natur. Zina, laß mich nicht im Stich. Es gibt nichts Schrecklicheres auf der Welt als die Einsamkeit.›»

Zinaida hat kein Geld mehr, um die Besorgungen für den Alltag zu erledigen. Sie sitzt an ihrem Schreibtisch und zieht aus einem Kästchen Obligationen. Sie überlegt, wie viele sie wohl wird verkaufen müssen.

Da stürzen zwei Männer in ihr Zimmer. Der eine hält sie an den Händen fest, der andere sticht ihr mit einem Messer achtmal in die Brust.

Ein Schrei von ihr alarmiert das Hausmädchen, aber sie wird von einem scharfkantigen Gegenstand am Kopf getroffen und verliert das Bewußtsein.

Einer der beiden Aggressoren springt vom Balkon, der andere flieht durch die offene Haustür über die Treppe. Ein großes schwarzes Auto wartet draußen auf sie. Sie fahren in Richtung Gorki-Straße weg.

Die Schreie haben den Portier aufgeschreckt, der den Notarzt herbeiruft. Der Arzt versucht, Zinaida zu helfen, aber die bittet ihn. «Doktor, rühren Sie mich nicht an. Ich sterbe.»

Bei der Beerdigung teilt der Schauspieler Medkwin dem Vater der Ermordeten mit: «Die Gesellschaft weigert sich, Ihre Tochter zu beerdigen.»

Sofort danach machen sich die jungen Männer des NKWD daran, die Wohnung auszuräumen: Bücher, Möbel und Geschirr. Auch das Dienstmädchen, das inzwischen von der Verletzung genesen ist, wird weggeschafft. Sie fragen sie, ob sie in der Lage wäre, die Mörder wiederzuerkennen, und vorsichtshalber wird sie in ein Lager gebracht. Die fünf Zimmer, die Mejerhold mit einer Kooperative gekauft hatte, werden nach den notwendigen Renovierungsarbeiten aufgeteilt. In die größere der beiden Wohnungen zieht eine schöne junge Frau. In die andere der Chauffeur von Berija.

Warum all diese Verfolgung? Koltzow wird eliminiert, weil er zuviel über die antifrankistische Bewegung und die Roten Brigaden weiß; Babel, so vermutet man, wegen seiner Kontakte zu Jeschow. Aber wodurch hat Wsewolod Emiljewitsch Stalins Zorn herausgefordert, wo er ihm doch sogar den Applaus widmete, der eigentlich ihm selbst galt?

Weil sie ihn für «massenfeindlich» hielten, weil er an eine fortschrittliche, aber freiheitliche Kultur glaubte und weil er die Zurückhaltung Lenins vermißte, der sich in die Fragen des Geisteslebens nicht einmischte. Als man sich mit solchen Fragen an Lenin wandte, so erinnerte sich Mejerhold, da erwiderte der: «Ich verstehe davon nichts. Sprecht darüber mit Lunatscharski, der ist der Spezialist für diese Probleme.»

Am 28. Januar, seinem Geburtstag, wird Mejerhold im Gefängnis Butyrki die Anklageschrift zur Kenntnis gegeben. Am 1. Februar findet die Verhandlung hinter verschlossenen Türen statt und es wird der «definitive und unwiderrufliche» Urteilsspruch gefällt.

Man gesteht ihm ein Schlußwort zu. Er hat sich nichts zuschulden kommen lassen und ist nie und nimmer ein Verräter gewesen. Er hat eine kommunistische Tochter großgezogen. Er glaubt, das Gericht werde begreifen, daß er unschuldig ist. Auf künstlerischem Gebiet hat er Fehler begangen, aber trotz seiner sechsundsechzig Jahre ist er noch rüstig genug, die begangenen Fehler und Unkorrektheiten zu korrigieren. Er glaubt an die Wahrheit, nicht an Gott, und er glaubt, die Wahrheit werde siegen.

Sie erschießen ihn am 2. Februar in einem Kellerraum. Zur selben Zeit, da Koltzow durch einen Pistolenschuß in den Nacken umgebracht wird. Am 26. November 1955 wird er rehabilitiert.

Von seinem Leichnam gibt es keine Spur. Ulrich, der Richter des Prozesses gegen ihn, ist mit allen Ehren auf dem Friedhof Nowodewitschi beigesetzt worden. In der Nähe ruhen auch Chruschtschow und Tschechow.

Folgendes wurde mir erzählt:

«Ich bin die Enkelin von Mejerhold, die Tochter seiner Tochter Tatjana aus erster Ehe. Ich heiße Marija Vallentej. Wsewolod Emiljewitsch wurde beschuldigt, ein Aufrührer zu sein, Artikel 58.1, und ein Konterrevolutionär, Artikel 81.

Er war kein Jude, sondern deutscher Abstammung, wie alle Unterlagen zeigen. Verfolgt wurde er als Intellektueller, weil er talentiert war und weil er aus den engen vorgeschriebenen Grenzen für Politik und Kultur ausbrach.

Offiziell wurde uns nicht mitgeteilt, daß Mejerhold zum Tode verurteilt worden war, sondern man sagte uns, er müsse zehn Jahre Haft abbüßen. Mama und ich haben versucht, die Korrespondenz aufrechtzuerhalten und ihm zu schreiben. Nach einiger Zeit, vielleicht hatten sie die Briefe von uns satt, sagten sie uns, er sei am 17. März 1942 gestorben. Eine Lüge: Er war zwei Jahre zuvor, am 2. Februar 1940, hingerichtet worden.

Über den Mord an Zinaida Nikolajewna gibt es keine Unterlagen. Man findet sie nicht. Es gibt nur Hypothesen. Sie hatte zahlreiche Verletzungen in der Nähe des Herzens davongetragen. Und auf dem Transport ins Krankenhaus verblutete sie.

Nach der Beisetzung wurde die Familie aufgefordert, die Wohnung binnen achtundvierzig Stunden zu räumen. Sie wurde zweigeteilt. In dem Teil, in dem sich das ‹gelbe Zimmer› befand, wo Kandinsky das berühmte Bild von Mejerhold gemalt hat und wo Schostakowitsch, Ehrenburg und Nemirowitsch-Dantschenko sich aufhielten, wohnt die Privatsekretärin von Berija. Sie kam 1939 nach Moskau. Sie behauptet, sie wisse nicht, wem die Wohnung gehörte, und so wohnt sie noch immer dort, obwohl es ein Urteil gibt, das sie zum Auszug auffordert und obwohl der KGB bereit ist, ihr eine andere Wohnung zu beschaffen.

Mejerholds andere Freunde, die, die in der Liste erwähnt werden, haben sich gerettet. Erst gab es das Abkommen mit Deutschland, dann den Finnland-Krieg, dann die Invasion. Vielleicht waren andere Dinge jetzt wichtiger.»

Die Last des Exils

Auch Alexander Solschenizyn hat den Sowjetstaat und seine Gesetze herausgefordert. Noch nicht einmal deren Rechtmäßigkeit erkennt er an. Den einen gilt er als «Gewissen des russischen Volkes», den anderen als «Verräter». Seine erste Frau, Natalja Ressetowskaja, von der er sich 1971 scheiden ließ, hat ihn einen «schwierigen, widersprüchlichen und sprunghaften» Charakter genannt und den *Archipel Gulag* als eine «folkloristische Beschreibung der Konzentrationslager» bezeichnet. Heiter ist dieser Bericht jedoch nicht.

Um Solschenizyn in Mißkredit zu bringen, treiben sie im Kaukasus einen alten Freund auf, Nikolaj Witkjewitsch. Die beiden waren Waffengenossen, als Solschenizyn eine Artillerieabteilung der Roten Armee kommandierte. In der Korrespondenz zwischen ihnen entdeckte die Zensur einige ironische Einschätzungen von Stalin. Das Gericht verurteilte den zukünftigen Schriftsteller zu acht Jahren Zwangsarbeit und zu andauerndem Exil. Witkjewitsch erhielt zehn Jahre.

«Meine Jahre in Gefangenschaft habe ich in meinem Innersten nicht als eine Schmach empfunden und auch nicht als einen Alptraum, den es so schnell als möglich zu vergessen gilt. Fast bin ich dahin gelangt, jenes deformierte und verbogene Universum zu lieben. Ist es nicht so, daß man hier, in unseren Gefängnissen, den großen Glauben wiederfinden kann?»

Nikolaj Witkjewitsch hat behauptet, Solschenizyn habe sich derselben Verbrechen schuldig gemacht, deretwegen er in seinem letzten Buch andere beschuldigt: Auch er sei ein Spion gewesen. Solschenizyn beließ es bei der folgenden Antwort: «Neunundzwanzig Jahre lang hat er mir nichts vorzuwerfen gehabt, aber jetzt auf einmal glaubt er, es sei für ihn vorteilhaft, in den allgemeinen Chor einzustimmen.»

Das sind Dinge, die geschehen halt. Ein Offizier der Wachmannschaften eines Lagers in Kasachstan erklärte 1944: «Wenn es nötig ist, dich umzubringen, selbst wenn du absolut unschuldig bist, dann wirst du getötet. Warum, ist unwichtig. Wenn es hingegen irgendeinen Grund gibt, weshalb du als Unschuldiger durchgehen solltest, selbst wenn du dir etwas hast zuschulden kommen lassen, dann wirst du freigelassen oder rehabilitiert.»

Solschenizyn wurde ausgebürgert, «weil er systematisch Handlungen begangen hat, die mit den Rechten und Pflichten eines Bürgers der Sowjetunion unvereinbar sind». Nur ein einziges Mal war in der Sowjetunion ein derart drastisches Verfahren angewandt worden: 1929. Damals jagte Stalin seinen Widersacher Leo Trotzki aus dem Land. Als *Ein Tag im Leben des Iwan Denissowitsch* erschien, da hielt die *Prawda* es für ein «Meisterwerk». Später wurde Solschenizyn ein «verfemter Autor». Der Kreis schließt sich. Der Kreml hat sich von einem großen Stachel befreit. Zu den alten Methoden konnte er nicht mehr greifen, er hatte weder Antworten noch praktische Vorschläge oder Ideale, die er der Polemik hätte entgegensetzen können.

So hält eines Tages ein Auto der Marke Wolga vor dem Haus in der Kositzki-Straße Nr. 12. Sieben Polizisten, darunter einer in Zivil, gehen die Treppe hinauf zum Appartement 169. Solschenizyn hält sich in seinem winzigen Arbeitszimmer auf, wo er oft zwölf Stunden am Tag verbringt. Die beiden älteren Söhne, Ermolaj und Ignat spielen draußen im schmutzigen Schnee, der kleine Stepan schläft. Sie teilen ihm mit, er sei verhaftet. Er nimmt eine Tasche, packt ein paar Dinge, zieht sich einen alten, fellgefütterten Mantel über, setzt sich die Pelzmütze auf den Kopf, gibt Natalja und den Kindern einen Kuß und verläßt das Haus. Sie bringen ihn ins Gefängnis von Lefortowo; dort werden ihm die Kleider und alle persönlichen Effekten weggenommen. Dann teilt man ihm die Entscheidung des Obersten Sowjet mit, die ihm die Staatsbürgerschaft entzieht, und man setzt ihn in das nächste Flugzeug nach Frankfurt. Als er aus dem Flugzeug steigt, empfängt ihn eine deutsche Hostess und reicht ihm eine Rose.

«Das Exil», so sagt Heinrich Böll, «ist das Schlimmste, was einem Schriftsteller widerfahren kann...» Eine von Solschenizyns Figuren vergleicht es mit einer «geistigen Kastration». Aber jetzt tröstet sich Alexander Isajewitsch: «Es ist nicht zum Verzweifeln. Auch die alten Bäume schlagen rasch wieder Wurzeln in ihrer neuen Umgebung, wenn sie verpflanzt werden.»

Im *Archipel Gulag* (GULAG ist das Kürzel für die Zentralverwaltung der Internierungslager) hat Solschenizyn von Verbrechen berichtet, die Chruschtschows Enthüllungen auf dem zwanzigsten Parteitag bei weitem in den Schatten stellen.

Er bewertet den Zarismus neu und findet ihn humaner und aufgeklärter als die Kommunistische Partei; die Wlassow-Armee, die an der Seite Hitlers kämpfte, ist für ihn eher Sinnbild der Grausamkeit des Regimes; er schätzt die Opfer der Repression auf vierzig Millionen und vertritt die Ansicht, keine Tragödie aus der Vergangenheit könne mit diesen Massakern verglichen werden. Er sagt, noch über kein Volk sei jemals soviel Leid durch die Schuld seiner Führer gekommen.

Selbst der zum Mythos gewordene Lenin kommt schlecht weg: Er ist der erste Tyrann. Solschenizyn erinnert an die Mahnung, die Lenin einem Bolschewiken aus seiner Umgebung erteilte: «Du bist ein Mathematiker. Vergiß Cartesius nicht: Zweifle an allen und allem.» Diesen Rat hat auch er beherzigt. Er stellt Thesen zur Debatte, die längst schon zu Dogmen geworden sind. Noch einmal durchforscht er die großen Passionen seiner Jugend («Damals», so erklärt er, «langte mir der Marxismus, um die Revolution zu begreifen»), die Anordnungen der Regierung und den Verlauf des Krieges. Dreimal seien die Kämpfer verraten worden: Von der Strategie Stalins, der auf den Krieg vollkommen unvorbereitet war und es zuließ, daß die Wehrmacht eine enorme Zahl russischer Kriegsgefangener machte, die dann aufgegeben wurden und in den deutschen Konzentrationslagern starben; und wer überlebte, wurde bei seiner Rückkehr als Vaterlandsverräter zu zehn Jahren Zwangsarbeit verurteilt. Abschließend meint er: «Der Krieg hat uns gezeigt, daß es das Schlimmste auf der Welt ist, als Russe geboren zu werden.»

Das Exil ist ebenso wie die Deportation eine schlimme russische Tradition. Von Alexander Herzen bis Bakunin, von Lenin über Bunin, Berdjajew bis zu Samjatin trifft es vor allem die Intellektuellen als diejenigen, die nicht einverstanden sind.

Sie haben den Mathematiker Jessenin-Volpin, den Sohn des Dichters, außer Landes gejagt; sie haben dem Biologen Zhores Medwedjew, der das Land mit Erlaubnis für einen einjährigen wissenschaftlichen Studienaufenthalt verlassen hatte, kein Rückreisevisum gegeben. Dann kam Andrej Sinjawskij, der Schriftsteller und Kritiker mit dem Pseudonym Abram Terz, an die Reihe. Der geächtete Jude aus Odessa hatte im Ausland unbotmäßige Romane veröffentlicht, die dem Regime nicht gefielen. Sinjawskij zitiert zur Erläuterung seiner moralischen Einstellung oft einen Satz aus den *Brüdern Karamasow*: «Kann man auf dem Leichnam eines Kindes einen Kristallpalast errichten?» Er gehörte zu jenen, die den Sarg Pasternaks trugen. Aus diesem Grunde verlor er seinen Lehrstuhl am Moskauer Institut für Philologie.

Am 6. Februar 1966 machen sie ihm zusammen mit einem Freund, Julij Daniel, der des gleichen Vergehens beschuldigt wird, den Prozeß. Sechs Jahre verbringt er in einem Arbeitslager in Potma, in Mordwinien. Seine Leidensgenossen sind zumeist ältere Menschen, die wegen Ausübung ihrer religiösen Überzeugung verurteilt worden waren: Pfingstler, Zeugen Jehovas und Adventisten. Er erzählt, wie eines Tages ein Gefangener an einen sehr alten Mann die Frage richtet: «Seit wann befindet Ihr Euch hier in Gefangenschaft, Großväterchen?»

«Dieses ist das siebenundvierzigste Jahr», antwortet der Mann mit den weißen Haaren.

«Dann habt Ihr ja nicht viel vom Sowjetsystem gesehen, nicht wahr?»

«Gott hat mir seine Gnade hier gezeigt.»

In den zwei Briefen pro Monat, die ihm erlaubt sind, spricht Sinjawskij nicht von seinen Tagen in Gefangenschaft, sondern er bringt seine Reflexionen und Geschichten zu Papier, sammelt Lieder und Sprüche und beobachtet die ihn umgebende Welt mit intellektueller Distanz: Er mißt sich selbst an jener unerforschten Realität. Aus diesen dichten Aufzeichnungen ist ein Roman geworden: *Eine Stimme im Chor.*

Jetzt lehrt Sinjawskij als Professor für Slawistik an der Sorbonne. Jedesmal wenn er zur Vorlesung geht, wartet Mascha, seine treue Gefährtin, auf ihn. Sie spricht von Blok, von Mandelstam und von Achmatowa. «Diese Dichter aus dem Beginn des Jahrhunderts werden in der UdSSR nur als negative Beispiele zitiert.»

Julij Daniel hat ihm nicht folgen mögen. Igor Golomstok, einem anderen Dissidenten, der ihn drängte, doch die Einladung einiger Verwandter anzunehmen, die sich bereit erklärt hatten, ihn in Israel aufzunehmen, erwiderte er: «Ich bin zu sehr mit Rußland verbunden. Ich werde niemals in einer anderen Sprache schreiben können.» Er ist in Moskau gestorben.

Pasternak beschwor die Behörden, sie mögen ihn sein Leben in Peredelkino beschließen lassen. Marina Zwetajewa ertrug – wie Alexej Tolstoi, wie der Fürst Mirski, der Verfasser einer beachteten *Geschichte der russischen Literatur*, und wie Kuprin, der Autor der Erzählung *Der Graben* – die Last des Exils nicht und verließ wie Ehrenburg 1939 Paris, um nach Moskau zurückzukehren.

Sinjawskij dagegen geht für immer. Zur Beisetzung von Julij Daniel kehrt er zurück, reist aber sofort wieder ab: «Jeder Mensch muß sich sein Exil selber suchen.»

Zweimal habe ich ihn in seinem ruhiggelegenen Haus mit dem ungepflegten Garten am Stadtrand von Paris besucht. Das Betonbecken, aus dem die Goldfische verschwunden sind, die verschlissenen Möbel, Türme von Büchern in kyrillischer Schrift, an den Wänden bäuerliche Ikonen, es ist, als sei die Zeit stehengeblieben.

Sinjawskij ist ein schöner alter Mann, der Mühe hat beim Gehen; Haare und Bart sind weiß wie bei einem Dorfpatriarchen; auf französisch kann er nur «bonjour» und «merci» sagen, und seinen Enkeln erzählt er ausschließlich russische Märchen. Oft sagt er: «Was für einen Schriftsteller zählt, ist nicht, wo sich sein Körper befindet, sondern seine Seele.»

«Die Leute hängen noch immer an der Vergangenheit, denn es gibt zahllose Mysterien im Zusammenhang mit Stalin und seiner Zeit. Brachte er Gorki um? Und die Witwe von Lenin? Wie tötete er Kirow? Er ließ so viele Menschen verschwinden, daß das Thema noch immer interessant ist.

Als sie Kirow umbrachten, da war ich neun Jahre alt. Ich erinnere mich noch an die Prozesse, die danach begannen. Das war ein Ereignis ganz ähnlich wie der Reichstagsbrand: eine geniale Erfindung von Stalin, zuerst den eigenen Genossen umzubringen und gleich danach viele andere, die zu Unrecht des Delikts bezichtigt wurden.

Damals allerdings begriff ich das nicht. Erst viel später begann ich zu verstehen. Das war 1948, als es mir gelang, in französischer Übersetzung ein Buch von Trotzki zu lesen, *Stalin*. Da begriff ich das erste Mal, daß Kirow mit hoher Wahrscheinlichkeit auf Befehl Stalins umgebracht worden war. Und im Lichte dieser Hypothese erhielt tatsächlich jedes einzelne Fakt eine überzeugende Erklärung.

Wo Babel und Mejerhold gestorben sind, weiß niemand. Am wahrscheinlichsten ist, daß sie niemals in den Lagern ankamen.

Es gibt viele Gerüchte. Eines zum Beispiel besagt, Mejerhold sei unter der Folter gestorben. Auf jeden Fall gibt es keinen einzigen direkten Zeugen, der sie in Gefangenschaft gesehen hat.

Soweit es mich betrifft, ich bin in ein Lager in Mordwinien gesteckt worden. Das war eine sehr alte Einrichtung von vor 1917, damals für die österreichischen Kriegsgefangenen vorgesehen und dann an die Erfordernisse der Revolution angepaßt. Kurz und gut, eines von den traditionellen sowjetischen Lagern. Zu den Zeiten von Babel und Mejerhold war es schon in Betrieb, aber nicht zu vergleichen mit den riesigen Lagern im Norden, in Zentralasien und in Sibirien.

Formaljuristisch bin ich wegen antisowjetischer Propaganda und Agitation verurteilt worden. Tatsächlich aber, weil ich literarische Arbeiten schrieb und sie heimlich in den Westen schmuggelte. Und diese Arbeiten wurden als regimekritisch erachtet. Ich hielt mich für nicht schuldig, weil ich der Ansicht war und bin, daß die Literatur niemals als eine Form des politischen Kampfes angesehen werden kann.

Auch ich wurde in der Lubjanka ins Gefängnis gesteckt – Lubjanka, das ist für einen russischen Bürger ein schicksalbeladenes Wort.

Als ich das erste Mal ins Gefängnis kam, war ich erschüttert. Alles kommt dir vor wie ein Traum, wie eine einzige Beleidigung, denn alles ist darauf ausgerichtet, das Individuum auszulöschen.

Das sowjetische Gefängnissystem ist von außen betrachtet geradezu theatralisch: Es zieht dich in ein sinistres Schauspiel hinein. Die Kapos sind brutal, die Wachen reden nie mit dir, und wenn, dann brüllen sie und benutzen nur Satzfetzen. Und dann das Reglement: Arme hinter dem Rücken verschränken usw. usf.

Ich war von der Miliz auf der Straße am hellichten Tag festgenommen worden, als ich gerade auf dem Weg in die Vorlesung war: Ringsherum war niemand zu sehen, und blitzschnell hatten sie mich in ein Auto geschubst. Niemand sah, was vorfiel, das war eine hervorragend organisierte Polizeiaktion.»

Aber die Erfahrung, die den größten Einschnitt im Leben Sinjawskijs bedeutete, war das Arbeitslager.

«Das Milieu dort ist hochinteressant und sehr heterogen. Die Lager in Mordwinien waren den ‹Politischen› unterschiedlichster Couleur vorbehalten. So war die Welt, in der ich eingeschlossen war – in vielerlei Hinsicht hatte sie für mich etwas Surreales und Märchenhaftes –, ein Ausdruck nicht nur des gesamten Landes, sondern in gewisser Hinsicht auch unsrer gesamten Epoche in ihren verschiedenen historischen Momenten.

Beispielsweise waren gemeinsam mit mir noch aus den Kriegsjahren antikommunistische Partisanen aus der Ukraine und den Baltenstaaten festgesetzt; und zugleich auch junge Dissidenten, die zur selben Zeit wie ich oder auch danach deportiert worden waren. Dann gab es da richtige Kriegsverbrecher, wie die *Polizei*, die regelrechte Massaker angerichtet hatten, für die sie fünfundzwanzig Jahre Lagerhaft erhalten hatten. Und es befanden sich noch viele dort, die zwar als Politische eingestuft, in Wirklichkeit aber wegen ihrer religiösen Überzeugungen eingesperrt worden waren: Vertreter verschiedener Sekten und kleinerer Kirchen, die teilweise bereits vor Peter dem Großen illegal existiert hatten; und schließlich die Räuber und gemeinen Verbrecher, die man wegen ‹ideologischer› Verbrechen abgeurteilt hatte. Die Jahre, die ich mit diesen außergewöhnlichen Menschen zusammen war, gehören zu den reichsten Jahren meines Lebens.

Mein Tagesablauf da unten war ziemlich langweilig und gleichförmig, nicht so interessant wie der von Iwan Denissowitsch.

Wecken um sechs Uhr, die Lautsprecher übertragen die Nationalhymne der Sowjetunion, zum Wecken schlagen sie auf ein Stück Eisen, man muß aufspringen, und die verschiedensten Prozeduren durchlaufen, je nach Lager. Es kann sein, daß zuerst die Kontrollen kommen oder auch das Frühstück. Das Essen ist zumeist sehr schlecht. Um es konkret zu machen: Fleisch, und zwar ein winziges Stück, gab es einmal pro Jahr, am 1. Januar. Ansonsten bestand das Essen aus der sogenannten ‹Sbobba›, einer schlechten und unverdaulichen Suppe. Dann wurden die Gefangenen an die Arbeitsplätze gebracht. Die Arbeit war außerordentlich anstrengend, sie ließ uns nicht zusammenbrechen, aber sie laugte aus.

Ich wurde immer für Handlangerdienste eingeteilt. Dann gab es mittags wieder Essen, dieselbe Suppe vom Morgen. Am Abend brachten sie die Gefangenen schließlich in den ‹Wohnbereich› (das Lager ist in einen Arbeits- und einen Wohnbereich geteilt). Und zweifellos waren das die glücklichsten Stunden: ein bißchen Zeit für dich selbst, du konntest etwas lesen oder mit jemand reden.

Ich lebte in ständiger Anspannung, nicht physisch, sondern psychisch, und das machte den Tag doppelt anstrengend, aber auch sehr anregend. Ich versuchte immerzu, mir ein wenig Zeit freizuschaufeln zwischen zwei Arbeiten und mit irgend jemand ein paar Worte zu wechseln oder gar, wenn einmal keine Wachen in der Nähe waren, einen Satz aufzuschreiben, den ich aufgeschnappt oder selber erdacht hatte und der mir im Gedächtnis haften geblieben war. Besonders in der ersten Zeit waren meine Stunden von dieser Tätigkeit ausgefüllt. Abends hatte ich ein Gefühl, als platze mir der Kopf von der riesigen Menge an Eindrücken, die ich im Verlaufe des Tages gesammelt hatte und im Gedächtnis zu behalten suchte. Aber ich empfand auch tiefe Traurigkeit, wenn ich daran dachte, daß all der Reichtum unter meinen Augen mit mir verschwunden wäre. Mein Gott, sagte ich mir, darf denn das sein? Welch eine Sünde.»

Verbannung nach Magadan: Jewgenija Ginsburg

Wassili Aksjonow ist beinah sechzig Jahre alt. Er lehrt an einer amerikanischen Universität. Er wurde zur Ausreise in den Westen gezwungen. Seine Frau Maja begleitete ihn. Es ist häßlich, sagt er, wenn du mit jemandem im Nacken schreiben mußt, wenn du für den Panzerschrank schreibst.

Als er an einem Januartag des Jahres 1981, nachdem er die kalifornische Wüste durchquert hat, endlich in Pacific Palisades ankommt, da sagt ihm ein Freund: «Den ganzen Tag schon suchen dich die Journalisten. Mit einem Dekret hat der Oberste Sowjet dich der Staatsbürgerschaft beraubt.»

Wassili Aksjonow ist ein Sohn von Jewgenija Semjonowa Ginsburg. Seine Mutter hat den nachdrücklichsten Bericht über den Archipel Gulag aus jenem «verdammten Jahr 1937, das Millionen von Menschen zum Verhängnis wurde», hinterlassen, ein Bericht von menschlichen Begegnungen in den Gefängnissen und den Lagern, von den Gebräuchen und Gewohnheiten, von verzweifelter Einsamkeit und heroischer Hilfsbereitschaft.

Es ist die Zeit der härtesten Inquisitoren in der Lubjanka, man arbeitet in Schichten: Verhöre über sieben Tage hinweg, ohne Schlafen, ohne Essen. Im Jargon wird das Verfahren «platt machen» genannt. Manchmal hat der Ankläger einen schwachen Moment: «Verzeihen Sie mir, Schenja, ich bin gerade Vater einer Tochter geworden. Ich darf mich nicht kaputtmachen.»

«Und meine Kinder? Habt ihr an die nicht gedacht, Wolodja? Und an die Kinder all derer, deren Leben ihr zerstört habt?»

«Schwarzer Rabe» werden die Fahrzeuge für den Gefangenentransport genannt. Es ist ein geschlossenes Auto, dunkelblau, mit ganz vielen kleinen Kabinen, in denen die Luft fehlt. Die Gefangenen tragen eine graublaue Uniform, eine Erfindung von Jeschow. Wenn es heiß wird, dann ziehen sich die verschwitzten und verdreckten Frauen bis auf den Büstenhalter und die Unterhosen aus. Viele von ihnen sind Kolchosbäuerinnen oder Angestellte, die als «Plaudertaschen» oder «Schwatzliesen» bezeichnet werden. Sie haben zu viel geredet und dafür auf der Grundlage von Artikel 58 Abs. 10: antisowjetische Aktivitäten, zwischen drei und fünf Jahren Zwangsarbeit bekommen. Einige haben sich Witze erzählt. Resultat: dreieinhalb Jahre pro Witz.

Der Prozeß gegen Jewgenija Ginsburg dauert sieben Minuten. Im Namen der Sozialistischen Sowjetrepubliken erhält sie zehn Jahre verschärfte Isolierhaft und die Aberkennung aller Bürgerrechte für weitere fünf Jahre. Sie hat die «Generallinie» nicht eingehalten.

Nicht einmal einen Spiegel besitzt sie, der sie ihren eigenen Verfall durch die Arbeit und durch die Enteignung aller Hilfsmittel wahrnehmen ließe. Aus einer Fischgräte fertigt sie sich eine Nadel und aus ihren Haaren den Faden. Mit den fünfzig Rubeln, die von zu Hause kommen, kann man sich bei der Verteilstelle Seife, Zahnpasta, ein paar Hefte und Bleistift und etwas Zucker kaufen.

Einige Frauen werden mit Isolierung bestraft. In Jaroslawl mußte eine Gefangene siebenhundertdreißig Tage lang schweigen. In zwei Jahren hörte sie keine anderen Worte als: Aufstehen, Warmwasser, Spaziergang, Putzen, Essen, Ruhe.

Die Frauen überleben eher als die Männer, und sie bewahren ihre sexuellen Neigungen. In den gemischten Lagern verkaufen sich einige für ein Stück Brot. Jewgenija Ginsburg notiert: «Wir haben unsere Herzen verloren, unsere Familien, die Freiheit und jetzt haben wir auch noch unser Geschlecht verloren.»

Jewgenija Ginsburg ist eine überzeugte Kommunistin, und sie lehrt Marxismus-Leninismus. Ihr Mann ist Bürgermeister, eine

Autorität. Oft quält sie der Gedanke an ihren Sohn Wassja. Ob er in einem Waisenheim verlorengegangen ist, und ob sie vielleicht seinen Namen geändert haben? Wie wird er einschlafen ohne die Wiegenlieder der Amme Fima, die ihm vorsang: «Wo er es findet / da schläft er ein»?

Bei ihrer Festnahme war sie knapp über dreißig. Sie kommt von Kolyma nach Kamtschatka, dann nach Petschora und Solowki: der Tagesablauf ist immer gleich. Wecken um fünf Uhr, mit einem Hammer wird auf Eisenträger geschlagen. Die Essensration wird gebracht. Zehn Minuten für das Frühstück, fünf fürs Mittagessen und fünf fürs Abendessen. Zwölf Stunden Arbeit in den Steinbrüchen und in den Wäldern. Am Sonntag ist Ruhetag: man schläft, soviel man kann. Alle zwei Wochen kann man ein Bad nehmen. Die Kleider schützen nicht. Einige tragen sogar Schuhe aus Birkenrinde. Und dann sind da die Krankheiten – Erschöpfung, Skorbut, Durchfall und Vitaminmangel –, die die Menschen hinwegraffen.

Wassili Aksjonow, Wassja, ist auch ein Produkt seiner Familiengeschichte. Als seine Eltern verhaftet werden, ist er fünf Jahre alt. Er schämt sich ihrer. Zwei Millionen Kinder machen dieselbe Erfahrung. Der brutale Lehrer sagt: «Der Apfel fällt nicht weit vom Stamm.»

Und als er größer wird, da wird er den Unterschied zu den anderen nicht los. Sie attackieren ihn: «Warum produziert Aksjonow eine schädliche Literatur? Klar, Genossen, er will seinen Vater und seine Mutter rächen, die in den Lagern waren.»

Als er seine Mutter wiedertrifft, ist Wassja ein junger Mann von sechzehn Jahren. Sie ist gerade vierzig geworden, und sie kommt ihm sehr jung vor. Was geschehen ist, hat ihn nicht berührt. Er hält das Sowjetsystem für das beste, an Stalin hegt er nicht den geringsten Zweifel. Seine Eltern haben für einen Fehler zahlen müssen.

Magadan, die Stadt, in der er lebt und in der sich seine Mutter niederlassen soll, ist ein unglaublicher und außergewöhnlicher Ort. Es wimmelt von seltsamen Leuten, alten Lagerinsassen und Angehörigen des KGB, der sich damals MGB nennt. Gekleidet sind sie mit Stücken aus schwerem Tuch oder auch Pelzen; aber man sieht auch europäische Kleider, elegante Damen in wunderbaren Pelzmänteln aus Silberfuchs. Es gibt Leute, die zur Strafe ans Ochotskische Meer geschickt wurden, aber auch Freiwillige, die in Kolyma arbeiten wollten.

Jewgenija hat ein formidables Gedächtnis: Wie schon in ihren Zeiten als Strafgefangene rezitiert sie die großen Dichter, die aus dem «silbernen Zeitalter», aus dem Gedächtnis.

Die Mutter hat einen neuen Ehemann, einen Arzt, der religiös ist. Beide drängen ihn, Medizin zu studieren, weil dann, falls man in ein Lager kommen sollte, bessere Überlebensmöglichkeiten bestehen.

Dann kommt die Universität; er wird Spezialist für Lungenheilkunde, aber das Schreiben ist seine Berufung. Nach dem zwanzigsten Parteitag und der Rede Chruschtschows bildet sich unter den Schriftstellern in Moskau große Solidarität und Zuneigung, keine Spur von Konkurrenz und Neid. Während die im Exil sich untereinander verachten. Marija Sinjawskaja, die Frau von Andrej, sagt zu einem Journalisten: «Bei uns gibt es ein Sprichwort, das heißt: der Kluge liebt zu lernen, der Dumme liebt zu lehren. Solschenizyns Problem ist es, daß er dem Westen ständig Lehren erteilen will. Unser Land befindet sich in einer dermaßen katastrophalen Situation, daß die Russen eines tun sollten: hierher kommen, um zu lernen.»

In seinem ersten Roman, *Fahrscheine zu den Sternen*, erzählt Aksjonow die Geschichte von Jugendlichen, die vom «Feuer der Existenz gestreift werden». Es ist ein Welterfolg; er macht aus ihm einen berühmten Mann und einen ausgegrenzten Schriftsteller.

Von klein auf hat er es gelernt, sich «anders» zu fühlen. Zuerst nahm der KGB seine Mutter mit, sechs Monate später wurde sein Vater abgeholt. Und schließlich kam er selbst als Fünfjähriger an die Reihe.

«Sie kamen in einem Auto mit riesigen Türen. Die Mannschaft bestand aus zwei Angehörigen der Tscheka und einer Frau, auch von der Tscheka. Sie holten mich von der Großmutter weg. Das ist das, woran ich mich aus jener Nacht noch lebhaft erinnere.

Sie brachten mich in ein spezielles Waisenheim für die Volksfeinde, wo ich sechs Monate blieb, bis mein Onkel kam und die Erlaubnis erhielt, mich mitzunehmen.

In dem Waisenheim gab es Kinder aus den verschiedensten Familien; wir spielten mit ganz normalem Spielzeug. Ich erinnere mich an Silvester mit dem Weihnachtsbaum, auch wenn sie ihn so nicht nannten, denn niemand hatte uns je etwas von Christi Geburt erzählt; es gab auch Geschenke von der Direktion. Ich aß sehr wenig, es war so eine Art Hungerstreik.

Ich hatte Glück, daß mein Onkel mich rechtzeitig holte. Später gab es Gerüchte, daß die Namen der Kinder in diesen Instituten geändert wurden, damit ihre Eltern sie nicht mehr suchen, noch je in Erfahrung bringen konnten, wo sie waren.

Meine Verwandten erzählten mir, daß Papa und Mama zunächst für eine lange Zeit in den Fernen Osten und dann in den hohen Norden transferiert worden waren, aber daß sie wiederkommen würden. Ich spürte jedoch, daß etwas an der Sache nicht stimmte, und daran litt ich. Ich begriff, daß sie nicht wie andere Eltern waren. Ich bin, so dachte ich, ein zweitklassiges Individuum, ein zweitklassiger Bürger und ein zweitklassiger Sohn.

Meine Mutter lernte ich in Magadan kennen, als sie mir ihre Geschichte erzählte. Sie war zehn Jahre in den Lagern der Kolyma gewesen, und als man sie freiließ, da gestand man ihr das Recht zu, sich niederzulassen. Sie hatte sogenannte ‹eingeschränkte Rechte›. Zum Beispiel durfte sie nicht für die Große Kommunistische Partei stimmen oder reisen. Sie war eine Ex-Insassin, das war ihr sozialer Status.

Es gelang mir, eine Erlaubnis zu erhalten, sie zu treffen, und so konnten wir uns nach zwölf Jahren der Trennung wiedersehen. Wir lebten in einem verfallenen Gebäude am Stadtrand zusammen. Ich besuchte die normalen Schulen, spielte Basketball, und Tanzen gefiel mir wie allen Jungen in dem Alter.

Damals wußte ich nicht viel von meiner Mutter. Ich wußte nur, sie war 1936 festgenommen und dann in ein Lager gebracht worden. Ich hatte nicht den geringsten Zweifel an Stalins Größe und der sozialistischen Macht. Ich wußte nur, daß es sich um einen schweren Irrtum gegenüber meiner Familie handelte, daß sie unschuldig waren; alle anderen aber, die waren zurecht eingesperrt.

Anfänglich zögerte sie sehr, mir die Wahrheit zu sagen. Sie dachte, es sei gefährlich, das alles einem unerfahrenen Heranwachsenden zu erzählen. Dann ging sie nach und nach aus sich heraus. Ich sah die Kolonnen der Strafgefangenen auf den Straßen und fragte sie: ‹Was sind das für Menschen? Warum sagen sie nichts?›

Und Stück für Stück erfuhr ich, wie sie die lange Zeit, die wir getrennt gewesen waren, gelebt hatte. Als sie als Zeugin aufgerufen wurde, da hatte sie den Mut, einen Schriftsatz der Anklage nicht zu unterzeichnen. Sie schlugen sie, sie entzogen ihr Essen und Trinken, sie setzten sie endlosen Verhören, dem sogenannten ‹Fließband›, aus.

Aber da hatten sie noch nicht die zweiundzwanzig ‹ethischen› Methoden angewandt. Mein Vater bekam sie als erster zu spüren und sagte, niemand hätte ihnen widerstehen können. Er unterschrieb.

In Magadan haben meine Mutter und ich schreckliche Nächte verbracht, es stürmte und blitzte fürchterlich, und wir waren drinnen und redeten und redeten.

Sie war sehr religiös geworden. Das verdankte sie einer Begegnung mit ihrem künftigen Ehemann, dem deutschen Arzt Anton Weital, der ein überzeugter und praktizierender Katholik war.

Ihre Eltern waren nie in die Synagoge gegangen, sie hatten eine positivistische Weltanschauung. Die Mehrheit der russischen Intelligenzija war schon vor der Oktoberrevolution materialistisch eingestellt gewesen. Aber nachdem sie die Deportiertenlager kennengelernt hatte, reifte in ihr die Überzeugung, daß die Religion eine Kraft ist, eine Hilfe zum Überleben unter solchen schwierigen Bedingungen. Und so wurde sie zu einer gläubigen Christin.

Ich habe zwei Jahre in Kolyma zugebracht. In dieser Zeit habe ich mein Examen gemacht. Und in dieser Zeit haben sie sie erneut verhaftet. Das war 1949. Es handelte sich um das sogenannte Verfahren ‹zweiten Grades›. Viele Gefangene wurden nach ihrer Freilassung erneut mit denselben Beschuldigungen verhaftet, für die sie bereits ihre Strafen abgebüßt hatten.

Sie blieb nur einen Monat drinnen, aber sie mußte unterschreiben, daß sie die dauernde Verbannung in die Zone von Magadan akzeptierte.

Das war eine in der Sowjetunion einzigartige Stadt, die freieste der ganzen Nation, denn dort lebten Menschen, die nichts mehr zu verlieren hatten und deshalb ihre Empfindungen rückhaltlos zum Ausdruck brachten. Sie trugen zu meiner Erziehung bei, denn beim Abendessen oder bei Begegnungen diskutierten sie über ihre unterschiedlichen Ansichten, über verbotene Literatur und über absolut vergessenene oder ausgegrenzte Themen.

Mein Vater wurde zum Tode verurteilt und verbrachte einen Monat in einer Sonderzelle in Erwartung der Hinrichtung. Dann wurde der Urteilsspruch ganz unverhofft in fünfzehn Jahre Zwangsarbeit plus drei Jahre Verbannung umgewandelt. Er verbrachte diese Zeit in Workuta.

Acht Jahre vergingen, ohne daß meine Mutter irgendeine Nachricht von ihm erhalten hätte. Nicht eine Zeile. Sie sahen sich 1952 wieder. Vielleicht wollten sie damals die Familie wieder zusammenbringen, aber daraus wurde nichts. Sie trennten sich; und er heiratete eine Frau, mit der er lange Zeit zusammenlebte. Später erreichte er es, eine Parteirente, sogar den Leninorden und ein Appartement zu erhalten. Seither lebt er als Rentner immer in Kasan, der Stadt, deren Bürgermeister er einst gewesen war. Er ist mit seinen zweiundneunzig Jahren, neunzehn davon in der Verbannung verbracht, noch immer ein Herr. Meine Mutter starb 1977.»

Der alte Haß: Josef Brodski

Josef Alexander Brodski, Dichter, wurde 1940 in Leningrad geboren, das einstmals Petersburg hieß, Peter nannten es die Leute. Er ist Nobelpreisträger für Literatur und wird auch von Anna Achmatowa geschätzt. Fünf Jahre für «Parasitentum» hat er auf dem Bukkel, ein Jahr davon hat er abgesessen.

Dann kam er nach Amerika. Dort lehrte er. Europa bereiste er oft. An eine Rückkehr nach Moskau dachte er nicht. Er sagte mir: «Man kehrt nie zu seiner ersten Frau zurück.» Die Erklärung dafür steht in seinen Büchern: «In der Kunst, die Seelen seiner Untertanen zu zerstören, hat kein Land je die Virtuosität Rußlands erreicht.»

Sein Vater war Jude ohne Parteiausweis, ein Fotoreporter, der auch Artikel schrieb. Die Mutter, die auch deutsch sprach, hatte ihre Kindheit in Lettland verbracht.

Seine Erinnerungen verraten Ironie, Nüchternheit und oft einen deutlichen Gefallen an der Provokation: «Wenn es in meiner Vergangenheit etwas gibt, auf das ich stolz bin, dann dies: daß ich Häftling und nicht Soldat geworden bin.»

Er erinnert sich an seine Jugendzeit, die voll war von Leninbildern auf Büchern, Wänden, Briefmarken und Geldmünzen, Lenin mit dem «Hundebärtchen», wie er von einem Panzerwagen spricht oder von einem Podium, immer mit dem mahnend erhobenen Arm. Und sie, die Sprößlinge des Regimes, ohne ein Zimmer, wo man die Mädchen anmachen könnte, mußten sich mit Liebesabenteuern begnügen, die im wesentlichen in Spaziergängen und endlosen Gesprächen bestanden.

Und doch, schreibt er, «ist das Morgen weniger attraktiv als das Gestern, die Haft ist besser als die Armee», denn «sie ist das Fehlen von Raum, was ausgeglichen wird durch einen Überschuß an Zeit». Und man muß die eigene Rolle akzeptieren, auch wenn die Komödie grausam ist, denn «es gibt Orte, in denen die Geschichte unvermeidlich ist wie ein Zusammenstoß im Verkehr». Das Gespräch mit ihm hat paradoxe Züge, und es ist total distanziert.

Warum wurde er 1973 festgenommen?

«Das liegt lange Zeit zurück, fast zwanzig Jahre. Es spielt keine Rolle mehr.»

Sie haben gesagt, das Gefängnis sei besser als die Armee. Warum?

«Die Armee lehrt den Haß auf die Fremden, das Gefängnis den auf die eigenen Genossen, nicht auf die Fremden.»

Welcher Augenblick des Prozesses ist Ihnen am deutlichsten im Gedächtnis geblieben?

«Ich erinnere mich an alles. Aber ich denke nicht oft daran. Das geschah alles in einer früheren Verkörperung von mir.»

Wie war Ihr Leben in jener Zeit?

«Ziemlich normal. Ein bißchen hart, ein bißchen schwierig. Sicher, ich mußte für den Staat arbeiten, das, was ihr ‹in der Landwirtschaft arbeiten› nennt. Ich war halt ein starker Mann, ein Saisonarbeiter, und die Saison war zu lang.»

Was bedeutet es, Sowjetbürger, aber auch Jude zu sein?

«Die Juden in der Sowjetunion sind so etwas wie Sündenböcke. Es herrscht Unsicherheit in jener Gesellschaft. Jedes menschliche Wesen hat eine gewisse Haßreserve, eine gewisse Fähigkeit, andere zu treffen, ein negatives Empfinden.

Das Normalste wäre es, dieses Empfinden gegen die Regierung zu richten oder gegen andere Personen, die sich dafür eignen. In Rußland aber ist es Tradition, daß es sich gegen die Juden richtet.

Dieser alte Haß hat große Rassentragödien ausgelöst. Im Kern ist es eine Art, mit der das Individuum seine Unzufriedenheit über seine Lebensbedingungen ausdrückt.»

Was geschah, als Sie Ihr Land verließen?

«Ich stand früher auf als gewöhnlich. So gegen sieben Uhr. Ich verabschiedete mich von meinen Eltern und Nachbarn und machte mich auf zum Flughafen. Dort durchsuchten sie mich mit der üblichen Routine.

Dann bestieg ich das Flugzeug nach Ungarn. In Budapest wartete ich vier, fünf Stunden auf den Flug nach Wien. Der dauerte dann zwei Stunden. Das ist alles. Viel gibt es da nicht zu erinnern, abgesehen von der inneren Erregung.»

Was fehlt Ihnen jetzt von Ihrer alten Welt?

«Mir fehlt die Landschaft, mir fehlen einige Menschen, mir fehlt die Vorstellung, mit den anderen in einem Boot zu sitzen. Mir fehlt der egalitäre Geist einer Gesellschaft, in der alles, was man kauft, für alle gleich ist, und wo es wenig Unterschiede gibt und alle dasselbe essen. Mir fehlt all das, was den Kameradschaftsgeist im Unglück erwachen läßt.

Ich habe kein Interesse zurückzukehren. Vielleicht in der Zukunft, jetzt jedenfalls nicht. Ich kehre nicht zu meinen alten Wegen zurück wie ein Bumerang. Man kann denselben Fluß nicht zweimal durchqueren, auch wenn es der Fluß des eigenen Zuhauses ist. Es wäre wie eine Rückkehr in die Vergangenheit. Aber von meinem Land habe ich den besten Teil: die Sprache und die Literatur.»

Ein Vers von Anna Achmatowa lautet: «Gierig, gierig nach lebendigem Blut ist das russische Land.»

Der Trinkspruch und der Tod

Der Große Führer

Die Anweisung, Trotzki zu ermorden, existiert, und sie trägt seine Unterschrift: Josif Wissarionowitsch Stalin. Und es folgen, zur Bestätigung, die Unterschriften weiterer Mitglieder des Politbüros: Woroschilow, Molotow und Ordshonikidse. Sie wurde in den sowjetischen Archiven von General Wolkogonow entdeckt, dem Direktor des Militärgeschichtlichen Institutes der Sowjetunion.

Lew Dawidowitsch Trotzki erhielt nach einem langen und beschwerlichen Irrweg schließlich in Mexiko eine Zuflucht in einer Villa, die ausgebaut ist wie eine Festung. Außerdem läßt ihn ein zuverlässiger und aufmerksamer Leibwächter niemals aus den Augen. Aber der NKWD folgt ihm auch hierher. Und in einer warmen Augustnacht ereilt ihn der Tod. Ein Schlag mit dem Eispickel zertrümmert ihm den Schädel. Täter ist der spanische Agent Ramón Mercader. Der sterbende Trotzki hat noch die Kraft zu sagen: «Bringt ihn nicht um. Er soll reden.»

Aber Ramón Mercader verbringt zwanzig Jahre im Gefängnis – und schweigt. Die Russen besorgen ihm einen guten Anwalt, sie schützen seine Familie und tun alles nur Erdenkliche, um die Haft für ihn so erträglich wie möglich zu gestalten. Kalinin, der Präsident der Sowjetunion, zeichnet seine Mutter mit dem Leninorden aus; und mit großem Feingefühl schickt Berija ihr zur Feier des Ereignisses einen Kasten Wein aus dem Kaukasus – Jahrgang 1907, mit einem wunderbaren Siegel aus der Zarenzeit.

Die sterblichen Überreste Mercaders, der im Namen des Ideals mordete, sind im Friedhof Kuntjewo in Moskau bestattet. Neben ihm ruht ein berühmter Spion, der Engländer Kim Philby. Auf dem Grabstein steht eine Widmung: «Dem Helden der Sowjetunion Ramón Iwanowitsch Lopez», sein Deckname.

Wer ist Josif Dshugaschwili, genannt Stalin? Trotzki bezeichnete ihn als «das herausragendste Mittelmaß in unserer Partei».

In Wirklichkeit war er nicht so, wie er auf den Fotos erscheint. «Er war», glaubt man Ehrenburgs Beschreibung, der ihn in der Spätzeit sah, «ein ziemlich kleiner, alter Mann, mit einem Gesicht, in dem die Jahre ihre Spuren hinterlassen hatten; die Stirn war niedrig, der Blick lebhaft und aufmerksam».

Und moralisch? «Eine Person von hoher Intelligenz und noch größerer Heimtücke.»

Es gibt viele Beschreibungen seiner Person. Hopkins, der Berater von Roosevelt, macht es kurz: «1,67 groß und etwa achtzig Kilo schwer»; de Gaulle gesteht ihm eine «Art dunkle Faszinationskraft» zu; Djilas findet ihn «klein und falsch gebaut» mit seinem kurzen und schmalen Brustkorb, dem breiten Becken und den zu langen Beinen; Genosse Barmine beschreibt ihn noch negativer: «Das pockennarbige Gesicht..., sein Ausdruck verrät niemals etwas von seinen Empfindungen.»

Unerbittlich urteilt Schostakowitsch, der Komponist, der so sehr an der Kritik des «Woschd» zu leiden hatte: «Stalin war eine Spinne, und wer ihm auch ins Netz ging, war zum Tode verurteilt.»

Molotow, dessen erste Frau Polina ins Lager geschickt wurde, hielt ihm dennoch bis zum Schluß die Treue. Er verteidigt ihn: «Ich selbst hätte vielleicht auch sterben müssen, wenn er länger am Leben geblieben wäre. Aber, ich sage das ganz klar, trotz allem sah und sehe ich in ihm einen großen Mann, der in der Lage war, gewaltige und höchst schwierige Aufgaben in Angriff zu nehmen, denen niemand von uns gewachsen gewesen wäre.»

Auch Stalin hat kleine Manien. Während der Sitzungen wirft er beim Zuhören mit einem Rotstift unentwegt kleine Wölfe aufs Papier; aus Treue zu einem Image trägt er immer eine Militärjacke und Lederstiefel mit hohen Absätzen, die ihn ein paar Zentimeter größer scheinen lassen; er raucht eine Dunhill-Pfeife, liebt georgische Volkslieder und eine deutsche Schallplatte: «Trinkt, trinkt, Brüderlein, trinkt. Lasset die Sorgen daheim...» Und er hat Phobien: er fürchtet den Tod und die Weite des Raums. Selbstgefällig gestattet er die Manipulation der Fotos von ihm, um die Stirn höher zu machen.

Lenin spricht von ihm als dem «Dschingis Khan, der *Das Kapital* gelesen hat». Hitler dagegen hat großen Respekt: «Stalin und ich, wir sind die einzigen, die sich Gedanken um die Zukunft machen.» Eine Wertschätzung, die von Stalin erwidert wird.

Für seine Tochter Swetlana ist der Vater eine «großartige Kombination aus Licht und Schatten». Als sie, noch ein Schulmädchen, das der Vater «Täubchen» und «mein Spätzchen» nennt, vom Schmerz einer Schulkameradin erzählt, deren Vater von der Geheimpolizei verhaftet wurde, erwidert der «Generalissimus» brüsk: «Der NKWD irrt sich nicht.»

Seine Mitarbeiter tituliert er «blinde Kätzchen». Achtung empfindet er für niemanden. Es wird sogar gesagt, er habe die Krupskaja, die ihn nicht ausstehen konnte, wissen lassen: «Wenn Sie nicht damit aufhören, dann wird die Partei die alte Bolschewikin Jelena Stassowa zur Witwe Lenins proklamieren.»

Kleinere Völkerschaften werden einfach deportiert. Mit Militärzügen werden Hunderttausende von Tschetschenen, Krimtataren, Kalmyken und Wolgadeutschen in den Osten verfrachtet. Nach Schätzungen des Demographen Maksutow sind mehr Personen durch Hunger und Repression ums Leben gekommen, als alle anderen Länder der Erde zusammengenommen in den beiden Weltkriegen verloren haben.

Stalin hat Angst vor dem Fliegen, und er besteigt niemals ein Flugzeug. Es macht ihm Spaß, sich um die Rosen und die Apfelbäume zu kümmern, die er am Rande eines Teiches gepflanzt hat; er legt auch eine kleine Zitronenplantage an und sät Melonen. Im Garten hat er Nester für Vögel und für Eichhörnchen angebracht. Musik hört er mit einem Grammophon, das ihm die Amerikaner geschenkt haben.

Bei einer Aufführung im Bolschoi-Theater bemerkt Churchill an ihm eine Gefühlsregung. Der Bariton Rasumowskij singt Volkslieder, die von den Verbannten in Sibirien erzählen. Die Melancholie und die Erinnerungen haben vielleicht auch Stalin in jenem Moment übermannt, der selbst in die Taiga deportiert worden war. Er zieht ein großes Taschentuch hervor und wischt sich die Tränen weg.

Er lacht über die Komik von Charlie Chaplin. Als Zuschauer ist sein Geschmack unkompliziert: Er findet Gefallen an Filmen wie *Unser täglich Brot* von Murnau; auch die Streifen, die Gangster-

Geschichten erzählen und die für das allgemeine Publikum verboten sind, begeistern ihn. Unter den Stars der dreißiger Jahre sind Clark Gable und Spencer Tracy seine Lieblinge. Seine bevorzugte Lektüre sind Gogol, Tschechow, Hugo, Balzac und Thackeray.

Es gibt für Stalin nichts Größeres – Trotzki bestätigt dies –, als «einen Gegner auszumachen, alles vorzubereiten und sich richtig zu rächen, gegrilltes Fleisch zu essen, eine Flasche ‹Mukuzani› zu trinken, eine Pfeife zu rauchen und dann schlafen zu gehen».

Aber, so vertraut er Swetlana an, «manchmal ist man auch gezwungen, gegen die, die man mag, vorzugehen». Aber es gibt in Rußland das Sprichwort: «Wenn du kämpfen mußt, dann zögere nicht, zum Knüppel zu greifen.»

Jagoda erklärt er seine Philosophie: Er hat es lieber, wenn die Leute aus Furcht denn aus Überzeugung zu ihm stehen; Ideen können sich nämlich auch ändern. Irgendwo hat er, so erinnert er sich, eine Maxime der Medici gelesen: «Nirgendwo steht geschrieben, daß wir unseren Freunden vergeben müssen.» Lenin, der seine Festigkeit und Entschlußkraft bewunderte, hatte es vorausgesehen: «Die Gerichte dieses Kochs werden allzu gepfeffert sein.»

Romain Rolland, der mit ihm zusammentrifft, findet ihn «außerordentlich menschlich». Durch Fakten ist das nicht zu belegen. Als Alexander Swanidse, ein Schwager von ihm, kein Schuldbekenntnis ablegt, in ein Lager expediert und dort umgebracht wird, da empört sich Stalin: «Guckt euch diesen verkommenen Typen an. Er ist gestorben, aber er hat nicht um Vergebung gebeten.»

Väterchen, wie sie ihn nennen, macht keine Ausnahmen. Wenige duzen ihn. Woroschilow, Ordshonikidse und der elegante und sehr menschliche Avel Jenukidse, der ihn immer «Koba» wie in den Zeiten der Revolution oder ganz familiär «Soso» nennt.

Sie sind äußerlich und in den Verhaltensweisen ganz und gar verschieden: Avel ist groß und blond, mit guten Umfangsformen und großzügig. Es gefällt ihm, auf andere zuzugehen, ihnen zu helfen. Auch die Angehörigen von Verhafteten wenden sich an ihn mit der Bitte um Hilfe, und er lehnt nie ab.

Er ist Junggeselle, und die Kinder seiner Bekannten machen ihm großen Spaß. Er überhäuft sie mit Geschenken. Stalins Kinder lieben «Onkel Avel», der die Märchen von den Berggeistern erzählt, der ihnen das Schwimmen und das Schlittschuhlaufen beibringt und den Frieden stiftet, wenn Josif und seine zweite Frau, Nadeschda, streiten.

Als er angeklagt wird, ist er nicht bereit, sich zu erniedrigen. Ihm wird die Wohnung im Kreml genommen, und er wird nach Tiflis geschickt: Anstelle seiner politischen Aufgaben bieten sie ihm die Leitung eines Sanatoriums in Georgien an.

Es gibt ein ausgeklügeltes Reglement, wie man mit den in Ungnade gefallenen hohen Funktionären umzugehen hat. Alexander Orlow, ein leitender Beamter der Geheimpolizei, der 1938 nach Amerika geflohen war, entschloß sich, nach dem Tode Stalins, auszupacken.

Erster Punkt: «Zum Fußgänger machen.» Das bedeutete, ihm das Auto und den Chauffeur wegzunehmen.

Zweiter Punkt: «Den Bauch treffen»: Keine privilegierten Restaurants für die Leitungskader mehr, keine privilegierten Geschäfte mehr, in denen es alles zu kaufen gab.

So muß sich Jenukidse, wenn er nach Moskau kommt, mit einem Zimmer im Metropol begnügen, wo die kleinen Funktionäre und Touristen auf der Durchreise absteigen.

Unter den Verfehlungen, die ihm vorgehalten werden, ist sein allzu großes Interesse für die Tänzerinnen am Bolschoi-Ballett, die allerdings – um die Wahrheit zu sagen – alles tun, die Aufmerksamkeit jenes gepflegten und mächtigen jungen Mannes auf sich zu ziehen. Stalin hingegen hat sich nie sehr viel aus Frauen gemacht. Seine Ehefrau reichte ihm; und in seiner letzten Zeit gab es da noch, so wird gemunkelt, eine Gouvernante. Seine Frau Nadeschda, die später Selbstmord begeht, beklagt sich: «Seit drei Tagen schon redet er kein Wort, mit niemand, und wenn man ihn anspricht, dann antwortet er nicht.»

«Onkel Avel» wird wegen «politischer und moralischer Verkommenheit» aus der Partei ausgeschlossen. Auf Empfehlung von Stalin erfindet Jagoda eine Klatschgeschichte.

Im Kreml gibt es eine gebildete, intelligente und absolut unschuldige Dame, die vertraut ist mit den Regeln der eleganten Welt, denn sie tat bereits zu Zeiten der Zaren Dienst. Ihre Aufgabe ist es, offizielle Empfänge zu organisieren und den Siegern der proletarischen

Revolution nebst Anhang den Benimm für ein Galadiner beizubringen. Ihr wird nun der – überhaupt nicht zutreffende – Titel einer Prinzessin angehängt, und es wird behauptet, Jenukidse habe jener Aristokratin Zutritt in die Festung des Sowjetstaates verschafft.

Dem ruchlosen Genossen wird mitgeteilt, gegen ihn werde Anklage wegen Spionage und Vaterlandsverrats erhoben. Er bricht in hemmungsloses Schluchzen aus.

Den Richtern gesteht er, daß er, im Vertrauen auf seine guten Gründe, versucht habe, Stalin davon abzubringen, den Prozeß gegen Sinowjew und Kamenew in Gang zu setzen. Er sagt zu Stalin: «Soso [das ist der georgische Spitzname], kein Zweifel, sie haben dir geschadet, aber sie sind schon genug gestraft. Sie sind im Gefängnis, aus der Partei ausgeschlossen, und ihre Kinder haben nichts zu essen. Soso, es sind alte Bolschewiken wie du und ich. Vergieß nicht ihr Blut. Denk dran, was die Welt von uns sagen wird.»

Stalins Blick ist voller Haß: «Vergiß nicht: Wer nicht für mich ist, der ist gegen mich.»

Am 19. Dezember 1937 erscheint in den Zeitungen eine kurze Notiz: Das Militärtribunal hat Jenukidse und sechs weitere Terroristen und Verräter zum Tode verurteilt. Das Urteil ist sofort vollstreckt worden.

Ich habe die Bekanntschaft von Gula Dshugaschwili, der Tochter von Jakow und Enkelin von Stalin, gemacht. Und mit ihr zusammen habe ich den Geburtsort des Großvaters besucht. Ihr Vater wurde von den Deutschen in einem Konzentrationslager erschossen, ihre Mutter starb an Krebs. Sie hieß Julija Isaakowna Meltzer und war Jüdin. Berija ließ sie zwei Jahre lang ins Gefängnis sperren. Stalin wollte sie niemals empfangen. Jetzt ist Gula allein.

Sie ist braun, zierlich und klein. Als der Großvater sie das erste Mal sah, sagte er: «Aber das ist ja das Ebenbild von Jascha.» Vom Erstgeborenen des «Generalissimus» gibt es nur ein paar Momentaufnahmen. Auch Gula hat nur eine vage Erinnerung an ihn: in der Datscha, in einem Auto und die Abreise an die Front.

Guloschka, Gula, wie sie von allen gerufen wird, hat keine Geschwister. Sie hat ein Examen in Französisch, ist aufgeschlossen, und sie versteht es, eine gepflegte Unterhaltung zu führen. Sie lebt von einer Pension, wie sie ihr, als Tochter eines im Krieg gefallenen Offiziers, zusteht, und von den Einkünften aus ihrer Arbeit für das Institut für Weltliteratur.

Das Bild, das Gula von ihrem Großvater zeichnet, ist natürlich einseitig und wohlwollender. Sie mochte ihn, und er rief sie «kleine Chefin», ein Kosename, mit dem er sonst nur seine Lieblingstochter Swetka bedachte.

«Es gefiel ihm nicht, die Personen des Hauses bei ihrem Namen zu rufen. Er war gutmütig, nahm mich auf den Arm und liebkoste mich. Wenn er sich den Militärmantel auszog, dann kam er mir kleiner und zierlicher vor. Das fand ich sehr merkwürdig. Zog er den Mantel wieder an, dann wurde er wieder so wie auf den Fotografien und den Statuen, und er machte mir ein wenig angst.

Es gab da irgend etwas, das uns trennte. Es gelang mir nicht, sein Vertrauen zu gewinnen und ihn meine Zuneigung spüren zu lassen. Einmal blickte er mich unverwandt an und sagte zu Swetlana: ‹Schau mal, wie mich die da fixiert.›

Da hat mir Swetka erklärt, daß man mit ihm höflicher umgehen, ihm entgegenkommen und ihn küssen müsse. Ihre Worte machten mich traurig, und ich begann zu weinen.»

Gula lebte mit Swetlana und dem Cousin Josif Morosow im Kreml. Der Großvater konnte die Besuche der anderen Enkel, der Kinder von Wassilij, mit dem er «gestörte Beziehungen» hatte, nicht ausstehen.

«Ich war noch klein», fährt Gula fort, «aber ich begriff, daß Krieg war, denn wir mußten oft in einen Bunker gehen. Bis zum Kriegsende sahen wir ihn nicht mehr. Er war sehr besorgt um uns, es war schlimm, wenn wir weinten. Geschenke machte er uns keine, aber alles, was ich besaß, verdankte ich ihm. Als ich älter wurde, gab er mir jeden Monat etwas Geld für die außergewöhnlichen Ausgaben und für den Privatunterricht in Französisch. Bestimmte georgische Gewohnheiten hatte er beibehalten; Wein bot er auch den Kleinen an, mir und Josif.

Auf dem Tisch standen etliche Flaschen und Teller, es gefiel ihm, wenn die Gäste aßen. Er probierte von allem ein wenig: Kaviar, Lachs, geräucherte Forelle, frische Gurken, eingelegte Auberginen,

Fleischtörtchen, pikanten Käse, Torten und vielerlei Obst. Es stimmt nicht, daß er unersättlich war; eher schon war er ein Feinschmecker.

Es war zu der Zeit, als Berija meine Mutter beim Großvater anschwärzte. Er beschuldigte sie der Spionage, ohne auch nur sagen zu können, für wen. Mein Vater war als Kriegsgefangener ums Leben gekommen, wir wußten nichts von ihm. Sie saß zwei Jahre in einer Gefängniszelle und wartete auf den Prozeß. Der fand niemals statt. Zu mir sagten sie nichts, und ich gewöhnte mich an das Leben ohne sie, ich vergaß sie. Zuerst wurde sie in Moskau gefangengehalten, später, als die Nazis vorrückten, verlegten sie sie nach Engels an die Wolga, und schließlich brachten sie sie wieder zurück in das alte Gefängnis.

Im Gefängnis durfte sie nicht arbeiten, sie wurde in Isolierhaft gehalten, aber sie durfte lesen. Ein einziges Mal hatte sie eine Mitgefangene. Sie durfte nicht wissen, wer sie ist.

Als man sie freiließ, erkannte ich sie nicht wieder. Ich hatte Angst, mich ihr zu nähern. Meine Mutter traf sich nie wieder mit Großvater, nicht einmal zur Beerdigung kam sie. Sie kritisierte ihn nicht, sie sagte gar nichts. Ich verstehe ihr Schweigen. Für mich kann ich sagen, daß ich ihn liebe, und ich denke, er war zweifellos ein großer Mann.

Eines weiß ich: Berija spielte in seinem Leben wie in dem aller Menschen in Rußland eine schreckliche Rolle. Im übrigen war ich noch klein, als der eine oder andere aus der Familie verschwand. Von Tuchatschewski, von Bucharin, von den Bolschewiki aus dem Oktober und von den Generälen weiß ich nichts. Das geschah alles vor meiner Geburt. Aber ich bin voreingenommen: Für mich war Stalin eine Person, die mir nahestand.»

Auch mit seiner Familie ging Stalin nicht zimperlich um. Vor seinen persönlichen Sekretären nennt er Jakow «mein Dummerchen», weil ihm seine sentimentalen Schwärmereien auf die Nerven gehen. Er verachtet Wassily, der die Frauen schlägt, aus dem Haus jagt und ab und zu einfach wechselt. Er ermahnt die unduldsame Swetlana, die immer auf der Suche nach dem idealen Lebensgefährten ist, die Leidenschaft doch endlich einmal auszuschließen. Zweimal wurde er Witwer. Jekaterina Swanidse starb, so sagte mir ein

Arzt in Tiflis, wahrscheinlich an Typhus, aber die Diagnose der Krankheit bleibt im Ungewissen.

Nadja wurde ein Opfer ihrer Nerven und ließ ihn noch einsamer und bitterer werden. Jeden Tag legte jemand auf Nadeschdas Grab zwei Rosen. Die Wärter sagten, er sei der Auftraggeber.

Als er die Nachricht erhielt, daß Jakow in einem deutschen Konzentrationslager ums Leben gekommen sei, schloß er sich in ein Zimmer ein und verbrachte die Nacht ganz allein. Am Morgen entdeckten die anderen, daß seine Haare grau geworden waren.

Ich sprach mit Alexander Burdonskij, dem Sohn von Wassilij, also einem der mißachteten Enkel des Herrn im Kreml. Wassilij war bereits mit dreiundzwanzig General der Luftwaffe und starb nach einem Saufgelage, als er noch nicht vierzig war. Er war ein heldenhafter Pilot und ein miserabler Staatsbürger. Einzig die Autorität des Vaters erkannte er an. Der ohrfeigte und beleidigte ihn und schickte ihn schließlich ins Exil. Wassilij mochte die Frauen und die Feste. Er fuhr amerikanische Automobile und besaß einen roten Mercedes. Er benahm sich, als sei er der Erbe der Macht. Trotz seines unscheinbaren Äußeren war er ein großer Verführer. Er hatte von drei verschiedenen Ehefrauen vier Söhne, die ihn anhimmelten. Stalin weigerte sich, ihn zu empfangen, und wollte auch die Enkel nicht sehen.

Alexander Burdonskij, genannt Joscha, ist Regisseur. Er arbeitet für das Theater und das Fernsehen. Mir gegenüber sagt er: «Im Feld der Kunst ist der Nachname der Mutter besser als der von Stalin.» Er lebt in einer bescheidenen Etagenwohnung nicht weit weg vom GUM, dem Kaufhaus; seine Umgangsformen sind höflich und übertrieben herzlich.

«An Großvater», so erzählt er, «kann ich mich nicht erinnern. Ob er mich gesehen hat, weiß ich nicht.»

Während des Krieges, als die Front näher rückte, wurde er gemeinsam mit anderen Familienangehörigen des Großen Führers nach Kujbyschew evakuiert. Dort kümmerten sich die Kindermädchen, die «Njanja», um die Kinder, und unter den Evakuierten waren auch die Kinder von Chruschtschow: Einer von ihnen, Jurjoscha, der an einer Wirbelsäulenerkrankung litt, nahm an ihren Spielen nicht teil.

«Ich erinnere mich», sagt Alexander, «nur an wenige Dinge, und die Bezüge sind alle sehr indirekt. Ich hatte Angst vor seinem Namen und vor ihm selbst. Das ist verständlich. Ringsum wiederholten alle immer nur: der große Führer, der große Führer, der große Führer, ein Wort, das damals sehr oft gebraucht wurde und angst macht, wenn man klein ist.

Nach dem Tod des Großvaters bin ich in seine Datscha nach Ussava gegangen. Die enorme Zahl von Büchern und die Winzigkeit seines Zimmers haben mir Eindruck gemacht: ein kleines Möbel war alles – wie eine Gefängniszelle.

Das letzte Mal sah ich ihn auf der Tribüne und von nahem bei der Beisetzung im Säulensaal. Ich war Absolvent der Militärakademie, und sie brachten mich dorthin. Ich betrachtete ihn und die Leute, die vorbeidefilierten.

Ich kann nicht behaupten, daß ich für ihn von Herzen kommende Empfindungen verspürt hätte. Historische Wertungen möchte ich nicht anstellen, denn da bin ich kein Fachmann. Möglicherweise war er außergewöhnlich intelligent, ein Politiker jenseits des Normalen, mit einem eisernen Willen und einem enormen Vertrauen in seine Ideale, wie er sie sah. Er erinnert mich an Shakespeare: Es wird viel Zeit erfordern, ihn in allen Schattierungen zu begreifen, die einerseits unglaublich infantil und andererseits monströs waren. Als Vater, als Ehemann und als Großvater ist er dagegen vollkommen gescheitert.

Als Swetlana zurückkam, besuchte sie mich fast jeden Tag. Weggegangen ist sie wegen ihrer Tochter Olga und weil es praktisch nichts mehr aus ihrer Vergangenheit gab. Ich erinnere mich noch an einen Satz von ihr: ‹Ich gehe an die alten Orte, und ich finde nichts als Kreuze. Ich fühle, daß meine Reise unnütz gewesen ist: Man kann nicht in die Jugend zurückkehren.›»

Nach Aussage von Boris Bashanow, der fünf Jahre lang, von 1923 bis 1928, im Kreml im Zimmer neben Stalin arbeitete, war der Große Führer weder besonders geistreich noch unterhaltsam. Wenn er nach der Bedienung klingelte, dann sagte er nur ein Wort: «Tee» oder auch: «Streichhölzer».

Alexander Orlow, Ex-General des NKWD, hat berichtet: Auch am Hof des «Woschd», wie an dem des Herzogs von Mantua, gab es einen Narren, der zur Erheiterung seines Herren beiträgt und der sich das eine oder andere erlauben kann. Er hieß Pauker, war Ungar, und hatte den Instinkt eines großen Komödianten. Er war ein hervorragender Imitationskünstler. Bevor er in den Krieg mußte und von den Russen gefangengenommen wurde, war er in Budapest Friseur an der Oper gewesen. Als er gefangengenommen wurde, stand die Revolution kurz vor dem Ausbruch, und er, der er in der Heimat weder Familie noch besonders rosige Aussichten hatte, beteiligte sich daran in den Reihen der Bolschewiken.

Politisch war er kein großes Licht, auch besaß er keine besondere Bildung. Er verließ sich einfach auf seine Fähigkeiten als Theatermensch und auf seinen Überlebensinstinkt. Er trat in die Tscheka ein, wo ihm praktische Aufgaben zugeteilt wurden: Festnahmen und Hausdurchsuchungen.

Unser Pauker jedoch verstand sich auf seine Aufgabe: Sprache und Ideologie kannte er nur schlecht, um so besser dafür die Seele der Menschen. Er wurde Adjutant des Vizekapo der Politischen Polizei, des Genossen Wjatscheslaw Menshinskij.

Er war ein allzeit bereiter Diener, der es verstand, die Wünsche zu erahnen. So wurde er nach Lenins Tod der Sicherheitsverantwortliche Stalins und der anderen Politbüromitglieder.

Als er bemerkte, daß Josif Dshugaschwili Ölsardinen gefielen, weil sie gut zu einem Gläschen Wodka passen, ließ er ihm aus dem Ausland besonders gute kommen. Und zu zweit trinkt man besser, so stieß Pauker mit dem fast unnahbaren Vorgesetzten an und unterhielt ihn dabei mit skurrilen Geschichten und antisemitischen Witzen. Der immer finstre und verschlossene Stalin ließ sich von Pauker zu unbändigem Gelächter hinreißen.

Aber Pauker beobachtete auch scharf: Er hatte gesehen, wie Stalin sich aufmerksam im Spiegel musterte, die Haare in Ordnung brachte und sich den Schnauzbart kämmte. Also nahm er die Toilette in seine Hand. Er seifte das Gesicht des Helden des russischen Volkes ein und rasierte dem mißtrauischen Georgier auch den Hals; er kümmerte sich um seine Garderobe, er erfand besondere Stiefel für ihn, und wenn die Truppen am Mausoleum vorbeiparadierten, dann sorgte er dafür, daß Stalin auf einem Hocker stand. Pauker war es, der den Besucherstrom sowohl in Stalins Stadtwohnung wie auf der Datscha auf dem Lande regelte.

Und da man ja weiß, daß auch historische Persönlichkeiten die eine oder andere Schwäche oder auch spezielle Vorlieben haben, so trug Pauker eine kostbare Sammlung pornographischer Zeichnungen zusammen, um seinem Herrn die Einsamkeit ein wenig leichter werden zu lassen.

Er mochte ihn. Jemand sagte: «Er steht Stalin näher als ein Freund, näher auch als ein Bruder.» Seine Hingabe wurde belohnt. Er erhielt zwei Automobile. Einen Cadillac und einen offenen Lincoln. Außerdem wurde er mit sechs Orden ausgezeichnet, eingeschlossen den Leninorden.

Pauker war unermüdlich. Für das erlesene Publikum des Kreml erfand er eine ungewöhnliche Aufführung. Von zwei Leibwachen gestützt, die die Rolle von Wärtern übernahmen, spielte der Komödiant Sinowjew, wie er ins Untergeschoß zur Hinrichtung geführt wurde.

Die Vorführung war realistisch. Sinowjew war kreidebleich, die Augen weitaufgerissen, er wurde weitergeschleift, ließ sich zu Boden fallen und umklammerte einen Agenten: «Ich flehe Sie an, Genosse, um Himmels willen, rufen Sie Josif Wissarionowitsch an.»

Stalin bog sich vor Lachen, und seine Gäste wollten eine Zugabe. Die wurde gewährt; allerdings wurden einige Details hinzugefügt.

Diesmal fiel Sinowjew nicht, sondern er richtete sich beinahe drohend auf und hob die Hände zum Himmel: «Israel, unser Gott ist der einzige Gott.» Stalin machte ein Zeichen, man möge das Schauspiel unterbrechen. Schließlich mußte man auch beim Scherzen Maß halten.

1938 wird in Moskau Jagoda der Prozeß gemacht. Eineinhalb Jahre zuvor war er es noch gewesen, der zusammen mit Jeschow in den Kellerräumen die ordnungsgemäße Durchführung der Erschießung von Kamenew und Sinowjew kontrolliert hatte.

«Fouché», wie er von einigen genannt wurde, hält der Festnahme und dem Prozeßritual nicht stand. Frenetisch geht er in der Zelle auf und ab, er ißt nicht, er schläft nicht, und er führt Selbstgespräche.

Zum Genossen Richter, der seine Befragung durchführt, sagt er: «Stalin schuldet mir nichts außer Dankbarkeit für meine ergebenen Dienste. Von Gott erhielt ich die schlimmste Strafe, denn ich habe mich gegen seine Gebote vergangen. Wirf einen Blick auf mich und urteile selbst: Gibt es Gott oder nicht?»

Genrich Jagoda gesteht auch, daß ausgerechnet Pauker, der Kommandeur der Garnison des Kreml, ein Spion der Deutschen ist. Was in diesen Fällen geschieht, ist bekannt.

Die Kampagne gegen den Kosmopolitismus

Es ist gefährlich zu sprechen, und es ist schwierig zu denken. Stalin schaut und urteilt, und er findet viele willfährige Interpreten seiner Absichten. Die Feigheit hetzt einen gegen den anderen auf.

In den Versammlungen der Dramaturgen, Regisseure und Schauspieler werden Tairow und vor allem Mejerhold, dessen Selbstkritik als «nebulös und unaufrichtig» erachtet wird, angegriffen. Dann wird sein Theater geschlossen. Die Kinoleute nehmen sich Eisenstein und Dowschenko vor. Die Literaturkritiker beginnen mit Pasternak und Olescha; dann wird aber auch Katajew, Babel, Ehrenburg und Bulgakow «formalistische Verstiegenheit» vorgeworfen. In der *Krasnaja Now* erscheint ein Artikel, der auffordert, sich für «die klassischen Verse, für die harmonischen und klassischen Metren und für eine normale, klassische Entwicklung des Sujets» einzusetzen. Zu den am meisten Angefeindeten gehört Michail Bulgakow, Autor von *Der Meister und Margarita.*

Einzelne seiner Bühnenstücke werden nach 200 Aufführungen vom Spielplan gestrichen; sie verbieten Neuauflagen der satirischen Geschichten und unterbrechen die Publikation des Romans *Weiße Garde* in der Zeitschrift *Rossija.* Dreihundert Artikel über ihn erscheinen in zehn Jahren. Nur drei loben ihn, alle andern enthalten wütende Angriffe. Er gesteht: «Meine Kraft ist am Ende.»

Er bezichtigt sich der schlimmsten Sünde, der Feigheit und der Angst, aber von seinen Prinzipien geht er nicht ab: «Gegen die Zensur zu kämpfen, ganz gleich im Namen welcher Macht sie auch ausgeübt werden mag, das ist meine Pflicht als Schriftsteller.»

Man betrachtet ihn als einen «Weggenossen», denn er hat an einen libertären Kommunismus geglaubt. Er aber klagt: «In meinem Herzen habe ich die Hoffnung verloren.»

Er faßt den Entschluß, sich an Stalin zu wenden, um «an die Humanität der Sowjetmacht» zu appellieren. Er gesteht: «Die Unmöglichkeit zu schreiben bedeutet für mich, bei lebendigem Leibe begraben zu sein.» Und weiter: «Seit Ende 1930 leide ich an einer schweren Form der Nervenschwäche, mit Angstanfällen und Herzattacken, die aus mir eine Art lebende Leiche machen.»

Konstantin Paustowski erinnert sich, daß er traurig und isoliert war. Abgeschnitten von den Publikationsmöglichkeiten erfindet er merkwürdige und traurige Geschichten, die er seinen Freunden bei einer Tasse Tee erzählt.

Auf Stalins Tisch stehen vier Telefone. Eines dient dazu, mitzuhören, was auf den hundert Apparaten des Haustelefons gesagt wird. Ein tschechoslowakischer Techniker und verschwiegener Kommunist hat es eingerichtet. Aber kaum hat er den Apparat installiert, da läßt Jagoda ihn verschwinden.

Im April 1930, am Tag nach Majakowskis Selbstmord, zu Beginn der Karwoche, klingelt das Telefon bei Bulgakow: «Michail Afanasjewitsch Bulgakow?»

«Ja.»

«Hier spricht der Genosse Stalin.»

«Wer? Stalin? Stalin?»

«Ja. Guten Tag, Genosse Bulgakow.»

«Guten Tag, Genosse Stalin.»

«Wir haben Ihren Brief erhalten und gemeinsam mit einigen Genossen gelesen. Sie bekommen eine positive Antwort. Vielleicht... Sie wollen ins Ausland, nicht wahr? Sie haben genug von uns?»

«In der letzten Zeit habe ich dieses Problem oft hin- und hergewendet: Kann ein russischer Schriftsteller außerhalb seines Vaterlandes leben? Mir scheint: nein.»

«Sie haben recht. Das ist auch unsere Ansicht. Wo möchten Sie arbeiten? Im Theater der Künste?»

«Ja, das würde mir gefallen, aber ich habe bisher nur Ablehnungen erhalten.»

«Stellen Sie einen Antrag. Ich glaube, dieses Mal wird er akzeptiert werden. Wir sollten uns treffen, um darüber zu diskutieren.»

«O ja, Josif Wissarionowitsch, ich möchte mich sehr gerne mit Ihnen treffen.»

«Ja, wir müssen uns unbedingt die Zeit dafür nehmen. Für den Moment auf Wiedersehen und die besten Wünsche.»

Die Zeit hat er sich nie genommen.

Gar nicht lustig ist die Behandlung von Michail Soschtschenko, dem Dramaturgen und Humoristen. Er genießt große Popularität, aber die Angriffe aus den Reihen der Parteiorganisationen bringen ihn zu Fall. Sie bezeichnen ihn als «verlottertes, widerliches Biest», als «verfaulte, dekadente Gestalt» und als «gewissenlosen Rabauken». Er müsse aus der sowjetischen Literatur gestrichen werden. Und so geschieht es.

Der Diktator gibt den Startschuß zur Kampagne gegen den «Kosmopolitismus» und die «Unterwürfigkeit gegenüber dem Westen». Jetzt ist der originellste der russischen Komponisten an der Reihe, Dimitrij Schostakowitsch. Die *Prawda* vom 28. Januar 1936 veröffentlicht auf der dritten Seite einen Artikel mit dem Titel: «Konfusion statt Musik.» Der Artikel ist im Stile Stalins abgefaßt, und er enthält eine Drohung: «Die ganze Angelegenheit könnte auch sehr böse ausgehen.»

Wenig später folgt die Affäre Tuchatschewski. Schostakowitsch erzählt: «Für mich war das ein schrecklicher Schlag, als sie ihn erschossen. Nachdem ich die Zeitungsnotiz gelesen hatte, wurde ich ohnmächtig.»

Der «rote Napoleon»: Michail Tuchatschewski

Michail Nikolajewitsch Tuchatschewski ist der einzige Freund, den der Musiker in den führenden Kreisen des Landes besitzt. Er beschreibt ihn als «einen der interessantesten Menschen, die ich je kennengelernt habe: Es schien, als habe Fortuna ihn auf die Stirn geküßt.» – «Er ist berühmt, hochgeehrt und vielfach ausgezeichnet.»

Er sieht hervorragend aus und weiß das auch. Er tut sich als Schirmherr der Künste hervor, aber er versteht auch etwas davon. Er mag Zivilkleider, besonders, wenn sie aus dem Rahmen fallen; und er besucht die kleinen Kinos ohne Eskorte. Mit dem Autor der *Leningrader Symphonie* besucht er die Eremitage.

Der Führer dort ist reichlich unbedarft, und er gibt ihm das bei jeder Gelegenheit zu verstehen. Der Führer ist irritiert. Dann fragt er: «Was will denn der? Wer ist das?» und erbleicht, als er den Namen hört. «Studieren Sie, junger Mann», fordert ihn Tuchatschewski auf. «Es ist nie zu spät.»

Kurz vor seiner Festnahme verrät er: «Wie sehr hätte es mir als Junge gefallen, Geige zu lernen. Aber mein Vater hat mir niemals eine gekauft. Er hatte das Geld dazu nicht. Ich denke, als Geiger wäre ich besser durchgekommen.»

Es ist dasselbe Bedauern wie bei Mejerhold: «Zu dieser Stunde wäre ich im Orchester, klimperte auf meinem Instrument und müßte mir keine großen Gedanken machen.»

Michail Nikolajewitsch Tuchatschewski trägt den Spitznamen «der rote Napoleon». Mit vierzig Jahren ist er Marschall der Sowjetunion und wird als deren bedeutendster Militärtheoretiker angesehen. Als er hartnäckig die Aufrüstung mit Flugzeugen und Panzern verlangt, beschuldigt ihn Stalin der Torheit.

Tuchatschewski schwebt eine Elitearmee vor, die sich deutlich von den Massen abhebt, die zu schwerfällig sind, als daß sie manövriert werden könnten.

Er war Offizier des Zaren gewesen, und in sechs Monaten hat er sich sechs Auszeichnungen erworben. Aber 1918 geht er zu den Bolschewiki. Die schicken ihn zusammen mit Woroschilow nach Kronstadt, um die Revolte zu unterdrücken.

Sechzehntausend Matrosen fordern die von Lenin und Trotzki versprochenen demokratischen Freiheiten – die Redefreiheit, die Pressefreiheit, die Versammlungsfreiheit. Sie verlangen die Öffnung der Gefängnisse für die politischen Gefangenen aus den Reihen der sozialistischen Parteien. Trotzki warnt sie: «Wir werden euch abschießen wie die Hasen.» Und genau so kommt es.

Im Gouvernement Tambow proben die Bauern unter Führung eines Schulmeisters den Aufstand. Tuchatschewski wird hingeschickt, um ihn niederzuschlagen. Und er gehorcht.

In der Folge wird er Kommandant der Militärakademie, Volksdeputierter und Vizekommissar der Verteidigung.

Es gefällt ihm, mit dem Auto Ausflüge zu unternehmen, aufs Land zu fahren. Auch die Liebschaften kommen nicht zu kurz.

Seine Physis ist beneidenswert: Mit einem Arm vermag er eine Person mitsamt dem Stuhl, auf dem sie sitzt, hochzustemmen. In seinen Büroräumen befindet sich ein komplett ausgestatteter Gymnastikraum. Freunde hat er keine, aber dafür hartnäckige Feinde wie Budjonnyj, der auch gegen Babel und Woroschilow, die «alten Kavalleristen», eine tiefsitzende Abneigung hegt. Seine Vorstellungen werden nicht geschätzt und begriffen: Er meint, der nächste, unvermeidliche Krieg werde von der Luftwaffe und den Panzerverbänden entschieden werden.

Am 1. Mai 1937 sieht man ihn das letzte Mal den Roten Platz überqueren. Es ist ein geschlagener Mann, der, die Daumen in der Koppel, langsamen Schrittes sich vorwärtsbewegt. Aufrecht und isoliert steht er auf den Tribünenplätzen, die rechts des Leninmausoleums für die hohen Offiziere reserviert sind. Er wird als Kommandant des Militärdistrikts Wolga wegbeordert. Kaum ist er in Saratow angelangt, wird er festgenommen und in einem Fahrzeug mit vergitterten Fenstern nach Moskau zurückgebracht.

Beim Prozeß gegen den Marschall spielte die deutsche Spionage eine fundamentale Rolle: Hitler half Stalin. Er lieferte gefälschte Dokumente, um Tuchatschewski anklagen zu können. Aber, Schostakowitsch erinnert daran, auch ohne jene Anschuldigungen «wäre es dem Führer und Meister gelungen, ihn auf die eine oder andere Weise loszuwerden».

Elisabeta Nikolajewna Tuchatschewskaja ist die Schwester des Marschalls. Sie lebt mit ihrem zweiten Mann als Rentnerin in einer Sozialwohnung. Die ganze Geschichte ist in einem Familienalbum enthalten: In einigen Bildern findet sich ein Abglanz des vergangenen Glücks. Für ihre verwandtschaftliche Bindung hat sie einen sehr hohen Preis zahlen müssen. Jetzt bleiben ihr nur noch die Erinnerungen.

Sie erzählt: «Er war außergewöhnlich attraktiv, sehr nett und gut, ein angenehmer Mensch. Hochbegabt und intelligent hatte er eine angemessene militärische Ausbildung erfahren. Zur Zeit des Bürgerkriegs liefen unsere Offiziere und Generäle nicht sofort zu den ‹Roten› über. Michail Nikolajewitsch war einer der ersten, und sie übertrugen ihm das Kommando einer Armee. Zu jenem Zeitpunkt begann seine Karriere.

Aber er hatte bereits seine Erfahrungen gemacht. In seinem ersten bewaffneten Konflikt wurde er gefangengenommen. Er verbrachte die Zeit in einem befestigten Lager in Ingolstadt gemeinsam mit einem französischen Leutnant mit Namen Charles de Gaulle.

Als de Gaulle viele Jahre später Moskau besuchte, wollte er die Verwandten jenes früheren Leidensgenossen der Gefangenschaft besuchen. Wir lernten ihn kennen. Vielleicht hatten sie ihm gesagt, Tuchatschewski sei ein Spion. Er aber glaubte nicht daran.

Unsere Familie gehörte zum Kleinadel. Unser Vater war Grundeigentümer gewesen, er besaß zwei Güter. Aber er heiratete eine Bauerstochter aus dem Nachbardorf. Dafür wurde er heftig kritisiert, denn das war nicht standesgemäß. Er veränderte sich unter ihrem Einfluß, denn sie gehörte nicht zum gewohnten Umgang. Mama liebte und respektierte ihn ihr ganzes Leben lang, und ich auch.»

Wie machte es der Adlige Tuchatschewski, um zum Genossen Tuchatschewski zu werden?

«Die Antwort ist ganz einfach. Zunächst einmal war es so, daß unsere Familie auf dem Lande lebte. Als die Kinder dann mit dem Studium begannen, sind wir allesamt nach Moskau gezogen, aber wir kehrten oft auf unsere Ländereien zurück. Und mit den Leuten dort unterhielten wir immer die besten Beziehungen. Der Übergang war gar nicht schwer.»

Schostakowitsch erinnert an ihre Freundschaft: Woraus war die entstanden?

«Aus der gemeinsamen Liebe zur Musik. Alle unsere Familienangehörigen liebten die Musik. Der Großvater konnte ebenso wie Papa hervorragend Klavier spielen.

Der General war sehr begabt; er zeichnete und spielte Klavier. Zwei unserer Brüder haben das Konservatorium besucht. Zu Hause hatten wir zwei Flügel und eine reichhaltige Bibliothek; von morgens bis abends hörte man Musik. Wir Kinder baten abends, wenn es Zeit war, ins Bett zu gehen, daß die Türen offen blieben und wir noch etwas hören konnten.»

Was hat die Verärgerung Stalins über ihn und die anderen hohen Offiziere ausgelöst?

«Das liegt im dunkeln, man weiß darüber tatsächlich nichts.

Einer unserer bekanntesten Pathologen sagte einmal, Stalin sei schizophren gewesen; in jedem vermutete er einen Verräter, und so begann er, auch Michail Nikolajewitsch zu mißtrauen. Darüber hinaus hegte Stalin keine Sympathien für die Aristokraten, aber warum er unter all jenen, die in die Rote Armee eingetreten waren, ausgerechnet ihn zu seinem Feind erkor, das weiß ich nicht. Noch nicht einmal heute kann ich dafür eine Erklärung finden.»

Welche Rolle spielten die Deutschen in dem Prozeß?

«Insgeheim sandte Hitler einen kompromittierenden, von Michail Nikolajewitsch eigenhändig unterzeichneten Brief. Mit Sicherheit war der nicht echt: Michail Nikolajewitsch war ein außerordentlich aufrichtiger Mann.»

Hatte er Feinde?

«Das glaube ich schon. Oberflächlich betrachtet waren keine zu erkennen, aber mit Sicherheit gab es Neider.»

War er sich darüber im klaren, daß ein Sturm gegen ihn aufkam?

«Er konnte Gegnerschaften gut ertragen, und verstand es geschickt, die Emotionen zu besänftigen. Und das war bereits seit seiner Jugend so. Ich erinnere mich, daß er mich im Jahr 1937 mit dem Auto irgendwohin brachte. Er war sehr nachdenklich, und dann fragte er mich: ‹Wie oft habe ich Papa gebeten, mir eine Geige zu kaufen, um eines Tages ein Künstler werden zu können?› Vielleicht trauerte er dem nach. Ich konnte ihm keine Antwort geben. 1937 war ein so hartes Jahr, daß alles möglich schien. Aber was sich dann tatsächlich ereignete, das war doch unerwartet.

Ich erinnere mich sehr genau an unsere letzte Begegnung. Das war in der Datscha Petrowskol, wohin ‹Mischa› sich mit seiner Familie einige Tage zurückgezogen hatte. Ich kam mit meinem Mann und mit unserem Bruder Nikolaj unangemeldet zu Besuch.

Als ich ihn sah, war mir klar, daß irgend etwas geschehen war. Bis dahin hatte ich ihn niemals so niedergeschlagen und deprimiert gesehen. Auch beim Mittagessen, normalerweise ein Anlaß zu lebhaften Unterhaltungen, kam es mir so vor, als drückten ihn schwere Sorgen.

Am überraschendsten war, daß die Dienstmädchen, die früher freundlich und zuvorkommend gewesen waren, mit einemmal arrogant und ganz offen feindselig waren. Sie ahnten oder wußten etwas von den sich anbahnenden Veränderungen. Ich habe ihn nie wieder gesehen.»

Weiß man, wo er festgenommen und wo er hingebracht wurde?

«Er wurde zu einer Kommandeursstelle wegbeordert, und dort wurde er dann verhaftet. Sie nahmen ihn unter irgendeinem Vorwand fest.»

Hat er ein Geständnis abgelegt oder die Anschuldigungen zurückgewiesen?

«Seit jenem Moment hat man von ihm nie wieder etwas erfahren. Der Prozeß fand hinter verschlossenen Türen statt. Was sich dort abspielte und was dort gesagt wurde, ist nicht bekannt. Sie schrieben, alle Angeklagten hätten ihre Schuld eingestanden. Dabei waren es doch so starke und integre Menschen... Ich weiß nicht, was ich glauben soll.»

Gab es jemand, der ihm in jener Zeit beigestanden hat?

«Wir konnten rein gar nichts machen. Seine Frau besuchte uns und sagte: ‹Sie haben Mischa festgenommen.› Wir wußten, daß man noch nicht einmal in die Nähe der Lubjanka gelangen konnte.»

Was wissen Sie über seinen Tod?

«Nichts.»

Und wo wurde er beerdigt?

«In der Nummer neun der Zeitung *Druschba narodow* ist ein Artikel des Historikers Michail Geller erschienen. Er schreibt, daß alle sechs, unter ihnen auch Michail Nikolajewitsch, in das Lager Chodinskoje gebracht wurden. Dort warf man sie in ein Massengrab und schüttete Löschkalk darüber. Ich habe den Wissenschaftler getroffen, aber auch der vermochte mir nicht mehr zu sagen, denn ihm war kein freier Zugang zu den Dokumenten gewährt worden, die die Exekution und die Verurteilung betrafen.»

Ist er rehabilitiert worden?

«Ja, 1957.»

Und was war mit der Familie?

«Zu Beginn wurden die Mama und die Frau von Michail nach Astrachan deportiert. Danach wurden der ältere Bruder Nikolaj, und dann im Juli auch ich und mein Mann, ein Militärpilot und Held des Bürgerkrieges, verhaftet und der mißbräuchlichen Aneignung von Auszeichnungen sowie der Spionage bezichtigt. So stand ich also gleich zwei Spionen sehr nahe: meinem Mann und dem Marschall.

Später wählten sie für mich eine Formel, die schlimmer, aber auch wahrheitgemäßer war: CSIR, also: ‹Angehörige der Familie eines Vaterlandsverräters›.

Dann kam der dritte Bruder an die Reihe, dann die Schwestern und die, die jünger als wir waren. In der Folge wurde die Frau von Michail Nikolajewitsch in ein Internierungslager gesteckt und dann aus dem Lager nach Moskau gebracht, wo sie 1941 erschossen wurde. Wir anderen waren alle im Gulag.

Also: Mischa, die Brüder Nikolaj und Alexander sowie mein Mann, Jurij Ignatjewitsch Arwatow, wurden sofort umgebracht. Wir Schwestern und die Schwägerinnen befanden uns in den Gewölben der Lubjanka. Unsere Kinder wurden von den Verwandten getrennt und in Waisenheime gesteckt. Meine Marina lebte bei den Eltern des Vaters.

Ich möchte mich an ihr erzwungenes Elend nicht erinnern: die Schwachen hatten keinerlei Rechte. Es fehlte sogar an lebensnotwendigen Grundnahrungsmitteln. Marina erkrankte an Tuberkulose.»

Was geschah in den Kellern der Lubjanka?

«Zehn lange Tage habe ich dort zugebracht. Und dann wurde ich in das Gefängnis Butyrki gebracht. Dort war es fürchterlich. Es war Sommer, die Fenster standen offen, die Männer, vor allem die Männer, brüllten von elf Uhr abends bis fünf Uhr morgens. Als sie mich das erste Mal verhörten, sagte ich die Wahrheit; dann gestand ich, was ich nicht begangen hatte, denn das Leben dort drinnen war unerträglich.»

Wen haben Sie im Gefängnis kennengelernt?

«Viele Menschen, viele Frauen im Gefängnis und im Lager. Eine hatte zweiundzwanzig Tage ununterbrochen stehen und die Fragen beantworten müssen. Als ich sie sah, hatte sie extrem dicke Beine: Mehr will ich nicht sagen. Ich wurde bald danach weggebracht.»

Wer sprach das Urteil? Ein ordentliches Gericht?

«Ein außerordentliches Gericht. Es wurde ‹Troika› genannt, ein Sondergericht.»

In welches Lager wurden Sie gebracht?

«Nach Akmolinsk. Und dann in das Lager Korgandinskij.»

Verhielten sich die Wärter menschlich?

«Nein, sie waren sehr böse. Vielleicht waren sie wirklich davon überzeugt, daß wir Volksfeinde wären. Nein, sie verhielten sich wirklich sehr schlecht.»

Wie war das Essen?

«Im Gefängnis gaben sie uns ordentlich zu essen: Brot, Zuckerstückchen, sie verteilten das Mittagessen, und auch abends gab es etwas. Im Lager jedoch wurden wir sehr schlecht ernährt.»

Gab es, um ein Beispiel zu nennen, irgendwelche Anlässe zum Feiern?

«Nein. Nur als meine Tochter kam, war das ein Anlaß zur Freude. Aber ich konnte sie leider nur sehr selten sehen.

Die Ungewißheit war besonders schlimm, daß man nichts wußte von den Angehörigen. Der Gedanke an meine Tochter quälte mich. Ich fragte, ob wir zusammengelegt werden könnten. Aber ich erhielt nie eine Antwort. Man kann das nicht erklären oder beschreiben, wenn die Seele zerbricht: es fehlt nur wenig, um wahnsinnig zu werden. Und viele wurden wahnsinnig.

Wir kochten, wir wuschen und wir putzten. Ich zum Beispiel war beim Gefangenendienst eingeteilt. Ich teilte das Essen im Speisesaal aus. Auf dem Tablett brachte ich Teller mit gefrorenem Kohl und das noch in Portionen für Hungerleider. Dann und wann verfiel man in Stumpfsinn; wir gewöhnten uns an das abgrundtiefe Dunkel und den Terror.

Was sollte aus uns werden? Wir waren uns bewußt, daß Molotow für Erschießen war, weil wir zuviel wußten. Das war aber für irgend jemand ganz offenkundig eine zu bequeme Lösung. So wurde 1939 beschlossen, uns als Arbeitskraft in den Zwangsarbeiterlagern einzusetzen, oder für andere unqualifizierte Arbeiten. Ich hatte Glück und wurde Buchhalterin bei einer Gruppe von Traktorfahrern. Gott sei Dank reichte die Bildung, wenn nur auch das Brot gereicht hätte! Die Menge hing von der Normerfüllung ab. Wenn du ein wenig mehr haben wolltest, dann mußtest du das Doppelte leisten. Das gelang mir.

Mit dem Krieg wurde, auch wenn das merkwürdig klingt, alles

ein wenig leichter für uns. Der Krieg ist ein Unglück für alle, und die Schwierigkeiten machen gleich. Die Hoffnung auf einen Sieg war ein Recht, das allen zustand, und die Gefangenen setzten nicht weniger darauf als alle anderen, eher noch mehr. Er sollte, so dachten wir, auch uns die Freiheit bringen.

So ging das ‹Jahrzehnt› zu Ende. Zusammen mit meiner Tochter wurde ich ganz in die Nähe von Moskau transferiert, nach Aleksandrow. Aber nur für kurze Zeit. Irgend jemand hatte etwas über mich geschrieben, und 1948 mußte ich erneut in die Lubjanka.

Als sie mir den neuen Urteilsspruch mitteilten, sagte ich, ich hätte keine Kraft mehr und würde mich umbringen. Der Gefängnisdirektor der Lubjanka insistierte: ‹Nur Mut, Elisabeta Nikolajewna, Sie werden dort gut zurechtkommen, Sie werden dort arbeiten...›

Ich erinnere mich daran erstaunlicherweise noch ganz genau. Der Ton der Worte von damals ist mir noch immer im Ohr. ‹Dort›, das bedeutete Kolyma.

Wir brauchten ein ganzes Jahr, um dort anzukommen. An jedem Bahnhof machten wir halt, und von dem versprochenen ‹gut› waren wir noch weit entfernt. Dennoch fand ganz offensichtlich ein Wandel statt. Die Direktoren der Gefängnisse teilten die Kleider, Essen und Trinken ohne Arroganz aus. Das war ein beachtlicher Fortschritt.

Aber es sollte noch bis zum 5. März 1953 dauern, bis zu Stalins Tod. Endlich kam der 3. Januar 1956, mein ganz persönlicher Tag, mein Ziel: die Freiheit. Hinter mir lagen achtzehneinhalb verlorene Jahre.

Marina hatte nicht überlebt; auch die Tochter von Michail Nikolajewitsch, Swetlana, war gestorben. Ihre Tochter Nina lebt noch.

Oft kommen die Tuchatschewski nicht zusammen. Aber niemals lassen sie den 16. Februar, seinen Geburtstag, aus. Das ist keine Gedenkfeier, sondern, wie es sich gehört, ein heiteres, slawisches Fest.»

Welche Erinnerungen haben Sie an Ihren Bruder?

«Die allerbesten natürlich. In unserer Familie herrschte eine große gegenseitige Zuneigung. Wir mochten uns alle, aber er war vielleicht der Liebling aller, denn er war gut zu uns, die wir noch kleine Mädchen waren. Er tobte herum, spielte sogar, obwohl er schon erwachsen war.

Mit ihm zusammen war es immer interessant und machte Spaß: er las, er malte, und er übte auf der Geige. Die Geige hatte er selbst gebaut. 1914 brachte meinem Vater den finanziellen Ruin. So konnte er ihm das Instrument nicht kaufen; also bastelte Mischa es sich selbst. Und später, als er sich ein neues leisten konnte, benutzte er dennoch oft sein eigenes. Er baute auch das Cello für seinen Bruder.

Er interessierte sich für die italienische Majolikatechnik und veröffentlichte auch einige Texte zu dem Thema. Außerdem sprach er zwei Fremdsprachen: Französisch und Deutsch. Als ich seine Texte las, sah ich, daß er auch die italienische und die englische Übersetzung besorgt hatte.

Er schlief nur fünf Stunden und meinte, das reiche ihm. Er erledigte seine Arbeiten sehr zügig und hielt alle Termine ein. In seinem Arbeitszimmer vermochte ihn nichts aus der Ruhe zu bringen: wir konnten tanzen und das Grammophon laufen lassen, die Kinder spielten, und seine Tür blieb immer offen.»

Der «Volksfeind»: Nikolai Bucharin

Zwei berühmte Komiker, Ilf und Petrow, schrieben: «Es reicht nicht, wenn du die Sowjetmacht liebst. Sie muß dich auch lieben.» Die Grausamkeit geht oft mit der Mystifikation einher.

Der Humanist Julien Benda, Verfasser von *Der Verrat der Intellektuellen*, einem Essay über die moralische Wankelmütigkeit bestimmter Intellektueller, besucht Moskau und ist zutiefst erschüttert von der Atmosphäre, die überall spürbar ist. Ehrenburg vertraut er sich an: «Was ist mit Babel geschehen und was mit Koltzow? Ich frage und frage und erhalte keine Antwort. Und warum sollen wir immer applaudieren, wenn der Name Stalin fällt? Ich bin 78 Jahre alt und ein wenig zu groß für die Grundschule.»

Paul Robeson, der berühmte schwarze Sänger, wird in der Sowjetunion mit großen Feierlichkeiten empfangen: Tanzabende, Konzerte, Bankette. Er hat einen Dichterfreund, Isaak Fefer, und er möchte ihn wiedersehen.

Stalin entscheidet: «Ich werde ihn schicken.»

Das Treffen findet in einem kleinen Nebenraum eines Restaurants statt, wo ein üppiges Abendmahl serviert wird. Fefer ist blaß und abgemagert. Bei ihm sind einige merkwürdige Begleiter, die uninteressiert den Reden folgen. Robeson ist ganz ausgelassen, Fefer abwesend.

Nach dem Abendessen wird der Dichter wieder ins Gefängnis gebracht, wo er stirbt, während Robeson den Amerikanern berichten kann, er habe ihn getroffen und mit ihm angestoßen, und es würden überhaupt zu viele antisowjetische Verleumdungen herumerzählt.

Die Lüge ist ein fester Bestandteil von Stalins Charakter. Zu Kamenew und Sinowjew sagt er: «Ihr wollt Bucharins Blut? Das werden wir euch nicht geben.» Und dann sagt er bei einem Trinkspruch: «Wir alle kennen und lieben unseren Genossen Bucharin, unsern kleinen Bucharin. Schande dem, der in Vergangenem rührt.» Aber derweil bereitet Genosse Koba Bucharins Ende vor.

Anna Larina wurde als Neunzehnjährige Nikolai Iwanowitschs Frau. Man beschreibt sie als eine «schöne, junge Frau», während ihr Gatte nicht gerade ein Verführer war. In seinen Memoiren schreibt M. D. Bajtalskij: «Sein Äußeres war das eines typischen bolschewistischen Intellektuellen von einst: Spitzbart, die unvermeidliche zerknitterte Jacke und eine aufgeregte Gestik.»

Nikolai Iwanowitsch ist schon ein gutes Stück über vierzig, als er zum drittenmal heiratet. Er ist 26 Jahre älter als Anna. Sie beziehen ein Appartement im Kreml, wo bis zum Selbstmord von Nadeschda Allelujewa die Familie Stalin gewohnt hat. Der trifft Nikolai Iwanowitsch in einem Innenhof des mysteriösen roten Baus und macht ihm die heißesten Komplimente für seine junge Gattin: «Nikolai, auch in dieser Beziehung hast du mich geschlagen.»

Bucharin war einer der Hauptorganisatoren der Oktoberrevolution, zwanzig Jahre war er Mitglied des Zentralkomitees, zehn Jahre im Politbüro und zwölf Jahre Chefredakteur der *Prawda*, ehe er zur *Iswestija* zurückversetzt wurde.

Lenin polemisierte häufig mit ihm, aber er sah in ihm nicht nur «den bedeutendsten und besten Theoretiker der Partei», sondern auch ihren «Liebling»: Es ist Bucharin, dem es zufällt, die «Generallinie der Partei» auszuarbeiten.

Anna kennt ihn von Kindheit an, denn Nikolai Iwanowitsch verkehrte mit ihren Eltern: Vielleicht war sie von den durchdringenden blauen Augen dieses stämmigen kleinen Mannes fasziniert, der Stalin aus Spaß zum Kampf herausfordert und zu Boden ringt. Er ist witzig und scharfzüngig, trägt bescheidene Kleidung und führt das Leben eines Mönches. Er ist zurückhaltend und distanziert, verschlingt Druckwerke in den verschiedensten Sprachen, und die Malerei gefällt ihm.

Anna Larina erzählt: «Von all den vielen Freunden meiner Eltern war Bucharin derjenige, der mir am besten gefiel. In der Kindheit faszinierten mich seine Lebensfreude, seine Lebendigkeit und seine Liebe zur Natur.

Eines Tages betrat Lenin das Büro meines Vaters, ich war noch klein und erinnere mich nur dunkel, es waren so viele Leute da, und ich will jetzt nicht das machen, was so viele tun, die erzählen, er habe das R weich gesprochen, ein Augenlid sei ihm zugefallen und er habe bedeutungsschwanger geredet. Aber ein Satz ist mir im Gedächtnis geblieben: ‹Bucharin ist das Goldkind der Revolution.›

Ich protestierte: ‹Nein, das ist nicht wahr, er ist nicht aus Gold, er ist lebendig.› – ‹Aber gewiß doch›, erwiderte Lenin. ‹Ich habe das gesagt, weil er rote Haare hat.›

1925 schickte ich ihm in mädchenhafter Unschuld einen Zettel: ‹Ich möchte Dich sehen. Ohne Dich bin ich immerzu traurig.›

Ich wollte es ihm gerade bringen, als ich auf der Treppe Stalin traf, der auf dem Weg zu ihm war. Ich bat ihn, den Brief abzugeben, und er war einverstanden.

Nach 1930 verbrachten wir viel Zeit miteinander. Wir gingen ins Theater und besuchten Ausstellungen. Ich liebte die Stunden in seinem Büro im Kreml. An den Wänden hingen viele Bilder.

Dann gab es da noch viele ausgestopfte Vögel. Das waren Jagdtrophäen Nikolai Iwanowitschs: riesige Adler mit ausgebreiteten

Flügeln, Nebelkrähen, ein Rotschwänzchen mit schwarz-rotem Gefieder, ein gelb-blauer Smaragdfalke und eine Sammlung mit zahlreichen Schmetterlingen. Nikolai Iwanowitsch las mir aus *Salammbô* von Flaubert laut vor.

Manchmal machten wir in Sokolniki, das damals noch an der Peripherie lag, lange Spaziergänge. Wir benutzten die Straßenbahn, und die Fahrgäste, die ihn erkannten, begrüßten ihn. Einige drückten ihm sogar die Hand. Das brachte Nikolai Iwanowitsch durcheinander; ständig mußte er den Hut ziehen.

Einmal setzten wir uns auf eine Bank hinter dem Puschkin-Denkmal, und er hub zu einer ernsten Aussprache an. Unsere Beziehungen würden in eine Sackgasse führen, es gäbe nur zwei Möglichkeiten: entweder würden wir zusammenleben, oder er würde sich zurückziehen und mich freigeben. Es gäbe noch eine dritte, meinte er ironisch, nämlich verrückt zu werden, aber das lehne er ab.

Ich brach vor Freude und Ungewißheit in Tränen aus: Was sollte ich ihm sagen? Nikolai Iwanowitsch blickte mich erstaunt an. Ich war ganz steif, und er wärmte meine Hände in den seinen.

Unsere Treffen gingen weiter; einmal wollte er mir einige Seiten aus dem Roman *Victoria* von Knut Hamsun vorlesen. Er hatte sich diese Abschnitte ausgesucht:

‹Ja, was war die Liebe? Ein Wind, der in den Rosen rauscht, nein, ein gelbes Irrlicht im Blut ... Die Liebe ist Gottes erstes Wort, der erste Gedanke, der durch sein Gehirn glitt. Als er sagte: Es werde Licht! ward es Liebe. Aber alle ihre Wege sind voll Blumen und Blut.›

‹Warum denn Blut?› fragte ich.

‹Würdest du dir wünschen, es wären nur Blumen? Im Leben geht es so nicht zu.›»

Bucharin ist sich über die Peinlichkeit der Situation im klaren: der ältere Mann und die Heranwachsende. Also fragt er sie: «Könntest du einen Aussätzigen lieben?» Sie begreift und antwortet: «Wen, dich?» und antwortet mit Ja.

Ihr Vater kommentiert: «Es ist interessanter, zehn Jahre mit Nikolai Iwanowitsch zusammenzuleben als zehn Jahre mit einem anderen.»

Lenin erachtet ihn «als einen marxistischen Kommunisten, mit einer hervorragend kulturellen Ausbildung; einen diabolischen, politisch unermüdlichen Verstand. Trotzki hegt einige Vorbehalte: «Er verhält sich wie immer, halb hysterisch, halb infantil.»

Bucharin meint, man solle auf dem Wege vernünftiger Reformen zum Sozialismus gelangen. Er ist gegen die Zwangskollektivierung und das Massaker an den Kulaken, den sogenannten reichen Bauern. Deshalb wird er als Führer der «rechten Opposition» angesehen.

Nach Lenin ist er der populärste politische Führer. Er ist der Sohn eines Schulmeisters, hat mit ansehnlichen Resultaten dasselbe Gymnasium wie Ilja Ehrenburg besucht und anschließend einige Vorlesungen an der Moskauer Universität. Aufgewachsen aber ist er mit «den Straßenjungen».

Er liebt die Literatur und ist ein häufiger Gast bei Maxim Gorki, dem «Paladin der Armen und Entrechteten», wo auch in jenen Zeiten des Mangels ausgezeichnete Essen serviert wurden. Er stellt sich, solange es irgend geht, schützend vor den Dichter Ossip Mandelstam, der den Diktator beleidigt hat. Als er in Ungnade fällt und keine Macht mehr hat, um dem armen Ossip zu helfen, seufzt er: «Mir fehlen die Transmissionsriemen.» Er hat ihm eine Wohnung besorgt, extra Essensrationen und einen Herausgeber für seine Gedichte.

Er schätzt Majakowski sehr, auch wenn der auf die jungen Dichter losgeht, die keine engagierten Gedichte mehr schreiben. Bucharin ist konzilianter:

«Wladimir Wladimirowitsch, was wollen Sie denn von ihnen? Schlußendlich stecken sie voller Kraft.»

«Gewiß», pflichtet Majakowski bei, «schlimm ist nur, wenn ihre Kraft ihren Verstand übersteigt.»

In ihm steckt, so erzählt man, auch nicht ein Gran Eitelkeit.

Er spricht auf einem Schriftstellerkongreß und erhält am Ende rauschenden Beifall. Roy A. Medwedjew berichtet, daß er gleich anschließend einigen Freunden voller Trauer anvertraut: «Ist euch klar, was ihr gemacht habt? Ihr habt mein Todesurteil unterschrieben.»

Bei Feiern nennt ihn Stalin mit einem liebevollen Spitznamen: «Buchartschik», während er doch zugleich seine Rache vorbereitet. Es gilt, einen angesehenen und gefährlichen Konkurrenten auszuschalten. Die Anklage lautet: konterrevolutionäre Verschwörung. In ihren Prozessen haben Sinowjew und Kamenew, die beschuldigt werden, Kirow, den Chef der Leningrader Parteiorganisation, ermordet zu haben, Bucharin belastet und auch Tomski, den Führer der Gewerkschaften, sowie den toleranten Rykow, der Stalins Verbündeter gegen Trotzki gewesen war und Vorsitzender des Rats der Volkskommissare war. Er wird als «Rechtsabweichler» dargestellt.

Tomski erschießt sich mit einem Revolver, und Bucharin sagt zu Rykow: «Er war klüger als wir alle zusammen.» Auch er versucht es mehrere Male, aber ihm fehlt die Kraft, auf den Abzug zu drükken. Schließlich bricht er erschöpft zusammen. Alle greifen ihn an, am schärfsten Radek. Er aber verspricht: «Ich werde nicht vor mir selbst lügen.» Auf einer Versammlung brüllt Molotow: «Wenn ihr nicht gesteht, dann zeigt ihr nur, daß ihr im Sold der Faschisten steht. Denn die werden in ihren Zeitungen schreiben, daß alles, was in unseren Gerichten geschieht, erfundene Konstruktionen sind. Wenn wir euch festnehmen, dann seid gefälligst geständig.»

Molotow schätzt ihn nicht. Er hat über ihn geschrieben: «Stalin machte sich ganz offen über ihn lustig. Während Trotzki mit den Bauern keine Gnade kannte und davon überzeugt war, daß diese Leute den Sozialismus niemals unterstützen würden, behauptete Bucharin, die ökonomischen Maßnahmen würden hinreichen, um mit dem ‹Kulakentum› Schluß zu machen. Und ansonsten verhielt er sich wie immer: Er übte harte Kritik an der Parteilinie und allem anderen.»

Anna Michailowna erklärt: «Nikolai Iwanowitsch besaß einen schwierigen Charakter. Man konnte nie im vorhinein wissen, was jetzt von ihm zu erwarten war. Sein empfindsames Gemüt und seine ausgeprägte Emotionalität versetzten ihn oft in einen Zustand der Hysterie. Er brach leicht in Tränen aus.»

So bittet er auf Anraten Stalins das Plenum um Verzeihung für einen Hungerstreik, den er aus Protest gegen ungerechtfertigte Anwürfe ihm gegenüber begonnen hatte. Damit gibt er seine Schwächen preis.

In der Periode der Kollektivierungen geht er in die Ukraine. Auf den kleinen Bahnhöfen laufen ihm ausgehungerte Kinderscharen entgegen, die Bäuche aufgebläht, und er gibt ihnen alles, was er bei sich hat.

Als er erfährt, daß es bei der Oktoberrevolution in Moskau, im Unterschied zu Petrograd, viele Tote gegeben hat, bricht er in hemmungsloses Schluchzen aus.

Er ist aufrichtig: Manchmal muß er seinen Chauffeur um einen Vorschuß bitten, weil er auf seine Honorare und sein Redakteursgehalt verzichtet hat. Nur von der Akademie der Wissenschaften bezieht er ein Gehalt.

Als er einmal auf eine Reise nach Paris geht, sagt ihm Stalin: «Du bist ziemlich abgerissen gekleidet, Nikolai Iwanowitsch. So herumzureisen ist unpassend, man muß anständig gekleidet sein.»

In der größten Schwierigkeit und Gefahr erhält er ein Glückwunschtelegramm von Romain Rolland, der ihn schätzt, und dann einen Brief von Pasternak: «Keine Kraft der Welt wird mich dazu bringen, an euren Verrat zu glauben.»

Bucharin schreibt ein Testament und verlangt von Anna, daß sie das auswendig lernt. Als sie ihn abholen, küßt er seinen neunmonatigen Sohn und sagt zu seiner Frau, sie solle ihn zum Kommunisten erziehen. Dann fällt er vor ihr auf die Knie und wiederholt: «Ich bin unschuldig. Wir sind die Opfer eines historischen Dramas.»

Sie bringen ihn in die Lubjanka. Sie stellen ihm eine Schreibmaschine zur Verfügung; er beginnt mit der Abfassung eines – wie ich vermute: pessimistischen – Buches über die menschliche Natur. Auch von ihm wollen sie, wie von Rubaschow, dem Protagonisten aus Koestlers *Sonnenfinsternis*, den «letzten Dienst». Sein Streben nach einer liberaleren, demokratischeren Welt, in der es weniger Terror und weniger Härte der Partei gibt, ist «objektiv schädlich und folglich in ihrer Konsequenz konterrevolutionär».

Im Sommer 1937 wird Anna Larina festgenommen und nach Astrachan deportiert. Es folgen sechs Monate in der Lubjanka, dann achtzehn Jahre in verschiedenen Lagern. Ihr Sohn wird von einer Schwester aufgezogen; zwanzig Jahre lang weiß er nicht, wo sich seine Eltern befinden.

Im Gerichtssaal sind auch ausländische Beobachter anwesend. Bucharin bekennt sich schuldig: Er sagt, er habe nach der Restauration des Kapitalismus gestrebt, weist aber jede Verantwortlichkeit für Attentate von sich. Ob er gefoltert wurde, weiß man nicht; vielleicht nicht. Auf jeden Fall drohte man ihm mit der Ermordung Anna Larinas und seines Sohnes. Die Zeitschrift *Oktober* präsentiert ihn als einen «verdammten Zwitter zwischen einem Fuchs und einem Schwein. Ein Bankräuber im Gewande eines politischen Führers.»

Wie üblich vertritt Wyschinski die Anklage. Er verlangt die Höchststrafe. Wie auch für Jagoda, den Chef der GPU, der um Gnade bettelt: «Genosse Stalin, Genossen von der Tscheka, macht für mich eine Ausnahme, wenn ihr könnt.»

Nach sechs Stunden Beratung wird im Morgengrauen des 13. März 1938 das Urteil verkündet: Bucharin wird in der Nacht vom 14. auf den 15. umgebracht. Zuvor schreibt er einen kurzen Brief an Stalin, der so beginnt: «Koba, was nützt dir mein Tod?» Wo er begraben wurde, ist unbekannt.

Anna Larina ist heute eine alte Dame, deren frühere Schönheit man noch erahnen kann. Sie lebt in einer modernen Wohnung. Sie berichtet mit fester Stimme von ihren Erfahrungen. Nur manchmal beginnen ihre Augen zu glänzen.

Heute gilt Bucharin als Vorläufer der Perestrojka. Stimmt diese Interpretation?

«Ja, ich glaube, das ist richtig, aber man muß dabei nicht nur ihn so sehen, sondern auch den Initiator der NEP erwähnen, eben Lenin. Bucharin setzte sein Werk nur fort. Er hatte ein Gespür für die Veränderungen, die auch wir heute anstreben, die in Gang zu setzen uns aber bis jetzt nicht besonders gut gelingt. Auf jeden Fall hoffe ich, daß wir es schaffen, jene gemischte Ökonomie zu realisieren, die sich die Bolschewiki im Jahr 1921 erträumten und die 1929 zusammenbrach, als Stalin sie zerstörte.»

Trägt Ihr Sohn Bucharins Namen?

«Nein, er hat ihn nicht angenommen. Er ist Maler und trägt den Namen seines Großvaters, meines Vaters. Wenngleich unter einigen Mühen hat er jetzt seinen wirklichen Namen zum einzigen genommen, während er vorher den Namen der Tante trug, die ihn großzog: Er war ein Borissowitsch, jetzt heißt er Juri Nikolajewitsch Larin.»

Was war Berija für ein Mensch?

«Ich erinnere mich an ihn als einen sehr verschlagenen Menschen. Nach alledem, was ich am Anfang in der Lubjanka durchzumachen hatte (eingeschlossen in einem feuchten Keller, unter gräßlichen Umständen, sie brüllten mich ständig an und ließen mich den Exekutionen beiwohnen), kam es mir vor, als wäre ich in einen Palast geraten und als würden sie – nicht grundsätzlich, aber doch irgendwie – menschlich mit mir umgehen. Aber das war nichts als ein Trick. Als wir im Lager ankamen, stießen sie uns bei Frost auf die Straße und ließen uns von den Männern umringen. Der Kommandant brüllte: ‹Wißt ihr, wer diese Frauen sind? Die Frauen der schlimmsten Volksfeinde.› Es war furchtbar.

Dann zerrissen sie mir das einzige Bild meines Sohnes, und schließlich kam der Prozeß – ich war bereits verhaftet –, als sie Nikolai Iwanowitsch verurteilten.»

Jetzt wird gerade der hundertjährige Geburtstag von Pasternak gefeiert. Er war der einzige, der Bucharin seine Solidarität zum Ausdruck brachte. Welche Beziehung bestand zwischen den beiden?

«Die Bildung und die Kultur. Ich glaube, Pasternak wußte, daß Nikolai Iwanowitsch seine Gedichte schätzte.»

Warum wollen die Leute jetzt auf einmal soviel über die Vergangenheit wissen? Gibt es da vielleicht noch etwas, das bis jetzt im verborgenen geblieben ist?

«Ich weiß nicht. Vielleicht ist noch nicht alles gesagt worden. Aber geschrieben wurde genug, um Stalin mit vollem Recht als einen Verbrecher betrachten zu können. Man muß leider sagen, daß es bei uns noch heute Leute gibt, die ihn verehren.»

Sie haben in derselben Wohnung gewohnt, die zuvor Stalin gehörte. Können Sie sich an ihn erinnern?

«Oh, ich erinnere mich nicht deshalb an ihn, weil ich in derselben Wohnung gewohnt habe, denn zu der Zeit, da ich mit Nikolai Iwanowitsch verheiratet war, besuchte Stalin Bucharin nicht, und Bucharin auch nicht Stalin.

Die persönlichen Beziehungen zwischen ihnen waren seit 1928/29 unterbrochen. Stalin habe ich nur als kleines Mädchen gesehen. Wir waren damals im Hotel Metropol untergebracht. Stalin sah ich sehr oft. Aber ich war noch klein, und ihn zu erkennen, war recht schwierig. Als wir in den Kreml umzogen, habe ich ihn nicht mehr gesehen.»

Bucharin hat Sie aufgefordert, Ihren Sohn zum Bolschewiken zu erziehen. Ihr Vater wurde an der Kremlmauer bestattet. Was ist von den alten Idealen übriggeblieben?

«Es sind leider nur sehr wenige Personen, die standhaft bleiben, und dafür gibt es nur allzu berechtigte Gründe. Zunächst einmal hat die Zeit gezeigt, daß wir weit hinter den kapitalistischen Ländern zurückgeblieben sind, was die Ökonomie anbelangt. Und jetzt haben die Auseinandersetzungen zwischen den Nationalitäten begonnen. All das bringt die Jugend dazu, kritisch zu überdenken, was bisher gewesen ist.

Zu den Zeiten, da ich jung war, schien dagegen alles ganz anders. Es herrschte ein ehrlicher Enthusiasmus und ein echter Internationalismus.»

Was bedeutet für Sie das Wort Lubjanka? Was war das für ein Leben, das Sie dort drinnen verbracht haben?

«Ich war 1939 und 1940 in der Lubjanka inhaftiert. Jedesmal, wenn ich über den Platz gehe, schaue ich verstohlen und mit einem Gefühl der Bedrängnis auf jenen Bau, und ich freue mich, nicht mehr da drinzustecken.»

Woher rührte Stalins Haß auf all seine Genossen von einst?

«Ihre politische Position interessierte Stalin nicht. Ihm ging es einzig um die absolute Macht. Warum sollten sie ihm unterlegen sein? Sie waren nicht so schlau und verschlagen, aber intellektuell überragten sie ihn um Längen, und das erregte seinen Neid. Sie waren gebildeter als er. Sein Drang, alles zu beherrschen, trieb ihn dazu, sie zu vernichten.»

Was kann Bucharin dazu gebracht haben, sich schuldig zu bekennen? Die Niedergeschlagenheit, die Prügel oder die extreme Bindung an die Partei?

«Auf eine so schwierige Frage kann man keine eindeutige Antwort geben. Zuviele Kräfte wirkten auf die Angeklagten ein – nicht nur auf Bucharin – und drängten sie dazu, ein Geständnis abzulegen.

Ich glaube nicht, daß es in erster Linie die Liebe zur Partei war. Jetzt, wo man die ganzen Prozeßakten hat durchsehen können, ist klargeworden, daß sie, im Zusammenhang gesehen, absolut unglaubwürdig sind. Es wurden auch Psychopharmaka eingesetzt, um den Widerstandswillen der Beschuldigten zu brechen. Ein sehr wirkungsvolles Mittel war darüber hinaus die Festnahme von Geiseln, der Kinder und Ehefrauen nämlich.

Ich glaube schon, daß einer der Hauptgründe für die Selbstbezichtigung die Tatsache war, daß diese Prozesse im Namen einer Gesellschaft stattfanden, an deren Aufbau Bucharin mitgearbeitet hatte, und daß er sich darum lieber selbst kompromittieren als den Staat mit hereinziehen oder beschädigen wollte, der trotz aller Deformationen durch Stalin ja schließlich doch neu aufgebaut worden war.»

Haben Sie jemals in Erfahrung bringen können, wie er umgebracht und wo er begraben wurde?

«Ich habe das nicht erfahren, und ich will das auch nicht wissen, nicht jetzt und auch nicht in der Zukunft. Natürlich gibt es kein Grab.

Im Lager haben mir die Frauen der Mitarbeiter des NKWD, die später verhaftet worden waren, erzählt, daß die Körper der Verurteilten nach der Exekution auf einem Lastwagen ins Krematorium gebracht und dort verbrannt wurden. Daher gibt es keine sterblichen Überreste, und es ist widersinnig, große Nachforschungen in dieser Richtung anzustellen.

Bucharin wußte schon lange, daß er verhaftet werden würde. Für ihn bedeutete das Warten eine dramatische Situation der Anspannung. Er rief Stalin an, und eine unbekannte Stimme antwortete ihm: ‹Josif Wissarionowitsch befindet sich in Sotschi.› Tagelang saß er in seinem Arbeitszimmer und wartete auf das Klingeln.

Er versuchte, nicht untätig zu werden: er las, ordnete seine deutschen Bücher und arbeitete an einem wichtigen Artikel über die faschistische Ideologie. In der Wohnung strich er herum wie ein Tiger im Käfig.

Er nahm an der Parade vom 7. November teil. Stalin bemerkte ihn und ließ ihn von einem Soldaten rufen: er solle aufs Mausoleum kommen, wie es ihm zustehe.»

Er nimmt am Plenum des Zentralkomitees teil. Dort beschuldigt ihn Jeschow des Mordes an Kirow. «Schweig, schweig», schreit

Bucharin. Nach Hause zurückgekehrt, sagt er zu seiner Frau: «Du kannst zufrieden sein. Dein treu ergebener Diener ist ein Verräter, ein Terrorist und ein Verschwörer.»

Die drei letzten Monate verbringt er in einem kleinen Zimmerchen seiner Wohnung, das früher Stalins Zimmer gewesen ist. Und er schreibt Briefe, die immer mit einem «Lieber Koba» beginnen. Er magert ab, altert, der rote Bart beginnt sich grau zu färben.

Sie klingeln an der Tür. Er wird aus dem Kreml geworfen. Ein Anruf von Stalin: «Was ist, Nikolai?» – «Sie werfen mich hier raus.» – «Dann schick sie doch zur Hölle.»

Er macht sich noch immer Hoffnungen. «Wenn sie mich nun ans Ende der Welt schicken, wirst du mit mir kommen, Anjuta?» fragt er seine Frau.

Anna Michailowna macht einen kurzen Spaziergang. Dabei trifft sie Grigori Ordshonikidse. Er blickt ihr in die Augen, drückt ihr die Hand und sagt nur zwei Worte: «Stark bleiben.» Dann steigt er ins Auto und fährt davon. Auch seine Tage sind gezählt.

Dann kommt der 27. Februar 1937. Der Augenblick der Trennung ist da. «Nikolai Iwanowitsch», erinnert sich Anna Larina, «bat mich mit Tränen in den Augen um Vergebung für mein zerstörtes Leben. Er bat mich, den Sohn als Bolschewiken zu erziehen, ‹unbedingt als Bolschewiken!› wiederholte er. ‹Die Situation wird sich ändern›, sagte er. ‹Du bist jung und wirst es erleben. Schwöre mir, daß du mein Testament nicht vergißt.›

Und ich schwor. Er küßte mich und sagte mit zitternder Stimme: ‹Sieh zu, daß du nicht verbitterst, Anjutka. In der Geschichte kommen bedauerliche Druckfehler vor, aber die Wahrheit siegt.›

Er zog seine Lederjacke an, nahm die Mütze und wandte sich zur Tür. ‹Sieh zu, daß du nicht über dich lügst, Nikolai.› Nur das vermochte ich zum Abschied zu sagen.

Ich bekam zu spüren, daß ich eine verfemte Person geworden war. Er war im Gefängnis, und ich wurde am 11. Juni aus Moskau fortgeschickt. Im Lager befand ich mich unter Gleichen, dort ging es ein wenig besser. Ich mußte nicht mehr die Verachtung ertragen und mit ansehen, wie Bekannte, die ich zufällig traf, schleunigst die Straßenseite wechselten. Das war fürchterlich.»

Eine deutsche Wahrsagerin sagte Bucharin voraus: «Sie werden in Ihrem eigenen Land ermordet werden.» Glaubte Bucharin an Vorahnungen?

«Nein, er glaubte nicht daran. Er erinnerte sich daran, als sich seine Niederlage anbahnte. Zuvor hatte er mir nie von diesem Erlebnis erzählt. Am Tag vor der Verhaftung war ihm die Prophezeiung neuerlich in den Sinn gekommen. Er hatte die Wahrsagerin zurückgefragt: ‹Aber dann wird doch die Sowjetmacht geschlagen werden?›

Anders konnte er sich gar nicht vorstellen, verhaftet zu werden. Sie aber erwiderte: ‹Das werde ich Ihnen nicht sagen, aber Sie werden in Ihrem Land sterben. Sie werden eine Wunde am Hals davontragen und sterben.› An jenem Abend begann er, an die Weissagung zu glauben.»

«Der NKWD irrt nie»

Anklage: «Antisowjetische Aktivitäten»

In der Novelle *Der Splitter* von Wladimir Sasubrin wird die Szene einer Exekution beschrieben. Fünf zum Tode Verurteilte erwarten in den Kellergewölben den tödlichen Genickschuß. Die Luft in dem Raum ist voll vom Pulverqualm der abgegebenen Schüsse, dem Geruch von frisch vergossenem Blut, von nicht zurückgehaltener Notdurft und von Schweiß. Eine Fünfergruppe nach der anderen kommt dran. Der erste Befehl lautet: «Ausziehen!» Die Hände zittern, und die Knöpfe gehen nicht auf. Der Tschekist ist nett, versteckt den Revolver und beginnt die Jacke aufzuknöpfen: «Keine Angst, mein Guter.» Dann streicht er ihm freundlich über den Kopf. Er erzählt, daß er es in seinem Dorf genauso mit dem Vieh machte, wenn es geschlachtet werden sollte. Er geht auf die Kuh zu, «Ruhig, Burenka, ruhig», sagt er sanft, und die Kuh bewegt nicht einmal mehr ein Ohr. Es ist seine feste Überzeugung, daß die Weißgardisten getötet werden müssen wie das Schlachtvieh.

Schlimm ist ein Fehlschuß. Vergeudete Zeit, vergeudete Patronen, und in dem Raum hat man Mühe zu atmen.

Alle Altersgruppen bevölkern die Kellergewölbe der Lubjanka. Susanna Petschuro, eine dicke, immer lachende, heitere Frau, erzählt mir ihre Geschichte:

«Es kam so. 1950 haben wir, Sluzki, der siebzehn Jahre alt war, Furmann, 18, und ich, die ich genauso alt war, alle Mitglieder des Komsomol, der kommunistischen Jugendorganisation, uns gesagt: die Situation entspricht nicht den leninistischen Idealen, an die wir glauben. Man muß etwas unternehmen, alles andere wäre unehrlich: Wir gründen eine Gruppe und erklären den Leuten den Betrug.

Das war unser Ziel – und zugleich auch ein Verbrechen. Wir waren unvorsichtig, und der Leiter und Präsident des literarischen Zirkels hat alles an den KGB weiterberichtet.

Sie haben uns im Auge behalten, und schließlich brachten sie uns in die Lubjanka, nicht in die große, sondern in die kleine. Von dort kamen wir ins Militärgefängnis von Lefortowo. Ich wurde sogar vom Minister für Staatssicherheit, Abakumow, und seinem Stellvertreter, dem General Komarow, verhört, der später von Berija erschossen wurde.

Der Prozeß hinter verschlossenen Türen vor dem Militärtribunal des obersten Gerichtshofes dauerte sieben Tage. Verteidiger hatten wir keine. Es gab noch nicht einmal Zeugen.

Zwei wurden zum Tode durch Erschießen verurteilt. Die übrigen Angeklagten weinten und riefen: ‹Kinder, legt Berufung ein, sie werden euch begnadigen, sie können euch nicht einfach erschießen›; sie aber wollten keinen Widerspruch einlegen.

Ich wurde zu 26 Jahren Gefängnis- und Lagerhaft verurteilt und für fünf Jahre der Bürgerrechte beraubt. Es war ein reiner Glücksfall, und vielleicht meine Jugend, die mich vor dem Tod gerettet haben.

1951 wurde in der Lubjanka gefoltert; sie blendeten dich mit dem Licht, und sie prügelten. Nach dem 20. Parteitag, mit Chruschtschows berühmter Rede, wurden sie freundlicher, sie erlaubten die Entgegennahme von Paketen, sie gaben dir Bücher. Mich fragten sie sogar, ob ich vielleicht ein Bügeleisen brauchte.»

Wenn die Trauer allgemein wird, dann ändern sich die Dinge. Es hängt von den Umständen ab, und auch vom Charakter. Die Gefangene Nina Gagen-Torn, eine schöne, intelligente und mutige Frau, die Ethnologie studiert hat und das Abenteuer liebt, läßt sich nicht unterkriegen, sondern greift selber an.

Im Lager haben sie sie als «Pferd» benutzt: Zusammen mit anderen Frauen wurde sie im Sommer vor den Karren und im Winter vor den Schlitten gespannt, um die Zisterne zu transportieren oder eine Fuhre Holz.

Sie wird vor den Untersuchungsrichter geführt. Es ist ein aufgeblasener, verschwitzter Major mit Krusellocken.

Er hebt an: «Erzählen Sie von ihren antisowjetischen Aktivitäten.»

«Ich habe keine unternommen.»

«Dann sind Sie also wegen nichts ins Lager gesteckt worden?»

«Es war ein Irrtum.»

«Ein Fehler? Und da sollen Sie nicht Feindin der Sowjetmacht sein?»

«Das sind Dinge, die kommen vor. Es ist nicht das erste Mal.»

Der Dickwanst brüllt: «Ich werde ihn dir zeigen, den Fall, du Nutte, du politische Hure.»

Er läßt Luft ab.

Nina: «Das war aber ziemlich mittelmäßig. Ich kann das viel besser.»

Und dann folgt eine Schimpfkanonade, wie sie im Gulag gang und gäbe war, in der Gott, sämtliche Organe und Schließmuskel des menschlichen Körpers und auch die Verstorbenen vorkommen.

Nur mühsam kann sich der aufgeblasene Dickwanst unter Kontrolle halten: «Flüche? Das mir!»

Er ruft einen Vorgesetzten herbei: «Genosse, die Gefangene flucht.»

«Ich bringe es ihm doch nur bei. Wenn er Flüche ausstößt, dann sollte er das auch können.»

Ein anderer Richter will sie dazu bringen, ein Schuldeingeständnis zu unterschreiben. Sie weigert sich.

Der Richter ist erregt: «Ich bring dich um, du Aas. Ich mach dich kurz und klein, unterschreib jetzt.»

Sie blickt ihm fest in die Augen: «Ich beiß dir in die Nase.» Und dann setzt sie noch eins drauf: «Wieviel zahlen sie euch für ein Verhör? Das Doppelte oder noch mehr?»

«Das geht euch gar nichts an», brüllt er entnervt. «Ihr sollt gefälligst antworten und keine Fragen stellen.»

Und was geschieht mit den Kindern?

Die konkrete Erläuterung liefert Helga Fischer, Gefangene in einem Lager, wo sie erschütternde Erfahrungen in einem «Kindergarten» machen konnte.

«Der Kindergarten befindet sich im Inneren des Lagers. Er ist nicht umzäunt und liegt direkt neben dem Marewskij-Hospital.

In meiner Gruppe befinden sich etwa 200 Kleinkinder zwischen zwei und vier Jahren. Sie sprechen wenig und schlecht. Ganz offensichtlich sind sie in ihrer intellektuellen Entwicklung zurückgeblieben. Sie spielen ohne Freude, und schnell werden sie selbst bei den kürzesten Kinderliedern müde.

Drei Kinder mit Namen Verotschka sind dabei. Eine hat eine russische Mama und einen koreanischen Papa. Sie mutet an wie eine kostbare Blume. Wenn du sie nachts zur Klotür trippeln hörst, dann möchtest du am liebsten laut schreien, ja, laut schreien.

In diesen Stunden wird das Schlafzimmer der Kinder von einem schwachen Licht beleuchtet, und es kommt dir schön und wohnlich vor. Und du selbst gleichst weniger einer Kindergärtnerin als einer Fee aus Andersens Märchen...

Ab und zu kommen die Mütter, die wenigen, die noch übriggeblieben sind und in der Landwirtschaft arbeiten. Die Kinder erkennen sie wieder, aber sie zeigen kaum Interesse oder Freude. Sie sind auf die Besuche nicht vorbereitet und reagieren ganz verschieden: Viele schauen die Frauen hartnäckig, manchmal sogar neugierig an. Andere dagegen beginnen ganz unvermutet, sich auffällig zu benehmen, um so die Aufmerksamkeit auf sich zu lenken.

Der kleine Petja sagte einmal voller Stolz: ‹Meine Mama ist im Norden, sie ist Lagerinsassin von Beruf!› Und Ninotschka mit den krummen Beinen flüstert ihm ins Ohr: ‹Meine Mama ist schöner als alle anderen, und ‚gestern' kommt sie und holt mich ab.›

Die Kinder begreifen den Unterschied zwischen ‹gestern› und ‹heute› nicht; sie können nicht wissen, daß die Mama nicht morgen, sondern erst nach der Freilassung kommen wird.»

Asja Petrowna Krjukina ist die Tochter eines bedeutenden Parteifunktionärs, nämlich von Pjotr Iwanowitsch Struppe. Die Familie lebt in Moskau, in einer Wohnung in einem bevorzugten Wohnblock am Flußufer.

Papa liest die Berichterstattung über die Prozesse und kommentiert: «Wenn man ein bißchen wühlt, dann findet man gewiß auch, daß ich mir irgend etwas habe zuschulden kommen lassen.»

Und genau das passiert. Seine beiden kleinen Töchter, denen ständig der junge Spitzel Pawlik Morosow als Vorbild anempfohlen worden war, der seine Eltern angezeigt hatte, denken, daß auch ihr Papa das verdient, denn gewiß hat er sich am Ideal versündigt.

Dann wird auch die Mutter festgenommen. Aber noch immer kommt den Kleinen kein Zweifel am System.

Asja Petrowna erinnert sich: «Sie brachten Mama weg. Bei uns blieb ein Mitarbeiter des NKWD. Er forderte uns auf, unsere Sachen zusammenzupacken.

Zwei Stunden später gelangten wir ins Kloster Danilow, in dem ein Waisenheim untergebracht war. Sie nahmen unsere Fingerabdrücke und fotografierten uns von vorne und im Profil. Zu unseren Schulkameraden kehrten wir nicht mehr zurück.

Dann befahlen sie uns, die Sachen zwischen uns aufzuteilen.

‹Warum? Wir gehören zusammen, wir sind Schwestern›, sagte ich.

‹Das ist ein Befehl.›

Bahnhof Pawlezki. Eine schreckliche Bank. Wenige Minuten vor der Abfahrt des Zuges schnappten sie Nina und ihren Koffer. Ich konnte gar nichts machen, ihr überhaupt nicht helfen. Der Zug setzte sich in Bewegung, und ich sah sie noch schluchzen. Mich schickte man in ein Waisenheim in Walsk. Nina landete in Balakow.

Ich schrieb Bittgesuche an Stalin, an Kalinin, an Jeschow und an die Krupskaja: Gebt mir meine Schwester wieder. Schließlich hatte ich Erfolg: Sie brachten mir Nina. Mager war sie geworden, verlaust und tuberkulosekrank. Vor allem hatte sie Angst. Noch lange Zeit konnte sie die Gewohnheit nicht ablegen, sich immer irgendwo mit dem Rücken anzulehnen, damit sie niemand von hinten schlagen könnte. In unserem Waisenheim hielt sie sich gewöhnlich in der Bibliothek hinter den Regalen auf. Später wurden wir nach Saratow gebracht. 1939 wurden wir in den Komsomol aufgenommen.»

Als Heranwachsende wurde Asja in dem Heim, in dem sie lebt, verhaftet. Es waren zwei Artikel des Strafgesetzes, die ihr den Weg ins Gefängnis bereiteten: «Antisowjetische Aktivität und Verbreitung von Staatsgeheimnissen.» Dabei mochte sie doch die Blaumützen von der Tscheka. Aber die Beweise lagen vor. Es kam zum Prozeß. Eine Verteidigung gab es nicht: «Sie behaupten, Ihre Mutter sei ohne Grund verhaftet worden?»

«Das habe ich gesagt.»

«Bei uns wird niemand grundlos ins Gefängnis gesteckt.»

Im Lager löste sie die Mutter ab, die ihre Strafe abgebüßt hatte und freigelassen wurde.

Oft setzt man die Kinder bei den Untersuchungen mit ein. Lida beispielsweise, Stieftochter des Professors Dimitriew, der an der Militärakademie Philosophie lehrt. Ihre Mutter heiratete ihn, als Lida gerade vier Jahre alt war. Zusammen haben sie weitere drei Töchter. Lida ist das Aschenputtel: sie wäscht, fegt, kocht und hütet die Kleinen. Mit sieben Jahren kann sie noch immer nicht lesen. Der einzige, der sie menschlich behandelt, ist der Stiefvater. Manchmal nimmt er sie mit zu einem Konzert oder ins Stadion.

Er ist ein offenherziger, geistreicher Mann. Ein wenig zu offen und zu geistreich. Wenn er vom Unterricht heimkommt, dann macht er sich voller Selbstverachtung nach: Er verhöhnt und verspottet vor der ganzen Familie das, was er eine Stunde zuvor in den höchsten Tönen gefeiert hat.

Während der Untersuchungen wird er Lida gegenübergestellt. Er fordert sie auf: «Du mußt die ganze Wahrheit sagen. Ich bin schuldig und werde bestraft werden, du aber mußt leben.»

Lida erkennt nicht, daß er diese Aufforderungen unter Zwang macht, und sie beginnt zu erzählen. Ohne sich der Folgen bewußt zu sein, erzählt sie alles und verschärft damit noch die Anklage. Die verzweifelte Mutter verachtet sie: «Verräterin, das Blut deines Vaters möge auf dich zurückfallen.»

Aufgrund von Erinnerungen, Bekenntnissen und Berichten kann man zwar kaum den Schmerz und das Leid, wohl aber den täglichen Ablauf und die Regeln des Kerkeralltags rekonstruieren.

Über dem Guckloch ist an den Zellentüren ein Blatt angebracht, das die Regeln zusammenfaßt:

«Der Gefangene hat: a) auf Sauberkeit zu achten; b) allen berechtigten Aufforderungen der Gefängnisleitung Folge zu leisten; c) sich während der Inspektionen der Direktion zu erheben; d) jeden Tag den Eimer zu leeren und zu säubern.

Es ist verboten: a) die Ruhe zu stören; b) sich den Fenstern zu nähern und Gegenstände auf der Fensterbank oder den Gittern abzulegen; c) mit den Nachbarzellen zu kommunizieren, gegen die Wände oder auf die Leitungen zu klopfen; d) sich laut zu unterhalten oder aus dem Fenster zu schreien; e) an die Wände zu schreiben.

Dem Insassen wird gestattet: a) jeden Tag sechzehn Minuten spazierenzugehen; b) Zahnpasta, Zahnbürste und Seife mit sich zu führen; c) genehmigte Lebensmittel anzunehmen; d) nach Erlaubnis durch den Untersuchungsrichter alle zehn Tage ein Päckchen zu erhalten; e) einmal im Monat Verwandtenbesuch zu empfangen, wenn die Erlaubnis des Richters vorliegt.

Der Insasse hat das Recht: a) Beschwerden und Erklärungen einmal alle zehn Tage bei der Gefängnisleitung anläßlich der Inspektion einzureichen; b) in Notfällen den diensthabenden Krankenpfleger des Trakts oder den Arzt zu rufen.»

Tatjana Leschenko-Suchomolina, Schauspielerin und Sängerin, hat lange Zeit in Amerika und in Europa gelebt. 1935 kam sie mit ihrem Ehemann, dem Bildhauer Tschaplinij, und einem kleinen Sohn nach Moskau zurück. 1947 wird sie verhaftet.

Sie erinnert sich an die Verhöre durch den Oberstleutnant Polanskij, «eine kleine Ratte, bösartig und verrückt, ein von sexuellen Phantasien besessener Sadist». Er flucht, brüllt und, wie vom Wahn gepackt, greift er sie an der Bluse und droht: «Am liebsten würde ich Sie vögeln und dann bei den Beinen packen und an die Wand klatschen.»

Aber er rührt sie nicht an und steckt sie in Isolierhaft, in einen kleinen halbdunklen Raum, wo sie nichts tun kann und wo die Zeit niemals vergeht.

Auch das Essen ist immer dasselbe: Suppe und «Kascha», eine Art Maisbrei, mit ein wenig Butter und Tee. Dann wird sie zur Urteilsverkündung gerufen. Eine nach der anderen werden die Gefangenen in ein Büro geführt, wo ein «Mann mit steinernem Gesicht» ihnen irgend etwas von einem Blatt abliest.

Tatjana begreift nicht: «Lesen Sie mir das bitte noch einmal vor.»

Er wiederholt: «Acht Jahre Erziehungslager und Zwangsarbeit wegen antisowjetischer Aktivitäten.»

«Wegen antisowjetischer Aktivitäten?» fragt sie noch einmal.

Irritiert nickt er. «Haben Sie verstanden, was ich gesagt habe?»

Die Zusammensetzung der Gefangenen ist total disparat: es ist ein Querschnitt der menschlichen Verschiedenheit.

In der Lubjanka landet auch die polnische Gräfin Anna Branicka. Es ist das Vorstadium eines dreijährigen Rußlandaufenthaltes.

Der Krieg ist gerade zu Ende gegangen, und die Adligen werden im finsteren Gefängnis von Metodego in Warschau festgehalten.

Unter ihnen befindet sich auch Janusz Radziwill, einer der großen polnischen Landbarone, Besitzer von Wäldern und Ländereien und eines neoklassischen Palastes, in dem jetzt die ausländischen Delegationen empfangen werden. Alles ist in Staatsbesitz übergegangen.

Der alte Graf Branick ist schwer krank, und er fühlt die letzte Stunde nahen. Da gibt er der Tochter – Söhne hat er nicht – die Anweisungen für die Bestattung: Mit ihm geht die Linie zu Ende. Das Wappen mit dem gekrümmten Schwert, das ein Symbol aus den Zeiten der Ritter ist, muß zerstört werden.

Aber in der Wirklichkeit ist dann alles viel weniger feierlich, ja geradezu miserabel. Der Verstorbene wird in ein Papiergewand gehüllt wie die Ärmsten der Armen, und seine Erben, ohne ein Dach über dem Kopf und ohne Freunde, müssen auf der Straße im Hinterhof einer Apotheke schlafen.

Nach den Deutschen kommt die Rote Armee. Sie plündern und verhaften die Radziwill, die Zamoyski, die Krasicki und wie die adligen Familien alle heißen. Die Jüngste ist gerade fünf, der Älteste über 70. Anna Branicka ist achtzehn Jahre alt. Sie erzählt: «Als sie uns fortbrachten, wollten unsere fünf Hunde auf den Lastwagen springen, um mit uns zu kommen. Sie spürten, daß irgend etwas geschah. Der kleinste jaulte vor Verzweiflung. Es war ein Pekinese. Ein Soldat lachte, hob ihn auf und warf ihn auf den Lastwagen. Von da an war er immer bei uns. In seiner Art war er ein einzigartiger Gefangener.

In der Lubjanka war das Leben hart und trostlos. Die Zellen waren von einem sehr starken Licht erleuchtet, das die Augen Tag und Nacht blendete. Die Fenster waren ständig von grünen Blechplatten verdeckt.

Einmal war uns die Uhr kaputtgegangen – wir besaßen zu viert, meine Eltern und meine ältere Schwester, nur eine einzige –, und da wußten wir nicht mehr, ob es Tag oder Nacht war. Unsere Schuld? ‹Pomeschtschiki›, Großgrundbesitzer.

Später brachten sie uns nach Krasnogorsk und steckten uns in ein Gefängnis des NKWD. Zwei Jahre lang erhielten wir keine Bücher, keine Zeitungen, kein Radio. Der einzige Zeitvertreib bestand darin, uns die Geschichte irgendeines Romans oder aus unseren Erinnerungen zu erzählen.»

Nadeschda Witaljewna Surowzewa ist eine hochgebildete Frau. In Wien hat sie in Philosophie promoviert und eine Reihe Klassiker sowie ukrainische Volksmärchen ins Deutsche übertragen. Sie hat etwas von der Welt gesehen: Frankreich, die Vereinigten Staaten, Kanada. Dann kam sie nach Rußland zurück und begann an der Universität Charkow zu lehren. Sie wird festgenommen und landet im Gulag. Sie arbeitet in der Krankenstation. In den Baracken leben viele Ausländer, alles Kommunisten und in der Mehrzahl politische Emigranten.

«Ich erinnere mich, daß sie mich einmal zu einem sterbenskranken Italiener riefen. Er war sich darüber im klaren, daß er sterben würde und machte sich keinerlei Hoffnungen. Niemand um ihn herum verstand, was er sagte. Er hielt meine Hand, er war noch sehr jung, und versuchte mühsam, sich verständlich zu machen. Dabei mischte er seine Sprache mit einigen französischen Brocken. ‹Wenn es eines Tages... vielleicht... sagen Sie den Genossen, daß alles eine Lüge ist. Ich bin Kommunist, ich war nie ein Verräter.›

Ich versprach es ihm. Ich kann mich nicht mehr an seinen Namen erinnern, die Zeit hat ihn aus meinem Gedächtnis gelöscht, aber jetzt löse ich mein Versprechen ein.»

Das erniedrigendste Ritual ist vielleicht der zweimal am Tag zu absolvierende Gang zur Latrine. Es gibt keine abgetrennten Kabinen, man muß Schlange stehen, neben dem Eimer steht der Tisch, auf dem die Essensrationen abgelegt werden. Alle zehn Tage wird gebadet. Aus heutiger Sicht erscheint es Vera Sulz als eine «finstre Hölle: Aus den Dampfwolken stiegen die dunklen feuchten Wände empor. Im Dampf wankten die nackten Körper, die Seelen der Sünder.»

Man mußte sich irgendwelchen Zeitvertreib ausdenken. Aus der klebrigen grünen Masse des schlechtgebackenen Brotes modellieren sich die Gefangenen, auch wenn das verboten ist, Vasen, kleine Tierchen und Aschenbecher. Die beliebteste Unterhaltung jedoch sind die Geschichten: Die Phantasie hilft über die trostlose Gegenwart hinweg. Das Repertoire ist groß: es reicht von Tschechow bis Maupassant. Am meisten gefragt ist der Roman *Jane Eyre* von Charlotte Brontë.

Manchmal gelangt eine Stimme aus dem Leben von draußen in die Lager. In Konopol entfaltet sich außerhalb der Mauern ein ukrainischer Markt. Schreie, Stimmengewirr und Blöken, der Lärm der Lastwagen, die Vieh oder Gemüse abladen. Es sind die banalen und doch unerreichbaren Tage der normalen Leute.

Hundert Tage Frühling: Béla Kun

Die Behandlung, die Stalin für die ausländischen Genossen vorgesehen hat, die im Schatten des Kreml um Schutz und Asyl nachgesucht haben, ist auch nicht besser. Die Zahl der Gäste im Lux wird immer kleiner. Das Hinrichtungskommando eliminiert sie gleich gruppenweise, in ganzen «Apparaten»: auf diese Weise kommen die polnischen Genossen ums Leben.

Unter den Flüchtlingen befindet sich auch der Ungar Béla Kun. Er ist der wichtigste Überlebende einer großen Niederlage, der «Hundert Tage Frühling» von Budapest, der kurzen und blutigen Saison der Räterepublik. Béla Kun war ihr Diktator.

Arthur Koestler, der damals vierzehn Jahre alt war, erinnert sich an sie aus der Perspektive des Heranwachsenden.

Er erinnert sich an die kubistischen und futuristischen Plakate, die an den Straßen prangen und die Bauern, Arbeiter und Soldaten feiern; an die Prozessionen für die gefallenen Genossen mit den grünen Kränzen, den zinnoberroten Standarten und der Eisenbahnerkapelle, die die Internationale mit dem ungarischen Text spielt: «Laß beiseite für immer die Vergangenheit, / Heer der Sklaven, folge uns. / Wir werden die Welt aus den Angeln heben. / Noch sind wir nichts, bald werden wir alles sein.»

In der Zeitung steht, daß mehr als 30 Prozent des Ackerlandes im Besitz der Großgrundbesitzer ist, die weniger als 2 Prozent der Bevölkerung darstellen. Auf 1000 Einwohner ist einer ultrareich, die anderen sind arme Schlucker. «Der Kommunismus», so Koestler, «war 1919 ein neuer Begriff, und er hatte noch den guten Klang von Gerechtigkeit und Zukunftsversprechen.»

Die Räterepublik, wie sie genannt wird, nationalisiert die Fabriken, Banken, Bergwerke, die Eisenbahnen und den agrarischen Grundbesitz, sofern er 57 Hektar übersteigt. Aber Kun und seine

Regierung schätzen die Lage falsch ein. Anstatt den Boden an die Bauern zu verteilen, übereignen sie ihn an die Kooperativen. Das war ein verhängnisvoller Irrtum.

Die Bevölkerung muß Hunger leiden. Niemand will die Agrarprodukte für eine instabile Währung herausrücken. Hühner, Eier und Butter werden gegen Kuckucksuhren getauscht, gegen gebrauchte Kleider und gegen Stickereien. Zur selben Zeit tauschen die verfolgten «Kulaken» in der Sowjetunion goldene Ikonen gegen einen Sack Kartoffeln oder einen Laib dunkles Brot. Mit den Lebensmittelkarten kaufen sie Kohl, trockene Rüben und Eis, denn man hat eine Ladung Vanille in den Kaufhäusern entdeckt.

Mit ihren Feinden geht die Republik gnadenlos um. Es gibt eine Spezialabteilung des Innenministeriums, «Lenins Jungen» genannt, die den Reformen mit Terror Beine macht.

Wer ist Béla Kun, der – vielleicht zu Unrecht – der «blutrünstige Despot» genannt wurde? Sohn eines Notars vom Dorf, beweist er schon bald seine ungewöhnliche Persönlichkeit. Der Direktor des Gymnasiums mahnt den Vater: «Wenn Sie ihn nicht von seinen Ideen abbringen können, dann wird er vielleicht ein bedeutender Mann. Aber ebensogut kann es sein, daß er aufgehängt wird.»

Leider wird sich die zweite Hypothese bewahrheiten. Aber das mindert nicht die außergewöhnlichen Intuitionen und Verdienste von Béla Kun. Beispielsweise hatte er die Kremlführer gewarnt: «Bereiten wir uns vor: Hitler wird uns früher oder später angreifen.»

Auf vielen Umwegen gelangte er nach Moskau als ein geschlagener Rebell und als Flüchtling, aber noch immer voller Leidenschaft. Sogar Lenin sagt von ihm: «Mein lieber Béla hält es für seine Pflicht, links von der Linken zu stehen.»

Molotow mag ihn nicht: «Mit einem so explosiven Namen», so der sture Bürokrat, «kann er nicht zum Leiter der politischen Abteilung der Roten Armee nominiert werden.» Und Stalin mochte ihn noch weniger. Bevor er ihn in die Lubjanka stecken ließ, zwang er ihn zu einem tragischen Schmierenschauspiel. Er rief ihn an: «Die ausländischen Zeitungen behaupten, Sie seien von der Sowjetregierung festgenommen worden. Seien Sie so gut, rufen Sie einen französischen Journalisten an und dementieren.»

Ein paar Tage später, am 29. Juni 1937, stehen zwei NKWD-Agenten vor der Tür und nehmen ihn fest. Von jenem Moment an hat ihn keiner seiner Familienangehörigen mehr gesehen.

Ich habe mich mit dem Sohn von Béla Kun getroffen, dem Professor Miklós, einem Universitätslehrer und geschätzten Chirurgen. Während sein Vater in Wien im Gefängnis saß, kam er in der gynäkologischen Abteilung der Universitätsklinik Bologna zur Welt. Seine Mutter war Gast bei den Sozialisten in der Stadt. Sie feierten das Ereignis vor dem Tor mit Spruchbändern: «Es lebe Nicolino.» So nannten sie ihn.

Groß geworden ist er in der Sowjetunion der Zeit des Hungers und der «Säuberungen». Seine Mutter, Iren Gal, erzählte von Zügen zwischen Leningrad und Moskau, die dann und wann anhielten, um in einem nahegelegenen Wäldchen Holz als Brennstoff für die Lokomotive zu sammeln; von verlassenen Waisenkindern, die in Lumpen gehüllt waren, um Brot bettelten und ein Lied sangen, das ungefähr so ging: «Ich sterbe, ich sterbe, dann werden sie mich begraben, aber niemand wird wissen, wohin ich verschwunden bin.»

Sie erzählt auch von den seltenen Augenblicken des Glücks: Es war schön, wenn sie mit ihrem Mann und den Kindern im Wald spazierenging und Béla, einer, «der vor nichts und niemand Angst hatte», die lateinischen Namen der Gräser, der Blumen und der Bäume zitierte.

Er trennte sich von ihr mit einem letzten Abschiedsgruß: «Mach dir keine Sorgen», sagte er. «Es handelt sich sicher um ein Mißverständnis. In einer halben Stunde bin ich wieder zu Hause.»

Acht Monate später kommt Iren an die Reihe: Im Herbst 1946 wird sie wieder freigelassen. Neun Jahre sind vergangen. Später werden sie beide, wie das so üblich ist, rehabilitiert.

Was erinnern Sie von Ihrem Vater?

«1936 war ich Student an der Militärakademie. In Spanien tobte der Bürgerkrieg, und ich wollte dort kämpfen. Im April, vielleicht auch im Mai des darauffolgenden Jahres, besuchte er mich. Er war in einer schlechten Verfassung. Die Festnahmen hatten begonnen, und er erzählte mir, daß der Generalsekretär der Metallarbeitergewerkschaft, ein Liebling Lenins, verschleppt worden sei. Dann sagte er, durch all diese Ereignisse sei das Klima unerträglich geworden, und er glaube auch nicht ein Wort von den Anschuldigungen gegen jene von ihm hochgeschätzte Persönlichkeit.

Mein Vater wurde vom Parteisekretär der Stadt nicht mehr empfangen. Ja, der versteckte sich sogar, um ihm nicht begegnen zu müssen. Und da ahnte man bereits, was geschehen würde.»

Wie lebte Ihre Familie in Rußland?

«Meine Mutter arbeitete am Marx-Engels-Institut, meine Schwester studierte Philosophie an der geschichtswissenschaftlichen Fakultät, und ich besuchte die Akademie, um Offizier der Kavallerie zu werden. Wir hatten eine Vierzimmerwohnung bezogen.»

Erinnern Sie sich an das russische Dienstmädchen, das Ihnen die Treue hielt?

«Selbstverständlich. Sie hieß Marjuscha und war ein einfaches Mädchen vom Lande. Als sie zu uns kam, war sie noch eine Analphabetin. Mein Vater ermunterte sie, eine Abendschule zu besuchen. Zu Beginn trank sie keinen Kaffee und aß auch nicht das ungarische Essen. Dann aber gewöhnte sie sich daran. Schließlich konnte sie ohne das Täßchen Mokka nicht mehr leben und kochte bestens unser Essen. Sie war ein Familienmitglied geworden und lebte dreißig Jahre bei uns. Als ich dann von Moskau wegging, blieb sie bei meiner Schwester und deren Mann.»

Was hat Ihre Mutter Ihnen aus jener Zeit erzählt?

«Nicht viel. Ich war siebzehn Jahre alt, als mein Vater festgenommen wurde und die Prozesse begannen. Ich kann mich also noch ganz genau an diese Zeit erinnern. Sie erzählte mir vor allem von noch weiter zurückliegenden Ereignissen; viel von der Räterepublik, und sie sagte mir etwas, das mich sehr überraschte.

Als die Revolution siegte, war mein Vater sehr bedrückt. Sie fragte ihn, warum er so niedergeschlagen sei, was denn los sei. Die Kinder der Armen konnten Ferien machen, das Leben der Arbeiter hatte sich gebessert. Warum also diese Anspannung? Er antwortete: ‹Ja schon, das ist es, was die Leute seit Jahrhunderten erträumen. Aber richtig gut wird es erst, wenn es den Staat nicht mehr gibt, wenn die absolute Anarchie erreicht sein wird. Aber werden wir das noch erleben?›»

Unter welcher Anschuldigung wurde Ihr Vater festgenommen? Und wann und wo?

«Es war in der Nacht vom 28. auf den 29. Juni 1937, in Moskau, in seiner Wohnung. Ich war nicht zu Hause, ich leistete gerade den Militärdienst ab. Sie brachten ihn weg, er verabschiedete sich von meiner Mutter und sagte, er würde bald zurückkommen, denn das sei alles ein Mißverständnis. Und von da an hat ihn niemand mehr gesehen. Warum? Das hat man niemals gesagt. Wir wissen nur, daß die Anklage auf konterrevolutionäre Aktivitäten lautete, aber Genaueres haben wir nie in Erfahrung bringen können.»

Wissen Sie etwas über seine Gefangenschaft?

«Tja, von Leuten wie ihm hat man nach der Festnahme nie mehr etwas gehört. Es kursieren zahllose Gerüchte: Man hatte ihn hier gesehen oder dort. Ja, selbst noch nach seinem Tode wollten ihn welche gesehen haben. Dann gab es auch jemanden, der angeblich wußte, wo sein Grab war, es war jedoch alles nur Gerede. Man erzählte, aber ob das stimmt, weiß ich nicht, er sei im Krankenhaus gewesen, denn er habe sich eine schwere Form von Asthma zugezogen, und außerdem litt er an Zucker.»

Wie so viele andere, ging auch er durch die Lubjanka. Und wie so viele andere wurde auch er von der «Troika», jenem Sondertribunal, verurteilt.

«Man sagt, er habe sich in einem fürchterlichen Moskauer Gefängnis befunden, in Lefortowo, wo die Gefangenen außerordentlich hart behandelt wurden. 1938 wurde er von einem Kriegsgericht zum Tode verurteilt und noch am selben Tag, an dem das Urteil gesprochen wurde, erschossen.»

Was geschah in der Folge mit Ihrer Familie? Der Mann Ihrer Schwester, der Dichter Antal Hidas, hat auch mit dem NKWD zu tun gehabt, wie konnte er sich retten?

«Meiner Mutter wurde die Stelle gekündigt; ich wurde aus der Militärakademie entfernt. Eine ganze Weile gelang es uns nicht, Arbeit zu finden. Später wurde Mama auch aus der Partei ausgeschlossen, aber dank der Hilfe des Vorsitzenden der Parteizelle bekam sie Arbeit in einer Fabrik für Zahnbürsten.

Ich machte eine Lehre als Dreher und wurde dann zum Medizinstudium an der Universität zugelassen.

Meine Schwester wurde zur Aufgabe des Studiums gezwungen. Ihr Mann war am 9. Januar 1938 verhaftet und ihre Wohnung beschlagnahmt worden. Sie mußten ab dann bei uns wohnen.

Meine Mutter wurde am 23. Februar 1938 festgenommen. Mein Schwager erhielt acht Jahre Haft. Auch er war von einem jener Sondergerichte verurteilt worden. Er mußte nicht die ganze Strafe absitzen, denn bekannte russische Schriftsteller setzten sich für seine Freilassung ein. In der Zwischenzeit war der Zweite Weltkrieg ausgebrochen. Sie deportierten ihn nach Sibirien, wo er bis Kriegsende blieb. Nach sechseinhalb Jahren wurde er freigelassen, aber nicht rehabilitiert.

Auch meine Mutter wurde von der ‹Troika› zu acht Jahren verurteilt. Die Anklage gegen sie, wie gegen andere ungarische Emigranten, lautete auf Mitgliedschaft in der konterrevolutionären Organisation von Béla Kun.

Sie wurde einmal vernommen und sagte dabei dem Untersuchungsrichter, sie sei ganz ruhig, denn diese Anschuldigung würde bedeuten, daß nicht einmal ihr Mann irgend etwas verbrochen haben könnte. Sie steckten sie in ein Arbeitslager in Magadan, im äußersten Nordosten.

Meine Schwester wurde dann 1941 verhaftet, nachdem der Krieg bereits ausgebrochen war. Ungarn und Deutsche wurden nun, sofern sie sich überhaupt noch auf freiem Fuß befanden, nach und nach festgenommen. In einem Güterzug brachte man sie nach Kirgisistan. Die Reise in einem Viehwaggon dauerte vierzig Tage. Kurze Zeit später wurde sie wieder freigelassen. Ich hatte Glück, denn ich war zufälligerweise bereits nach dort unten evakuiert worden und konnte so mein Studium fortsetzen.»

Wie waren die Beziehungen zwischen Béla Kun und Stalin?

«Das ist eine schwierige Frage, denn mein Vater sprach zu Hause nie über solche Dinge. Fragen der Partei waren kein Gesprächsthema, nicht einmal gegenüber meiner Mutter.

Als Kind erinnere ich mich, daß er sich öfter sehr negativ über den Personenkult äußerte, der um Stalin und andere Politbüromitglieder gemacht wurde. Er schätzte ihn als Theoretiker nicht besonders. Ich weiß, daß mein Vater nach Lenins Tod den Auftrag erhielt, die Herausgabe seiner Arbeiten in verschiedenen Sprachen zu betreuen. Damals forderte Stalin ihn auf, im Ausland Propaganda für ihn zu machen, aber er weigerte sich. Affronts dieser Art verzieh Stalin niemals.

Das erschwerte die Situation: Noch vor Lenins Tod und auch danach schlug mein Vater vor, den Sitz der Komintern von Moskau nach Berlin zu verlegen, denn die Besonderheiten der internationalen Arbeiterbewegung seien gänzlich anders als die der UdSSR. Selbstverständlich gefiel das Stalin ganz und gar nicht.»

Wie wurde Béla Kun zum Kommunisten, und welche Rolle spielte er in der bolschewistischen Revolution?

«Mit sechzehn oder siebzehn wurde er Sozialdemokrat, wenn ich mich recht erinnere, und er nahm an der transsilvanischen Bewegung teil.

Als er sich 1916 in russischer Kriegsgefangenschaft befand, suchte er den Kontakt zu den Organisationen von Tomsk. Zunächst wurde er Mitglied der sozialdemokratischen Partei Rußlands, und dann wurde er Bolschewik.

Soweit es die Räterepublik in Ungarn anbelangt, so denke ich, seine Rolle ist hinlänglich bekannt. Er war einer der Begründer der Kommunistischen Partei und einer der führenden Politiker jener Republik. Seine offizielle Aufgabe war die des Kommissars des Äußeren, aber in der Praxis war er an allen Entscheidungen beteiligt. Er war die Nummer eins dieser Revolution.»

In den zwanziger Jahren emigrierte Ihre Mutter nach Bologna?

«Ja, nach dem Sturz der proletarischen Regierung flüchteten die Familien der Volkskommissare nach Österreich. Damals regierten in Wien die Sozialdemokraten, und die sicherten ihnen politisches Asyl zu.

Sie kamen nach Karlstein, in ein Auffanglager. Damals war meine Mutter schwanger. Es gab wenig zu essen, man litt Hunger, und folglich war die gesundheitliche Situation mehr als prekär.

Mein Vater wurde nach Steinhof gebracht. Die Verwandten wurden freigelassen. Italienische Sozialisten luden meine Mutter nach Italien ein, um sie gesundheitlich wieder auf die Beine zu bringen. Der Sozialist, der meine Mutter, die mit mir schwanger war, meine Tante und meine Schwester in Wien abholte, hieß Bucco. So kamen wir nach Bologna.»

Wie haben Sie nach dem Tod Ihres Vaters gelebt?

«Wie bereits gesagt, wurde ich aus der Militärakademie ausgeschlossen. Nicht einmal der Kommandant vermochte mir den Grund für die telegraphische Aufforderung zu nennen, mich sofort nach Moskau zu schicken. Ich kam zu Hause an, die Gouvernante öffnete mir. Ihre Augen waren rot vom Weinen, und da die Zeiten so waren, wie sie waren, wußte ich sofort Bescheid.

Die Hälfte des Appartements wurde sofort versiegelt, die ganze Familie mußte sich auf ein Zimmer beschränken. Geld hatten wir keines. Wir besaßen noch 200 Rubel und halfen uns mit dem Verkauf von Teppichen und Kleidern weiter. Später, als wir wieder arbeiten konnten, ging es ein wenig bergauf.

Meine Schwester studierte und verdiente Geld mit Übersetzungen. Ihr Mann war im Gefängnis, und man mußte ihm Lebensmittelpäckchen schicken. Und auch an meine Mutter, nachdem sie verhaftet worden war. Man konnte leben, unüberwindliche Probleme hatten wir nicht. Wir waren jung, und in dem Alter erträgt man alles besser.

Siebzehn Jahre lang lebte ich in der Erwartung, sie würden mich eines Morgens abholen. Aber ich war weder niedergeschlagen noch traurig. Viele andere, die in den Lagern lebten, berichteten von tragischen Erlebnissen. Meine Mutter dagegen erzählte nach ihrer Rückkehr komische Dinge, die uns lachen ließen. Von den schlimmen Erlebnissen sprach sie nie. Wir lebten ganz normal. Wir waren nur einfach sehr vorsichtig und klatschten nie. Klatschen war gefährlich.»

Hatten Sie im Verlauf Ihres Studiums irgendwelche Probleme?

«Es war absolut nicht meine Absicht gewesen, Medizin zu studieren. Als Kind hatte ich die revolutionären Klassiker gelesen, und es war von klein auf mein Traum, ein Revolutionär zu werden.

Später, zur Zeit des Spanischen Bürgerkrieges, wollte ich auf seiten der Republikaner kämpfen. Und deshalb entschied ich mich für eine militärische Karriere. Am meisten interessierten mich Geschichte und Literatur. Aber in die geschichtswissenschaftliche Fakultät durfte ich mich nicht einschreiben, mir fehlten die sogenannten ideologischen Voraussetzungen. Das Polytechnikum gefiel mir nicht. Also blieb nur Medizin.

Mir kam das nicht ungelegen, und zwar aus zwei Gründen: Arzt zu sein ist eine humane Tätigkeit, und für mich war die Revolution immer mit humanistischen Idealen verbunden gewesen. Und ich wußte, wenn sie mich eines Tages verhaften sollten – und ich war sicher, daß das irgendwann geschehen würde –, würde ich im Lager einen weißen Kittel tragen können. Das wäre immer noch besser, als Holz zu fällen oder im Steinbruch zu arbeiten.»

Wie wurden Sie behandelt, als Sie nach Ungarn zurückkehrten?

«1955, als mein Vater rehabilitiert wurde, begann die Macht von Rákosi zu wanken. Also versuchte er, vielleicht, um seine Position zu stützen, uns heimzuholen. Meine Mutter lehnte das Angebot ab, und wir waren mit ihr einig. Da hat Rákosi es mit Gewalt versucht: Der ungarische Botschafter in Moskau kam zu uns und drohte, wenn wir nicht im Guten zurückkämen, würden die Russen uns ausweisen. Wir sagten nein.

Als sich nach den Ereignissen von 1956 die Regierung Kádár bildete, lud man uns zu einem Besuch in Budapest ein. Zwei Monate blieben wir in Budapest und kehrten dann nach Moskau zurück.

Erst am 15. Oktober 1959 gingen wir endgültig in unser Heimatland zurück. Sie gaben uns eine Arbeit, und in der Folge hatten wir keine weiteren Probleme. Meine Mutter und auch meine Tante, die mit uns gekommen war, starben. Ebenso der Mann meiner Schwester.»

Ihr Vater ist neben den Heroen des Kommunismus bestattet worden. Ist das nun ein Gedenkstein, oder befinden sich dort auch die sterblichen Überreste?

«Nein, es ist nur ein Gedenkstein. Wo seine sterblichen Überreste sind, ist nicht bekannt. Wir haben sogar eine schriftliche Anfrage an die zuständigen sowjetischen Behörden geschickt, aber niemals eine Antwort erhalten. Ich fürchte, sie wissen selbst nicht, wo sie suchen müßten.»

Wann wurde Ihr Vater rehabilitiert?

«Das war am 15. Juli 1955. Die Militärverwaltung war mit dem Fall befaßt, da er von einem Kriegsgericht verurteilt worden war.

Soweit wir erfahren haben, wurde Béla Kun beschuldigt, der Führer einer konterrevolutionären Organisation in der Komintern zu sein, die etwa 10000 Mitglieder zählte, darunter sehr viele Ungarn.

Es wurde auch darüber gesprochen, warum der Prozeß gegen ihn nicht, wie bei so vielen anderen, öffentlich geführt worden war. Man erklärte uns, daß man dieses Risiko bei einem so bekannten Mann, der zudem nicht bereit war, ein Schuldeingeständnis abzulegen, nicht eingehen könne. In den russischen Zeitungen war noch nicht einmal die Nachricht von seiner Festnahme publiziert worden. Jahre später veröffentlichte die *Prawda* einen großen Artikel, in dem seine Arbeit gelobt wurde.»

Stalins Arm reicht weit

Ich habe auch Joszef Lengyel kennengelernt. Er war bereits ein alter Mann, tief in Gedanken versunken und mit einem melancholischen Blick. 1919 war er mit Béla Kun zusammen und gehörte zu den Mitbegründern der Kommunistischen Partei. Dann floh er nach Berlin. Lengyel arbeitete als Journalist und hatte sein Auskommen. Der Genosse Kun rief ihn nach Moskau. Und so begann sein Abenteuer: sechzehn Jahre in den Lagern Stalins.

Er hat einen Bericht darüber geschrieben: *Von Anfang bis Ende.* Lengyel ließ sich nicht weiter über die Gründe seiner Festnahme aus. Es waren dieselben wie bei Béla Kun und den anderen großen Kommunisten, die von der Tscheka erschossen wurden. Stalin beschuldigte sie des Verrats.

In der Zelle, in der er eingeschlossen wird, bevor sie ihn nach Sibirien deportieren, gibt es 25 Betten für 275 Gefangene. Der Transport ins Lager dauert Monate. Hauptarbeit der Gefangenen ist die Bestattung der Toten. Der Boden ist hartgefroren. Das Thermometer zeigt minus 45 Grad. Um ein Grab auszuheben, braucht man zwei Tage, und immerzu muß man Öl ins Feuer gießen.

Ununterbrochen laden die Fuhrwerke Leichname ab. Die Toten sind nur mit einem Hemd bekleidet. «Um die Beine, die dürr sind wie Stecken», so erinnert sich Lengyel, «ist mit Bindfaden ein Holzschildchen angebracht, wie bei einem Schlüsselbund. Darauf steht mit Blaustift der Name des Verstorbenen und die Nummer seiner Akte.»

Viele Gefangene leiden an Erfrierungen an Händen und Füßen. Die Invaliden erhalten nur eine reduzierte Essensration. Um ein Stück Brot brechen wilde Streitereien aus. Wer dabei überrascht wird, daß er Brot stiehlt, wird von den Mitgefangenen blutig geschlagen. Die Wärter schauen einfach zu. Das ist das Gesetz des Lagers.

Es ist die Verzweiflung, die die Menschen zu solchen Gemeinheiten treibt. Unter den Gewalttätigen und Egoisten gibt es auch edle Gestalten wie zum Beispiel den Kommunisten Iwan Timofejewitsch und den bescheidenen Christen Konrad Iwanowitsch. Der unerschütterliche Iwan Timofejewitsch vertraut einem jungen Deportierten seine Ideale an, die mit denen von Josef Lengyel übereinstimmen. Und er erklärt seine Lebensregel.

«Iwan Timofejewitsch, seid Ihr noch ein Kommunist?» fragt der Junge.

«Was soll ich sonst sein, mein Junge?»

«Aber die da behaupten, Ihr wäret ein Feind der kommunistischen Sache, und sie wären die einzigen wahren Vertreter der richtigen Lehre.»

«Treu sind sie, aber nur dem eigenen Posten. Ich bin ein treuer Diener der Partei und des Volkes. Weißt du das denn nicht?»

«Ich weiß, Iwan Timofejewitsch, aber man glaubt ihnen. Das sehen wir doch, ... und sie führen so schöne Reden.»

«Worte allein reichen nicht. Es braucht auch Taten. Es gab einmal einen Verräter in der Partei. Das war noch in den Zeiten der Illegalität. Er lieferte dem Henker viele, viele Menschen aus. Lenin sagte über ihn: ‹Er war ein Henkersknecht, aber um das zu sein, hat er Hunderte von Menschen in die Partei gebracht.›»

«Ist das jetzt dasselbe?»

«Nichts wiederholt sich wirklich. Aber wenn sie gegen uns reden wollen, dann müssen sie sich noch immer auf den Kommunismus und auf das Volk berufen.»

«Das verstehe ich nicht, Iwan Timofejewitsch.»

«Du wirst es verstehen.»

«Ich verstehe nicht, wieso Ihr noch immer ein Kommunist sein könnt.»

«Das ist gewiß nicht leicht. Aber du, mein Junge, du wirst verstehen, denn du wirst es sehen.»

Dann kommt der Krieg, und der Hunger wird größer. In den großen Kesseln kochen Kartoffelschalen, Kräuter und Brotstückchen. Die Pellagra breitet sich aus. Lengyel entgeht dem deshalb, weil er Krankenpfleger ist. Sechsundzwanzig Monate nach Ablauf seiner Strafe erhält er die Entlassungspapiere. Der Krieg ist inzwischen seit einem Jahr zu Ende. Sie geben ihm eine Brotration für sieben Tage und das Geld für eine Fahrkarte. Züge gibt es keine. Elf Tage bringt er vergebens auf dem Bahnhof zu.

Am Ende kommt ein Zug mit Kriminellen vorbei, die aus den Lagern zurückkehren. Ein alter Zuchthäusler erlaubt ihm, einzusteigen. Nach drei Wochen gelangen sie in eine Stadt im europäischen Teil Rußlands. Er hat niemanden mehr, weiß nicht, wo seine Frau sich aufhält. Arbeit findet er mit Hilfe eines Landsmannes. Aber nach eineinhalb Jahren wird er wieder verhaftet und in die Verbannung in genau das sibirische Dorf geschickt, aus dem er gerade gekommen war.

Fünf weitere Jahre bleibt er dort. Er arbeitet als Köhler in einem Kolchos und dann als Waldhüter. Die Bauern sind unzufrieden, sie leiden Hunger, ihr Tag ist voller Mühsal und schlecht bezahlt. Endlich kann er in seine Heimat zurückkehren. Denn etwas hat sich geändert: Die alten Bolschewiken – «die starken und guten» wie Iwan – haben gesiegt. Jetzt «sind auch die Gesichter derer, die sich im Morgengrauen erheben, nicht mehr angsterfüllt. Der Balsam der Gerechtigkeit ist dabei, die Wunden zu heilen.»

Josef Lengyel hat all die Beleidigungen und Degenerationen vergessen, die im Namen der proletarischen Moral erfolgt sind. Vergessen, so steht irgendwo geschrieben, ist ein Gesetz des Lebens, die Generalprobe für den Tod. Er erhält den Kossuth-Preis, mehr für sein Leben, meine ich, als für seine literarischen Verdienste. Die Kritiker jedoch greifen ihn an. Er «verleumde die Sowjetunion, er habe sie als eine unwirtliche Mondlandschaft voller Horror beschrieben».

Ein Besuch in der Lubjanka bleibt auch Paolo Robotti, dem eisernen Kommunisten, nicht erspart. Als Gatte von Elena, der Schwester von Rita Montagnana, ist er Togliattis Schwager.

Robotti ist ein Metallarbeiter aus Turin. Er flüchtete mit seiner Frau und einem schwerkranken Kind in die Sowjetunion, die 1932 das gelobte Land schien. Im Speiseraum des Clubs der politischen Emigranten wird Kohlsuppe mit ein paar Brocken Fleisch serviert, Fisch mit Maisbeilage, Schwarzbrot und ein Glas eingemachtes Obst. Aber die Werkhallen sind geheizt, es gibt warmes Wasser und Seife, und schließlich ist es im Namen der Gleichheit so, daß die Kapos am selben Tisch essen wie die Arbeiter.

Ihm kommt es so vor, als mache das Regime gewaltige Fortschritte. Das gewaltige Stauwerk am Dnjepr und das Stahlwerk von Magnitogorsk werden eingeweiht. Man sieht immer mehr Lastwagen und Autos aus sowjetischer Produktion. Der Kanal zwischen Ostsee und Weißem Meer ist in Betrieb genommen worden. Ausgehoben wurde er von Zwangsarbeitern.

Aber dann kommt das dunkle Jahr 1937. Paolo Robotti wird in das bedrohliche Gebäude der Leitung des NKWD am Dsershinskij-Platz gebracht.

Ihm wird eine sehr entschiedene Behandlung zuteil: die Zähne werden ihm ausgeschlagen, und er trägt eine Wirbelsäulenverletzung davon. Er bekennt: «Ich hätte auch unterschrieben, daß ich meine Frau und meine Kinder, die im übrigen noch am Leben sind, umgebracht habe.»

Um ihn zum Sprechen zu ermuntern, beschimpft man ihn und läßt ihn zwei Tage ununterbrochen stehen. Am Morgen des dritten Tages wird er ohnmächtig. Man erklärt ihm, es läge an ihm, seine Unschuld zu beweisen. Die Polizei irre sich nie.

Unter den Zellengenossen befindet sich ein Russe, der von seinem letzten Abend mit Majakowski erzählt, ein Deutscher, ein Ungar, ein Koreaner und ein Bulgare, der sich nicht beklagt. Ganz im Gegenteil: «Ich bereue nicht, hier zu sein», sagt er. «So habe ich den Aufbau des Sozialismus erlebt.» Einer weint, als er die Nachricht erhält, seine Frau habe die Scheidung eingereicht.

Als Robotti entlassen wird, da hat die Szene, zumindest in seiner Beschreibung, einen fast schon pathetischen Zuschnitt. Ein Offizier läßt ihn strammstehen und verkündet: «Genosse Robotti, hassen Sie das Sowjetregime nicht. Sie müssen begreifen, daß auch bei uns viele häßliche Dinge geschehen sind.»

Achtzehn Monate sind vorüber. Er unterschreibt und verpflichtet sich, über das, was er gesehen und gehört hat, nicht zu reden. Lange hält er sein Versprechen.

Togliatti kommt aus Spanien zurück. Robotti geht eines Abends ins Lux, um den Schwager zu begrüßen. Palmiro Togliatti empfängt ihn mit der ziemlich unpassenden Bemerkung: «Da hast du aber ein hübsches Abenteuer erlebt.»

Er versucht sich zu rechtfertigen: «Soweit ich nur konnte, habe ich versucht, bestimmte Dinge einzugrenzen und aufzuhalten, obwohl ich so weit weg war.» Und ungehalten setzt er hinzu: «Es muß der Tag kommen, an dem über alles, was vorgefallen ist, gesprochen wird. Dann werden wir vielleicht besser verstehen, was in diesen Jahren geschehen ist.»

Stalins Arm reicht weit. Beispielsweise in alle Republiken Osteuropas. Nach vierzigjährigem Schweigen sprechen die Tschechoslowaken. Sie erinnern an die schwierigsten Zeiten ihrer Geschichte.

Ich unternahm eine Reise nach Bratislava, um einer alten, aber äußerst klarsichtigen Dame einen Besuch abzustatten: Bozena Kristova. Sie ist die Schwester von Vladimir Clementis, genannt Vlado, ein alter Genosse aus dem Exil, Spanienkämpfer, der mit elf anderen heldenhaften Kämpfern und Genossen als «bürgerlich-nationalistischer» Häretiker gehenkt wurde.

Er war Masaryks Nachfolger im Czernin-Palast als Außenminister. Regierungspräsident war Klement Gottwald und Parteisekretär Rudolf Slánský, ein hartgesottener Marxist-Leninist. Von ihm stammt der Satz: «Das Verhältnis zur Sowjetunion ist der Prüfstein für jeden Kommunisten.»

Slánský diente der Sache bis zum Schluß: Er akzeptierte die Rolle des Verräters.

Die Exekution erfolgte zwischen 3 und 6 Uhr morgens, eine nach der anderen. Einer sagte: «Ich erhalte die gerechte Strafe»; ein anderer: «Ich bin kein Spion.»

Die Leichen werden verbrannt, die Asche in Papiersäcke getan und dann auf einem Feld unweit der Stadt verstreut.

Wessen wurde Ihr Bruder beschuldigt?

«Der subversiven Tätigkeit gegen den Staat, der versuchten

Flucht ins Ausland und der Beziehungen zu Tito. Es gab etliche Anklagepunkte.»

Stimmt es, daß er zu fliehen versucht hat?

«Nein. Er ging jeden Tag mit seinem Hund spazieren. Auch an jenem verhängnisvollen Tag verließ er mit seinem Hund das Haus, und die Schwiegereltern konnten vom Fenster aus beobachten, wie ein großes Auto auf der Straße anhielt. Danach haben wir ihn nicht mehr gesehen. Den Hund haben sie uns zurückgebracht, als alles zu Ende war.»

Ahnte Ihr Bruder, daß man ihn festnehmen würde?

«Ich weiß nicht. Aber man merkte ihm schon an, daß er beunruhigt war. Er war ein Optimist, ein ehrlicher Mann, und dachte, alle wären so wie er. Bei seiner Rückkehr aus den USA fragten sie ihn: ‹Warum bist du zurückgekommen? Du wärst besser dageblieben. In Ungarn hat es schon angefangen...› Und er erwiderte: ‹Was sind denn das für Reden?› Er wollte nicht auf sie hören.»

War das alles von Moskau aus organisiert?

«Ich glaube schon. Natürlich spielten auch Berija und seine Helfer eine Rolle. Sie führten unter Mithilfe von unseren Leuten die Verhöre durch.»

Warum haben sie Schuldbekenntnisse abgelegt für Dinge, die sie gar nicht begangen hatten?

«Der erste Grund ist, daß sie mit Drogen vollgestopft und gezwungen wurden, die vorbereiteten Erklärungen auswendig zu lernen. Sie haben Geständnisse abgelegt, ohne zu wissen, was sie sagten. Ich habe mir das so erklärt: Er hat das alles für die Familien gemacht. Er wollte nicht, daß ihnen Schlimmes zugefügt würde und daß sie seinetwegen leiden müßten, vor allem Lida, seine geliebte Frau.»

Man erzählt sich, daß er vor seinem Tod gesagt habe: «Meine Aussagen vor Gericht waren das Resultat der erlittenen Pressionen.» Wissen Sie von diesen Foltern etwas?

«Da kann ich nur raten. In einem Brief an Lida – er wußte nicht, daß auch sie im Gefängnis war – berichtete er, daß er beim Zahnarzt gewesen sei, weil er Probleme gehabt habe. Was sollte das bedeuten? Daß sie ihm die Zähne eingeschlagen hatten.»

Unter den Anklagepunkten war auch, daß er den Hitler-Stalin-Pakt kritisiert habe. Stimmt das?

«Ja. Aber er hat das nicht in der Öffentlichkeit gemacht, nur unter Freunden. Irgend jemand von ihnen muß ihn in Moskau denunziert haben. Und so wurde er aus der Partei ausgeschlossen. Niemand durfte von dem abweichen, was ganz oben vorgekaut wurde.»

Man sagt, vor dem Urteil habe er geäußert, er würde auch die strengste Strafe für gerecht halten.

«Ob er das gesagt hat, weiß ich nicht.»

Slánský weinte im Moment der Hinrichtung. Wie hat sich Vlado von Ihnen getrennt? Hat er geschrieben?

«Ein paar Briefe an Lida, einen an mich und meine Schwester. Sie sind sehr schön. Er spricht von seiner Kindheit, von allem. Erst zehn Jahre später wurden sie uns übergeben: in Kopien!»

Von seinem Vater heißt es, er sei ein Held der Arbeiterklasse gewesen, aber kennengelernt hat er ihn nie. Heute trägt er seinen wirklichen Namen: Rajosz Rajk. Lange Zeit hieß er Istvan Kovács. Lange Zeit wußte er auch gar nicht, wer er war.

Eines Tages hält eine schwarze Limousine mit verhängten Fenstern in einer einsamen Straße in Budapest, wo eine Frau wartet. Die Tür geht auf, und ein Kind wird auf dem Bürgersteig abgesetzt. Die Frau streichelt es und spricht mit sanfter Stimme zu ihm.

«Dieser Junge», erzählt Rajosz Rajk, vierzig Jahre, Architekt, «war ich. Ich hörte wohl, aber ich antwortete nicht. Ich war wie ein streunender Hund, der ihr um die Beine strich.»

So hat er eine ganze Weile geglaubt, seine Tante sei seine Mutter. Die aber war im Gefängnis.

Als «der Verräter» Rajk rehabilitiert und anständig beigesetzt wurde, war der kleine Rajosz gerade sechs Jahre alt. Etwas verstört streute er eine Handvoll Erde auf den Sarg. Das war am 23. Oktober 1956. Im Gefolge des Leichenzugs brach die Revolte los.

László Rajk war seit seiner Jugend ein disziplinierter Kommunist. Im Verlauf eines Prozesses im Jahr 1949 hatte er gestanden, ein Trotzkist, Spion für den Westen, Titoist und ein bürgerlicher Nationalist zu sein.

Er war Außen- und zuvor Innenminister gewesen. «Ein harter, ein sehr harter Mann», sagt sein Sohn. «Und die wirkliche Frage lautet, warum er diese Methoden akzeptierte, um an die Macht zu gelangen.»

Aber seine Erinnerung kann nur indirekt sein. «Als er festgenommen wurde», erzählt der Sohn, «da war ich gerade drei Monate alt. Alles was ich weiß, habe ich aus den Erzählungen meiner Mutter, aus Büchern, Zeitschriften und aus dem Fernsehen. Ihm ist das widerfahren, was zu jener Zeit ziemlich normal war. Sie behaupteten, er sei ein Agent des CIA und ein Vaterlandsverräter. Sie machten ihm einen Prozeß, der genau in den Rahmen paßte, den Stalin entworfen hatte, um sein Imperium im Herzen Europas zu errichten.

Ich glaube nicht, daß er irgendwelche Sympathien für Tito hegte, denn in der unmittelbaren Nachkriegszeit war Tito stalinistischer als Stalin. Wenn schon, dann waren ihm dessen Bemühungen um Unabhängigkeit sympathisch.

Warum er ein Geständnis abgelegt hat? Darüber gibt es so viele Legenden, Gerüchte und Hypothesen. Bewiesen ist nichts davon. Einige sagen, man habe ihm dafür Zusicherungen gemacht, meine Mutter jedoch glaubt nicht, daß man ihn auf diese Weise hätte umbiegen können.

Auch von Folter ist die Rede. Aber auch das, so glaubt meine Mutter, hätte bei ihm wenig bewirkt. Am wahrscheinlichsten ist, daß er als Kader grundlegende menschliche Werte dem Parteiinteresse untergeordnet hat.

Auch meine Mutter war fünfeinhalb Jahre im Gefängnis. Der Prozeß war hinter verschlossenen Türen geführt worden. Die Familie wußte nichts, nicht einmal, ob sie überhaupt noch am Leben war. Die erste Nachricht von ihr erhielten wir nach ihrer Befreiung im Jahr 1953.

Ich war in einem Waisenhaus gelandet, mein Name sollte ausgelöscht werden. Lange Zeit wußte ich überhaupt nicht, was geschehen war. Unmittelbar nach dem Aufenthalt im Waisenheim wurde ich von meinem Onkel und meiner Tante adoptiert. So erhielt ich einen dritten Nachnamen. Ich war vielleicht sechs Jahre alt, als sie mir sagten, wer ich in Wirklichkeit war und wie mein Vater ums Leben gekommen war.

Er hat nicht um eine Begnadigung gebeten, er hat auch keinen Abschiedsbrief hinterlassen. Das sind zwei Gesten, die sehr viel mehr aussagen als die Tatsache, daß er noch – wie behauptet wird – ‹Es lebe die Partei, es lebe Stalin› gerufen haben soll, als er gehenkt wurde.»

Pater Andrej Peskowski ist ein gutaussehender Mann um die 70. Er lebt in Detroit, in den USA. Dort übt er auch sein Amt aus. Er spricht Englisch, aber mit starkem polnischen Akzent und ist einer der beiden Überlebenden von Katyn. Der andere ist der alte Graf Joseph Czapski, der damals Hauptmann war.

Pater Andrej hat Papst Woytila seine Geschichte erzählt. Er ging in den Vatikan und wurde zu einer Privataudienz empfangen. Er schenkte Papst Johannes Paul II. eine Madonna, geschnitzt aus dem Holz eines Baums aus dem Wald von Katyn. Unter den 5000 Internierten, die man niederknien ließ und dann mit einem Genickschuß umbrachte, waren außer den Berufsoffizieren einige Hundert Juristen, Ingenieure, Lehrer, Ärzte, Schriftsteller und Priester, die alle zur Reserve gehörten.

Am 13. April 1943 meldet Radio Berlin, daß die Wehrmacht in der Nähe von Smolensk in acht Massengräbern die Leichen von Tausenden polnischer Offiziere gefunden habe. Für das Massaker sei das sowjetische NKWD verantwortlich.

Während der Exhumierung kommen Personalausweise, Auszeichnungen, Orden, russische Zeitungen aus dem April 1940 und Tagebücher mit Aufzeichnungen über den Transport nach Katyn ans Tageslicht. Eine Moskauer Kommission stellt im Jahr 1949 fest, das Massaker sei von Hitlers Truppen verübt worden.

Von jenen Menschen ist keine Spur geblieben. Die Briefe an die Deportierten wurden von Stalins Geheimpolizei vernichtet ebenso wie ihre Personalakten. Von ihren Gefängnisaufenthalten fehlt jede Spur. Am Grabmal des unbekannten Soldaten in Warschau gibt es einige Urnen mit Erde aus dem Wald des Massakers.

Wie sind Sie an jenem Tag nach Katyn gelangt?

«1939 wurden wir gefangengenommen, und vom Kloster Kozielsk nach Chniazdowo gebracht, also Kozie Gorko, dem Ort, der als Katyn in die Geschichte eingegangen ist. Ich war Kriegsgefangener und wurde mit etlichen anderen zusammen wie ein wildes Tier in einen Viehwaggon gesperrt. So brachten sie uns an den Bahnhof dort, der – wie wir heute wissen – zur letzten Station für 5000 Menschen wurde. Ich war einer von ihnen. Nur 255 konnten sich retten.

Eine Station vor Smolensk wurde unser Zug zum Stehen gebracht, setzte aber am nächsten Tag seine Reise fort. Die Tatsache, daß es weiterging, bedeutete, daß wir in jenem Moment auf Anordnung Stalins nicht zur Exekution verurteilt waren, sondern zur Deportation in den Gulag nach Pawlotschew Bor. Erst später sollten wir erfahren, daß von der großen Zahl der Deportierten allein wir, ein winziges Grüppchen von 432 Menschen, überlebt hatten.

Was die Gründe für diese Entscheidung waren, das weiß niemand von uns. Und bis heute ist es uns nicht gelungen, dieses Rätsel aufzulösen, zu begreifen, warum wir verschont wurden, während alle anderen durch einen Genickschuß umgebracht wurden.»

Warum hat es so lange gedauert, bis die Wahrheit endlich ans Licht kam?

«Weil die Sowjetunion mit allen Mitteln zu verhindern suchte, daß dieses Problem erneut aufgeworfen würde, hatte sie doch anderen, vor allem den Deutschen, die Schuld dafür zugeschoben.»

Was veranlaßt Sie zu glauben, daß Stalin jenes Massaker angeordnet hat?

«Heute sind wir dessen absolut sicher. Jetzt sprechen auch die russischen Historiker davon. Und – was noch mehr zählt – sie sind es, die sagen, daß das Stalins Rache für 1920 war. Es war das Jahr des bolschewistischen Siegeszuges, und die Polen, die seit 1918 ihre Freiheit zurückgewonnen hatten, versetzten jenem Häufchen von Schmarotzern eine bittere Niederlage, die Stalin ihnen bis zu seinem Tod nicht verzieh.»

Haben die Deutschen in dieser ganzen Angelegenheit eine Rolle gespielt?

«Sie haben die Massengräber entdeckt. Und die Welt sah sich einer Situation gegenüber, in der zwei Systeme des Bösen einander entgegenstanden: Auf einmal klagt ein Henker den anderen Schlächter an, ein Krimineller erhebt Vorwürfe gegen einen anderen.

Während ich so davon spreche, kommt mir die Erinnerung an einen Transport italienischer Kriegsgefangener in den Sinn, der mir, nachdem ich freigelassen worden war und wieder in den Süden gebracht wurde, auf seinem Weg in den Norden Sibiriens begegnete.

Es war im Jahr 1942. Von unserem Waggon aus konnte man die vollkommen erfrorenen Körper erkennen. Das sind Bilder, die einem im Gedächtnis haften bleiben. Der Mensch zählte in Rußland nichts. Und jeder, der hier in Gefangenschaft geriet, wurde zu einem Sklaven, der wußte, daß er dieses Land niemals wieder lebendig verlassen können würde.

Wir hörten ihre Stimmen und warfen ihnen das zu, was wir entbehren konnten: ein wenig Brot und ein paar Wasserflaschen.»

Für den Stalinismus gab es kein Nürnberg. Niemand mußte je seine Verantwortlichkeit oder Mittäterschaft in jenem Schreckensregime eingestehen. Keiner mußte je bereuen.

Glossar*

Abakumow, Viktor Semjonowitsch (1894–1954). Sowjetischer Politiker. Seit den dreißiger Jahren im Staatssicherheitsdienst tätig. 1950–51 Chef des Ministeriums für Staatssicherheit, 1951 abgelöst und im Zusammenhang mit der Ärzte-Verschwörung verhaftet. 1954 erschossen.

Achmatowa, Anna Andrejewna (1889–1966). Russische Lyrikerin. 1910–1919 Ehe mit Gumiljow, der 1921 wegen «konterrevolutionärer Tätigkeit» angeklagt und erschossen wurde. Trotz kritischer Haltung zur Revolution Verbleib in Rußland. Eingeschränkte Publikationsmöglichkeit 1922–1940 und 1946–1956. In den dreißiger Jahren Verhaftung des Sohnes. 1946 gegen sie und Soschtschenko öffentliche Angriffe, die zum Ausschluß aus dem Schriftstellerverband führten.

Aksjonow, Wassilij Pawlowitsch (geb. 1932). Russischer Schriftsteller. Sohn von Jewgenija Ginsburg. Bis 1960 Arzt, ab 1959 schriftstellerisch tätig. 1962–1969 Redakteur der Zeitschrift «Junost». Lebt in Moskau.

Alexandrow, Grigorij Wassiljewitsch (Mormonenko) (1903–1983). Sowjetischer Filmregisseur. Anfang der zwanziger Jahre Schauspieler in Eisensteins Filmen, dann dessen Assistent. In den dreißiger Jahren und später erfolgreiche eigene Filme, wie «Zirkus», «Das Treffen an der Elbe». Lehrte 1950–1957 an der Staatlichen Filmhochschule Moskau.

Allilujewa, Nadeshda Sergejewna (1902–1932). Stalins zweite Frau. 1932 wahrscheinlich Selbstmord.

Andropow, Jurij Wladimirowitsch (1914–1984). Sowjetischer Politiker. Ursprünglich Techniker, seit 1961 Mitglied des ZK. 1982–1984 Generalsekretär der KPdSU.

* Für das Glossar wurde um der größeren philologischen Genauigkeit willen eine andere Transkription der Namen bevorzugt.

Armand, Inessa Fjodorowna (1874–1920). Bolschewistische Politikerin. Seit 1904 Parteimitglied. Teilnehmerin an der ersten russischen Revolution 1905 und am Oktoberaufstand 1917. Seit 1918 Leiterin der Abteilung für Arbeiterinnen beim ZK.

Babel, Isaak Emmanuilowitsch (1894–1940). Russischer Schriftsteller. 1919/20 als Soldat in Budjonnyjs Erster Reiterarmee. Später in der Verwaltung und als Journalist tätig. 1938 stellvertretender Vorsitzender des Redaktions-Beirats des Staatsverlags für schöne Literatur. Am 15.5.1939 verhaftet. Wurde bekannt durch «Die Reiterarmee» (1926).

Balabanoff, Angelica (1878–1965). Italienische Sozialistin und Publizistin. Während des Ersten Weltkriegs in der Schweiz Sekretärin der Zimmerwald-(Antikriegs-)Bewegung. Nach 1919 Arbeit in der Komintern. Sie verließ die UdSSR 1922. Nach der Machtübernahme Mussolinis Emigration aus Italien. Schrieb u. a. «Erinnerungen und Erlebnisse» (1927).

Bednyj, Demjan (Jefim Alexejewitsch Pridworow) (1883–1945). Russischer Lyriker. Seit 1912 Parteimitglied. Nach der Revolution u. a. aktiv in antireligiöser Propaganda. Ab 1930 wird er öffentlich kritisiert, später wegen seiner angeblichen Verunglimpfung der russischen Geschichte in seinem Libretto zur Oper «Die Recken» (1936). 1938 Ausschluß aus der KPdSU.

Bergelson, David Rafailowitsch (1884–1952). Sowjetischer Schriftsteller jüdischer Herkunft. Ging 1921 ins Ausland und kehrte 1929 in die UdSSR zurück. Beschrieb die Welt des Ostjudentums. Werke u. a. «Am Bahnhof» (1909), «Das Ende vom Lied» (1919).

Berggolz, Olga Fjodorowna (1910–1975). Russische Lyrikerin. Ab 1925 Mitglied der Gruppe «Smena», an der auch ihr erster Mann Boris Kornilow, der 1938 in Haft umkam, teilnahm. Nach Kinderbüchern (ab 1929) und Reportagen (ab 1932) vor allem Gedichtbände. 1937 Verhaftung und Ausschluß aus der KP. 1939 Rehabilitierung und 1940 Wiederaufnahme in die Partei.

Berija, Lawrentij Pawlowitsch (1899–1953). Sowjetischer Politiker und Geheimdienstchef. 1921–1931 leitender Polizeifunktionär in Georgien. 1931–1936 Erster Parteisekretär in Georgien und Transkaukasien. Seit 1938 als Nachfolger Jeshows Volkskommissar für Inneres. 1941–1945 Mitglied des Staatskomitees für Verteidigung und Oberbefehlshaber der NKWD-Truppen. Seit 1946 Stellvertretender Ministerpräsident und Mitglied des Politbüros. Wurde am 9. Juli 1953 sämtlicher Ämter enthoben und im Dezember 1953 zum Tode verurteilt und erschossen.

Blok, Alexander Alexandrowitsch (1880–1921). Russischer Lyriker. Bedeutendster Vertreter der russischen Symbolisten. Begrüßte die Oktoberrevolution und beteiligte sich am Aufbau sowjetischer Institutionen.

Blum, Léon (1872–1950). Französischer Politiker. Gründete 1902 mit J. Jaurès die Sozialistische Partei Frankreichs. 1936–1937 Ministerpräsident der Volksfrontregierung.

Bogatyrjew, Konstantin Petrowitsch (1925–1976). Russischer Schriftsteller und Übersetzer. 1948 verhaftet und zum Tode verurteilt, zu 25 Jahren Haft begnadigt. Nach Stalins Tod entlassen. Bekannt für seine Übersetzungen von Rilke und Koestler.

Breshnew, Leonid Iljitsch (1906–1982). Sowjetischer Politiker. Seit 1931 Mitglied der KPdSU, seit 1952 im Zentralkomitee und seit 1966 im Politbüro. 1964 bis zu seinem Tode Nachfolger Chruschtschows als Generalsekretär der KPdSU.

Brodskij, Josif Alexandrowitsch (geb. 1940). Russischer Lyriker. 1964 wegen «Parasitentums» verhaftet und zu fünf Jahren Zwangsarbeit verurteilt. Wegen massiver Proteste aus dem In- und Ausland nach anderthalb Jahren begnadigt. 1972 ausgewiesen. Lebt in den Vereinigten Staaten. 1987 Nobelpreis für Literatur.

Buber-Neumann, Margarete (1901–1989). Deutsche Publizistin. In zweiter Ehe mit Heinz Neumann verheiratet. Ab 1935 Exil in Moskau. 1938 verhaftet und 1940 von der Sowjetunion an Deutschland ausgeliefert. 1940–1945 KZ Ravensbrück. Schrieb u. a. «Als Gefangene bei Stalin und Hitler» (1949), «Von Potsdam nach Moskau» (1957).

Bucharin, Nikolaj Iwanowitsch (1888–1938). Bolschewistischer Politiker. Mitglied der russischen Sozialdemokratie 1906. 1911 Verbannung nach Sibirien und Flucht ins Ausland. 1917 Rückkehr nach Rußland, einer der Führer des Oktoberaufstandes in Moskau und Mitglied des ZK. In den zwanziger Jahren Chefredakteur der «Prawda», seit 1924 Mitglied des Politbüros, seit 1926 in leitender Funktion in der Komintern. 1928 führender Kopf der Rechten Opposition. 1937 verhaftet, 1938 im dritten der Moskauer Schauprozesse zum Tode verurteilt. 1988 rehabilitiert. Einer der bedeutendsten bolschewistischen Theoretiker.

Bucharina-Larina, Anna Michajlowna (geb. 1914). 1934 Heirat mit Bucharin. Nach dessen Exekution Verhaftung und fast 20 Jahre Lager. Publizierte 1989 ihre Erinnerungen «Nun bin ich schon weit über zwanzig».

Budjonnyj, Semjon Michajlowitsch (1883–1973). Bolschewistischer Militärführer. Seit 1918 Mitglied der KP. Im Bürgerkrieg Kommandeur der Ersten Roten Reiterarmee. In den zwanziger und dreißiger Jahren hohe Funktionen in der Roten Armee. Im September 1941 verlor er seine Kommandofunktionen aufgrund der schweren sowjetischen Niederlagen.

Bulgakow, Michail Afanasjewitsch (1891–1940). Russischer Schriftsteller. Bis 1919 als Arzt tätig. 1930 bis 1936 Regieassistent am Moskauer Künstlertheater, danach am «Bolschoj» als Opernlibrettist und Übersetzer. Der größte Teil seiner Werke wurde zu Lebzeiten nicht veröffentlicht, so auch nicht sein Hauptwerk «Der Meister und Margarita» (1966).

Bunin, Iwan Alexejewitsch (1870–1953). Russischer Schriftsteller. 1920 Emigration nach Frankreich. 1933 Nobelpreis. Werke u. a. «Das Dorf» (1910), «Der Herr aus San Francisco» (1916).

Chruschtschow, Nikita Sergejewitsch (1894–1971). Sowjetischer Politiker. Parteimitglied seit 1918. Mitglied ds ZK seit 1934, Mitglied des Politbüros seit 1939. 1941–1945 Politkommissar in den Streitkräften. Nach Stalins Tod 1953 Erster Sekretär des ZK. Hielt 1956 auf dem 20. Parteitag die Geheimrede über den «Personenkult». 1958–1964 Vorsitzender des Ministerrates der UdSSR. Am 14. Oktober 1964 aller Ämter enthoben.

Clementis, Vladimir (1902–1952). Tschechoslowakischer Politiker. Seit 1924 Mitglied der KPČ. Nach 1939 Exil in London. 1948 tschechoslowakischer Außenminister. 1951 verhaftet, verurteilt und hingerichtet. 1963 rehabilitiert.

Conquest, Robert (geb. 1919). Amerikanischer Historiker und Schriftsteller. Schrieb u. a. zum Terror in der Sowjetunion eine Reihe von Büchern: «The Great Terror» (1968), dtsch. 1970: Am Anfang starb Genosse Kirow, «Kolyma: The Arctic Death Camps» (1978), «Inside Stalin's Secret Police: NKVD Politics 1936–39» (1985), «Stalin and the Kirov murder» (1988).

Daniel, Julij Markowitsch (Ps. Nikolaj Arschak) (geb. 1925). Russischer Schriftsteller. Im Prozeß mit Sinjawskij 1966 zu fünf Jahren Zwangsarbeit verurteilt. Lebte nach der Entlassung 1970 in Kaluga und war als Übersetzer tätig.

Deutscher, Isaac (1907–1967). Britischer Publizist polnischer Herkunft.

Vor dem Zweiten Weltkrieg Emigration nach England. Wurde Mitarbeiter u. a. von «Economist» und «Observer». Veröffentlichte Biographien über Trotzkij, Stalin und Lenin.

Dimitroff, Georgi (1882–1949). Bulgarischer Politiker. 1919 an der Gründung der bulgarischen KP beteiligt. Seit deren Verbot 1923 im Ausland. 1933 Angeklagter im Reichstagsbrandprozeß, nach Freispruch Ausreise in die UdSSR. 1935–1943 Vorsitzender des Exekutivkomitees der Komintern. 1946–1949 Ministerpräsident in Bulgarien.

Djagiljew, Sergej Pawlowitsch (Diaghilew) (1872–1929). Russischer Ballett-Impresario. Gründete 1909 mit Tänzern des Petersburger Manijskij-Theaters in Paris die «Ballets Russes», deren Leiter er bis zu seinem Tode blieb. An der Ballett-Arbeit nahmen die Komponisten C. Debussy, I. Strawinskij, S. Prokofjew, die Maler H. Matisse, P. Picasso u. a. teil.

Djilas, Milovan (geb. 1911). Jugoslawischer Schriftsteller und Politiker. 1938 ins ZK, 1940 ins Politbüro der jugoslawischen KP gewählt. Im Zweiten Weltkrieg aktiv im Partisanenkampf. 1945 Sekretär des Politbüros. 1955 bis 1961 und 1962 bis 1966 aufgrund seiner Kritik am Kommunismus im Gefängnis. Schrieb u. a. «Die neue Klasse» (1957) und «Gespräche mit Stalin» (1962).

Dowshenko, Alexander Petrowitsch (1894–1956). Ukrainischer Filmregisseur und Schriftsteller. Einer der führenden Begründer der sowjetischen Filmkunst. Bekannt geworden durch Filme wie «Arsenal» (1929) und «Die Erde» (1930).

Dsershinskij, Felix Edmundowitsch (1877–1926). Bolschewistischer Politiker polnischer Herkunft. Seit 1917 Mitglied des ZK und Leiter der Tscheka. Organisator des «Roten Terrors». 1921–1924 Volkskommissar für Verkehrswesen, 1924–1926 Vorsitzender des Obersten Volkswirtschaftsrats.

Ehrenburg, Ilja Grigorjewitsch (1891–1967). Russischer Schriftsteller. In den zwanziger und dreißiger Jahren Korrespondent in verschiedenen Ländern (Frankreich, Belgien) und Kriegsberichterstatter (Spanien, Zweiter Weltkrieg). Gab mit seiner Erzählung «Tauwetter» (1954) der nach-stalinschen Periode ihren Namen.

Eisenstein, Sergej Michajlowitsch (1898–1948). Sowjetischer Filmregisseur. Wurde berühmt durch die Filme «Panzerkreuzer Potemkin» (1925), «Oktober» (1927), «Die Generallinie» (1929), «Alexander Newskij»

(1938). Von dem Film «Iwan der Schreckliche» (zwei Teile 1944–1946) wurde zu Lebzeiten nur der erste Teil gezeigt.

Erdman, Nikolaj Robertowitsch (1902–1970). Russischer Dramaturg. Nach seinem zweiten Theaterstück «Der Selbstmord» (1928) Verhaftung und Verbannung nach Sibirien.

Fefer, Isaak Solomonowitsch (1900–1952). Sowjetischer Schriftsteller. 1919 Mitglied der KP und der Roten Armee. Schrieb vor allem in Jiddisch. 1948 verhaftet und wahrscheinlich erschossen. Posthum rehabilitiert.

Feuchtwanger, Lion (1884–1958). Deutscher Schriftsteller. 1933–1940 Exil in Südfrankreich. Mitherausgeber der Moskauer Zeitschrift «Das Wort» (1936–1939). 1937 Reise nach Moskau mit anschließender Veröffentlichung «Moskau 1937». 1940 nach Internierung in Frankreich Flucht in die Vereinigten Staaten.

Frunse, Michail Wassiljewitsch (1885–1925). Bolschewistischer Militärführer. 1917 Teilnahme am Oktoberaufstand in Moskau als Führer der Roten Garde. Im Bürgerkrieg erfolgreicher Heerführer im Kampf gegen die «Weißen». 1924/25 Volkskommissar für Heer und Flotte. Starb 1925 unter ungeklärten Umständen an den Folgen einer Operation.

Gagarin, Jurij Alexejewitsch (1934–1968). Sowjetischer Kosmonaut. Führte am 12. April 1961 den ersten bemannten Raumflug aus. 1968 bei einem Übungsflug abgestürzt.

Geller, Michail Jakowlewitsch (Heller) (geb. 1922). Russischer Autor und Historiker. Ging in den fünfziger Jahren nach Polen, 1969 nach Frankreich. Schrieb u. a. zusammen mit Alexander Nekrich eine Geschichte der Sowjetunion.

Gerö, Ernö (1891–1980). Ungarischer Politiker. Seit 1918 Mitglied der KP. Nach 1945 in der Parteiführung, verantwortlich für Wirtschafts- und Sicherheitsfragen. Im Oktober 1956 Flucht in die UdSSR. Nach seiner Rückkehr 1962 aus der Partei ausgeschlossen.

Gide, André (1869–1951). Französischer Schriftsteller. Bekannte sich Anfang der dreißiger Jahre zur Sowjetunion, ohne Mitglied der KP zu werden. 1936 Besuch in der UdSSR. Sein ernüchterter Bericht «Zurück aus Sowjetrußland» (1937) löste eine heftige Kontroverse aus und war u. a. Anlaß für Feuchtwangers positive Beschreibung.

Ginsburg, Jewgenija Semjonowa (1906–1977). Russische Schriftstellerin.

1937–1955 in Haft und Verbannung. 1956 rehabilitiert. Beschrieb diese Zeit u. a. in ihren Lebenserinnerungen «Marschroute eines Lebens» und «Gratwanderung».

Golomstok, Igor Naumowitsch (geb. 1929). Sowjetischer Kunsthistoriker. Schrieb über geschichtliche und theoretische Fragen der westeuropäischen Kunst, z. B. «Picasso» (1960) zusammen mit Sinjawskij. Setzte sich für dessen Freilassung ein. Kurzfristig inhaftiert. 1972 nach England. Seit 1975 in Oxford tätig.

Gorkij, Maxim (Alexej Maximowitsch Peschkow) (1868–1936). Russischer Schriftsteller. Nach der Revolution Unterstützung der Bolschewiki. Zunehmender Konflikt mit Lenin. 1924–1931 in Italien. 1934 Verkündigung des Sozialistischen Realismus auf dem Schriftstellerkongreß in Moskau, als dessen Klassiker Gorkij gilt.

Gottwald, Klement (1896–1953). Tschechoslowakischer Politiker. 1921 Eintritt in die Kommunistische Partei der Tschechoslowakei. 1928–1943 in der Komintern führend tätig. Nach dem Zweiten Weltkrieg Vorsitzender der KPČ und der Nationalen Front. 1948 Staatspräsident.

Grin, Alexander Stepanowitsch (Grinjowski) (1880–1932). Russischer Schriftsteller. Schrieb vor allem romantisch-exotische Abenteuerromane und -erzählungen (u. a. «Das rote Segel» [1923]).

Gromyko, Andrej Andrejewitsch (1909–1989). Sowjetischer Politiker. Parteieintritt 1931. Absolvent des Landwirtschaftsinstituts in Minsk 1934. Seit 1939 im diplomatischen Dienst. Nach 1957 sowjetischer Außenminister. 1987 Staatspräsident.

Horthy, Miklós (1868–1957). Ungarischer Politiker. Organisierte 1919 die «Nationalarmee» gegen die ungarische Räterepublik. Nach deren Niederlage wurde Horthy zum «Reichsverweser» mit diktatorischen Vollmachten gewählt. Am 16. Oktober 1944 von SS-Truppen gestürzt. Er wurde 1945 von den Amerikanern befreit und ging 1948 ins Exil.

Ibarruri Gomez, Dolores («La Pasionaria») (1895–1990). Spanische Politikerin. 1920 Mitbegründerin der Kommunistischen Partei Spaniens. Seit 1930 Mitglied des ZK. Aktiv bei der Verteidigung der Spanischen Republik gegen Franco beteiligt.

Ilf, Ilja Arnoldowitsch (1897–1937). Russischer Schriftsteller. Schrieb vor allem in satirischen Zeitschriften. Seit Zusammentreffen mit Petrow lebenslange Arbeitsgemeinschaft. Die gemeinsamen Werke «Die zwölf

Stühle» (1927) und «Das goldene Kalb» (1931) sind am bekanntesten. Starb an Tuberkulose.

Jagoda, Genrich Gregorijewitsch (1891–1938). Bolschewistischer Politiker. Schloß sich im Bürgerkrieg der Tscheka an. Seit 1924 Stellvertretender Vorsitzender der Staatlichen Politischen Verwaltung GPU. 1934 Leiter des Volkskommissariat für Inneres NKWD. Leistete 1936 entscheidende Vorarbeit für den ersten Moskauer Schauprozeß. 1937 verhaftet, wurde Jagoda im folgenden Jahr im dritten Schauprozeß zum Tode verurteilt.

Jakir, Jona Emanuilowitsch (1896–1937). Bolschewistischer Militärführer. Seit 1917 Bolschewik. 1920 Kommandeur einer Armeegruppe im Krieg gegen Polen. Seit 1925 Kommandeur des ukrainischen Militärbezirks, seit 1934 Mitglied des ZK. 1937 verhaftet und im Geheimprozeß gegen die Militärführung zum Tode verurteilt. 1956 rehabilitiert.

Jakir, Pjotr Jonowitsch (1923–1982). Sowjetischer Historiker. 1937 zusammen mit der Mutter verhaftet. Verbrachte 17 Jahre als «Sohn eines Volksfeindes» im Lager. Aktiv in der Bekanntmachung Stalinscher Verbrechen. Einer der Initiatoren der Bürgerrechtsbewegung. 1972 verhaftet. Zur Kooperation mit dem KGB gezwungen. 1974 entlassen. Memoiren: «Kindheit im Gefängnis» (1972).

Jenukidse, Awel Safronowitsch (1877–1937). Bolschewistischer Politiker. Mitbegründer der russischen Sozialdemokratie in Baku, mehrfach verhaftet und verbannt. 1918 Sekretär des Zentralexekutivkomitees. 1924–1934 Mitglied des ZK. 1937 verhaftet und in einem Geheimprozeß zum Tode verurteilt. 1956 rehabilitiert.

Jeschow, Nikolaj Iwanowitsch (1895–1939). Bolschewistischer Politiker. Seit 1917 Parteimitglied. Im Bürgerkrieg Kommissar der Roten Armee. Auf dem 17. Parteitag 1934 Wahl ins ZK. Mitglied des Organisationsbüros. Seit 1936 Chef des NKWD und Leiter des Massenterrors («Jeschowschtschina»). 1938 Absetzung, 1939 Verhaftung, 1940 Erschießung.

Jessenin, Sergej Alexandrowitsch (1895–1925). Russischer Lyriker. Schöpfte die Thematik und Metaphorik seiner Gedichte aus den bäuerlichen Traditionen. 1925 Selbstmord.

Jessenin-Volpin, Alexander Sergejewitsch (geb. 1925). Sowjetischer Mathematiker. Sohn Jessenins. 1949 verhaftet. Seit den fünfziger Jahren einer der Führer der Dissidentenbewegung. Mehrere Male in psychiatrischen Krankenhäusern. 1972 Emigration. Lebt in den USA.

Jewtuschenko, Jewgenij Alexandrowitsch (geb. 1933). Russischer Lyriker. Anfangs an Majakowskij angelehnte Lyrik. Wechsel zwischen parteikonformer und kritischer Haltung. Gegen das Wiederaufleben des Stalinismus verfaßte er 1963 die Dichtung «Die Erben Stalins».

Kádár, János (1912–1989). Ungarischer Politiker. 1932 Eintritt in die KP. 1945 Mitglied des Politbüros der KP Ungarns. 1951–1954 ohne Prozeß in Haft. Ab Oktober 1956 Erster Sekretär des ZK. Während des ungarischen Volksaufstandes 1956 bildete Kádár eine Gegenregierung und forderte sowjetische Hilfe an.

Kaganowitsch, Lasar Mojssejewitsch (geb. 1893). Bolschewistischer Politiker. Fabrikarbeiter in Kiew, seit 1911 Mitglied der Bolschewiki. 1924–1957 Mitglied des ZK. 1930–1957 Mitglied des Politbüros bzw. des Präsidiums des ZK. 1930–1935 Erster Sekretär des Stadtparteikomitees Moskau. Maßgeblich an den großen Säuberungen 1936–1938 beteiligt. Im Juni 1957 aus Politbüro und ZK ausgeschlossen und aller Ämter enthoben. Starb im Sommer 1991 in Moskau.

Kalinin, Michail Iwanowitsch (1875–1946). Bolschewistischer Politiker. Seit 1903 Mitglied der Bolschewiki. 1919–1922 Staatsoberhaupt der Russischen Sowjetrepublik (RSFSR), 1922–1945 das der Sowjetunion als Vorsitzender des Zentralexekutivkomitees der UdSSR.

Kamenew, Lew Borissowitsch (Rosenfeld) (1883–1936). Bolschewistischer Politiker. Seit 1901 Mitglied der russischen Sozialdemokratie und Vertrauter Lenins. 1917–1927 Mitglied des ZK. 1918–1926 Vorsitzender des Moskauer Sowjets. Nach Lenins Tod 1924 Bildung der «Trojka» mit Stalin und Sinowjew gegen Trotzkij. 1925/26 Verlust aller Partei- und Regierungsämter wegen Beteiligung an der Linken Opposition. 1936 im ersten Moskauer Schauprozeß zum Tode verurteilt. 1988 rehabilitiert.

Kandinskij, Wassilij Wassiljewitsch (1866–1944). Maler und Graphiker russischer Herkunft. Zwischen 1896 und 1906 in München, Tunis und Paris schaffend. 1911 Mitbegründer des «Blauen Reiters». 1914–1921 in Rußland, ab 1922 am Bauhaus. 1933 nach Paris.

Kapiza, Pjotr Leonidowitsch (1894–1984). Sowjetischer Physiker. 1935 Direktor des Instituts für physikalische Forschungen in Moskau. Maßgeblich an der Entwicklung der sowjetischen Kerntechnik beteiligt. 1978 Nobelpreis.

Katajew, Valentin Petrowitsch (1897–1986). Russischer Schriftsteller. Älterer Bruder von J. Petrow. Wurde in den dreißiger Jahren mit im Stil des Sozialistischen Realismus geschriebenen Stücken bekannt.

Kirow, Sergej Mironowitsch (Kostrikow) (1886–1934). Bolschewistischer Politiker. 1904 Parteieintritt. 1917 Teilnehmer am Oktoberaufstand in Petrograd. 1923 Mitglied des ZK. Seit 1926 Sekretär der Leningrader Parteiorganisation, seit 1930 Mitglied des Politbüros. Am 1. Dezember 1934 unter ungeklärten Umständen ermordet.

Koestler, Arthur (1905–1983), Schriftsteller ungarischer Herkunft. Seit 1931 Mitglied der KPD, 1932 und 1933 Reisen in die Sowjetunion. Aufgrund der Säuberungen 1938 Austritt aus der Kommunistischen Partei. Lebte seit dem Zweiten Weltkrieg in London. 1983 Selbstmord. Sein Roman «Die Sonnenfinsternis» (1946) gilt als klassisches Werk über die Schauprozesse.

Kollontaj, Alexandra Michajlowna (1872–1952). Bolschewistische Politikerin. 1920/21 in der «Arbeiteropposition». Seit 1923 im diplomatischen Dienst. Zahlreiche Veröffentlichungen zur Frauenbefreiung.

Koltschak, Alexander Wassiljewitsch (1874–1920). Russischer Admiral. 1918 Führer der gegenrevolutionären Truppen in Sibirien. Ließ sich in Omsk zum «Reichsverweser» ausrufen. Nach seiner militärischen Niederlage gegen die Rote Armee wurde er von nichtbolschewistischen Gegnern seiner Diktatur erschossen.

Koltzow, Michail Jefimowitsch (1898–1942). Sowjetischer Journalist. Parteimitglied seit 1918. 1936/37 «Prawda»-Korrespondent im Spanischen Bürgerkrieg. Nach der Rückkehr aus Spanien 1938 Verhaftung. Kam in einem Lager um.

Koroljow, Sergej Pawlowitsch (1907–1966). Sowjetischer Ingenieur und Raumschiffkonstrukteur. 1938 inhaftiert, 1941 entlassen und Arbeit in der Verteidigungsindustrie. 1953–1958 Korrespondierendes Mitglied und ab 1958 Mitglied der Akademie der Wissenschaften der UdSSR.

Komarow, Nikolaj Pawlowitsch (1886–1937). Bolschewistischer Politiker. Parteimitglied seit 1909. In den zwanziger Jahren führende Funktionen in der sowjetischen Wirtschaft und Planung. 1937 im Gefängnis gestorben.

Kossygin, Alexej Nikolajewitsch (1904–1980). Sowjetischer Politiker, Parteieintritt 1927. 1939–1940 Volkskommissar für Textilindustrie. Nach dem Sturz Chruschtschows im Oktober 1964 dessen Nachfolger als Vorsitzender des Ministerrats.

Krupskaja, Nadeshda Konstantinowna (1869–1939). Russische Revolutionärin. Seit 1898 mit Lenin verheiratet. Nach der Revolution führende Theoretikerin der sowjetischen Pädagogik.

Kun, Béla (1886–1939). Ungarischer Politiker. Einer der Führer der ungarischen Räterepublik 1919. Ab 1920 in Moskau, wo er in führender Funktion in der Komintern tätig war. Im Zuge der Säuberungen 1937 verhaftet und zwei Jahre später, im November 1939, hingerichtet. 1956 rehabilitiert.

Landau, Lew Dawidowitsch (1908–1968). Sowjetischer Physiker. 1935 Professor in Charkow, 1937 in Moskau. Wichtige Arbeiten zu fast allen Bereichen der modernen theoretischen Physik. 1962 Nobelpreis.

Lengyel, Josef (1896–1975). Ungarischer Politiker. Mitbegründer der ungarischen KP 1918. Lebte in Wien (1919–1927), Berlin (1927–1930) und der Sowjetunion (1930–1955). Von 1938 bis 1953 in Haft. 1955 Rückkehr nach Ungarn.

Lenin, Wladimir Iljitsch (1870–1924). Bolschewistischer Revolutionär. 1895 im Petersburger «Kampfbund zur Befreiung der Arbeiterklasse». 1903 Führer der Bolschewiki in der russischen Sozialdemokratie. 1917 Führer der Oktoberrevolution und Vorsitzender des Rats der Volkskommissare. Starb 1924 nach drei Schlaganfällen.

Litwinow, Maxim Maximowitsch (Max Wallach) (1876–1951). Sowjetischer Politiker. Seit 1898 Mitglied der russischen Sozialdemokratie, seit 1903 Bolschewik. Nach der Oktoberrevolution im Volkskommissariat für Äußeres. 1930–1939 Volkskommissar für Äußeres. 1941–1943 Botschafter in den USA.

Lomonossow, Michail Wassiljewitsch (1711–1765). Russischer Universalgelehrter. Begründer der Moskauer Universität 1755.

London, Artur (1915–1985). Tschechoslowakischer Politiker. 1949 im Slánský-Prozeß verurteilt und bis 1956 inhaftiert. 1968 Übersiedelung nach Paris.

Lunatscharskij, Anatolij Wassiljewitsch (1875–1933). Bolschewistischer Kulturpolitiker und Kunsthistoriker. Seit 1895 Mitglied der russischen Sozialdemokratie. 1906–1917 Emigration in Italien, Frankreich und der Schweiz. 1917–1929 Volkskommissar für Volksbildung. 1933 zum Botschafter in Madrid ernannt, starb Lunatscharskij auf der Reise nach Spanien.

Lyssenko, Trofim Denissowitsch (1898–1976). Sowjetischer Agrarbiologe und Genetiker. Nach seiner Theorie konnte die Entstehung neuer Erbeigenschaften durch Umweltbedingungen gelenkt werden. 1948–1954 «Diktator» der sowjetischen Biologie und Vererbungslehre.

Majakowskij, Wladimir Wladimirowitsch (1893–1930). Russischer Schriftsteller. Mitbegründer und Hauptrepräsentant des russischen Futurismus. Warb durch Plakate und Gedichte für die Revolution. Ende der zwanziger Jahre in Satiren und Komödien Kritik an Bürokratie und Spießertum. Nahm sich 1930 das Leben.

Malenkow, Georgij Maximiljanowitsch (1902–1988). Sowjetischer Politiker. Seit 1920 Mitglied der Bolschewiki. 1939–1957 Mitglied des ZK. Nach Stalins Tod wurde Malenkow dessen Nachfolger als Vorsitzender des Ministerrats. Im Februar 1955 von Chruschtschow zum Rücktritt genötigt. 1957 aller Ämter enthoben.

Malewitsch, Kasimir Sewerinowitsch (1878–1935). Russischer Maler und Kunsttheoretiker. Begründer des Suprematismus. Lehrte in Moskau, Witebsk und Leningrad, dort 1926 entlassen. 1927–1929 in Berlin, danach Rückkehr in die Sowjetunion. Hinwendung zu gegenständlicher Malerei.

Mandelstam, Ossip Emaljewitsch (1891–1938). Russischer Lyriker. Gehörte zum Kreis der Akmeisten. Ab 1933 Publikationsschwierigkeiten. Erste Verhaftung am 13. Mai 1934 und Verurteilung zu drei Jahren Verbannung. 1937 Rückkehr nach Moskau und kurz darauf erneute Verhaftung. Unter nicht geklärten Umständen in einem Straflager bei Wladiwostok gestorben.

Marty, André (1885–1956). Französischer Politiker. 1934–1935 Chefredakteur der L'Humanité. 1935–1943 Vertreter der KPF in der Komintern. 1936–1939 Generalinspekteur der Internationalen Brigaden in Spanien. 1953 Parteiausschluß aufgrund von Kritik an der französischen KP.

Masaryk, Tomás (1850–1937). Tschechoslowakischer Soziologe, Philosoph und Politiker. Seit 1882 Professor an der Tschechischen Universität in Prag. 1915 Gründer des tschechoslowakischen Nationalrats. 1918 zum Staatspräsidenten der Tschechoslowakischen Republik gewählt. Wiederwahl 1920, 1927 und 1934. 1935 aus Altersgründen zurückgetreten.

Mayenburg, Ruth von (geb. 1907). Österreichische Publizistin. Beitritt zur KPÖ 1934. In Moskau im Exil. Veröffentlichungen u. a.: «Blaues Blut und Rote Fahnen» (1969) und «Hotel Lux» (1978).

Medwedjew, Roj Alexandrowitsch (geb. 1925). Sowjetischer Historiker. 1956 Parteimitglied. Nach Kritik an Versuchen zu einer Rehabilitierung Stalins 1969 Ausschluß aus der KPdSU. Veröffentlichungen u. a. «Die Wahrheit ist unsere Stärke. Geschichte und Folgen des Stalinismus» (1973), «Oktober 1917» (1979).

Medwedjew, Shores Alexandrowitsch (geb. 1925). Sowjetischer Biologe. Zwillingsbruder von Roj Medwedjew. Veröffentlichte «Der Fall Lyssenko» (1973). Zeitweise in einer psychiatrischen Spezialklinik inhaftiert. Lebt seit 1973 in England.

Mejerhold, Wsewolod Emiljewitsch (1874–1940). Sowjetischer Regisseur und Schauspieler. Arbeitete 1898–1902 am Moskauer Künstlertheater zusammen mit Stanislawskij. Nach 1917 setzte er sich für die politisch-kulturelle Bewegung «Theater – Oktober» ein und organisierte Massenschauspiele. Angriffe gegen den «Formalismus» Mejerholds führten 1938 zur Schließung seines Theaters und 1939 zu seiner Verhaftung.

Menshinskij, Wjatscheslaw Rudolfowitsch (1874–1934). Bolschewistischer Politiker. Parteieintritt 1902. Leitete nach der Oktoberrevolution die Nationalisierung der Banken. Seit 1919 Tätigkeit in der Tscheka, später in der GPU. Aktiv bei der Aufdeckung der «Schachty-Affäre» 1928. Seit 1927 Mitglied des ZK.

Mercader, Ramón (Frank Jacson) (1913–1979). Spanischer Kommunist. Ermordete Trotzkij im Jahre 1940.

Michoels, Solomon Michajlowitsch (1890–1948). Sowjetischer Schauspieler. 1925 Gründer des jüdischen Theaters in Moskau. Lehrte seit Mitte der dreißiger Jahre an der dortigen Schule. 1948 in Minsk von Geheimdienstagenten ermordet.

Mikojan, Anastas Iwanowitsch (1895–1978). Bolschewistischer Politiker. Seit 1915 Mitglied der Bolschewiki. 1923 Kandidat des ZK. 1926 Volkskommissariat für Handel. 1935–1966 Mitglied des Politbüros. 1955 erster Stellvertretender Ministerpräsident. 1964/65 Staatsoberhaupt.

Molotow, Wjatscheslaw Michajlowitsch (Skrjabin) (1890–1986). Bolschewistischer Politiker. Seit 1906 Mitglied der russischen Sozialdemokratie. 1921–1957 Mitglied des ZK. 1930–1941 Vorsitzender des Rats der Volkskommissare. 1939–1949 und 1953–1956 Außenminister. 1957 entmachtet.

Mussolini, Benito (1883–1945). Italienischer Politiker. 1900–1915 Mitglied der Sozialistischen Partei. 1919 Gründung der faschistischen Bewegung und deren Führer. Nach dem «Marsch auf Rom» 1922 Ministerpräsident. Am 28. April 1945 von italienischen Partisanen erschossen.

Neumann, Heinz (1902–1937). Deutscher Kommunist. Mitglied der KPD seit 1919. 1922 Redakteur, 1924 Auslandsredakteur und 1929 Chefredakteur der «Roten Fahne». 1935 Emigration in die UdSSR. 1937 verhaftet und zum Tode verurteilt.

Nikolajew, Leonid Wassiljewitsch (1904–1934). Ermordete am 1. Dezember 1934 Kirow. Danach hingerichtet.

Ordshonikidse, Grigorij Konstantinowitsch (Sergo) (1886–1937). Bolschewistischer Politiker. Seit 1903 Mitglied der russischen Sozialdemokratie. 1917 einer der Organisatoren des Oktoberaufstandes in Petrograd. Seit 1926 Vorsitzender der Zentralen Kontrollkommission und des Obersten Volkswirtschaftsrats. Seit 1932 Volkskommissar für Schwerindustrie. 1937 Selbstmord.

Pasternak, Boris Leonidowitsch (1890–1960). Russischer Schriftsteller. Für sein Hauptwerk «Doktor Schiwago» erhielt er 1958 den Nobelpreis für Literatur, dessen Annahme er verweigern mußte.

Paustowskij, Konstantin Georgijewitsch (1892–1968). Russischer Schriftsteller. Schrieb nach 1945 u. a. die autobiographische «Erzählung vom Leben».

Pawlow, Iwan Petrowitsch (1849–1936). Russischer Physiologe. Entdeckte u. a. die «bedingten Reflexe» im Zentralnervensystem. 1904 Nobelpreis für Medizin.

Petrow, Jewgenij Petrowitsch (Katajew) (1903–1942). Russischer Schriftsteller. Zusammenarbeit mit Ilf seit 1923. Starb bei der Arbeit als Kriegsberichterstatter im Zweiten Weltkrieg.

Pieck, Wilhelm (1876–1960). Deutscher Politiker. 1895 SPD. 1918 KPD. 1921–1928 Mitglied des preußischen Landtags, 1928–1933 des Reichstags. Emigration nach Frankreich und dann in die Sowjetunion. 1935 auf der Brüsseler Konferenz für die Zeit der Inhaftierung Thälmanns als Vorsitzender der KPD gewählt. Nach dem Krieg zusammen mit Grotewohl Vorsitz der SED 1946–1954. 1949–1960 Präsident der DDR.

Pilnjak, Boris Andrejewitsch (Wogau) (1894–1938). Russischer Schriftsteller. Bekannt für die Beschreibung der Revolutionsperiode. Als vermeintlicher Spion Japans verhaftet und erschossen.

Pilsudski, Josef (1867–1935). Polnischer Politiker. 1893 Mitbegründer der Polnischen Sozialistischen Partei. Aktiv für die Wiederherstellung des polnischen Staates. 1926 Anführer eines Staatsstreiches, der zur Errichtung eines autoritären Regierungssystems führte.

Radek, Karl (Sobelson) (1885–1939). Bolschewistischer Politiker polnischer Herkunft. Seit 1901 aktiv in der galizischen Sozialdemokratie, seit 1908 auf dem linken Flügel der SPD. 1919 Rückkehr nach Rußland, in führender Position der Komintern tätig. Seit 1924 Anhänger der Linken Opposition. 1927 Parteiausschluß. Im Januar 1937 zu zehn Jahren Haft verurteilt. Im Gefängnis gestorben.

Rajk, László (1909–1949). Ungarischer Politiker. 1936–1938 Politischer Kommissar im Spanischen Bürgerkrieg. 1946–1948 ungarischer Innenminister und 1948–49 Außenminister. 1949 verhaftet und hingerichtet. 1956 rehabilitiert.

Rákosi, Mátyás (1892–1971). Ungarischer Politiker. 1919 Volkskommissar in der ungarischen Räteregierung. 1945–1956 Generalsekretär bzw. Sekretär der Ungarischen KP. Danach zum Rücktritt genötigt. 1962 Ausschluß aus der Partei.

Rolland, Romain (1866–1944). Französischer Schriftsteller. 1903–1912 Professor für Musik- und Kunstgeschichte. 1915 Nobelpreis. Bekannte sich 1927 zum Kommunismus. 1935 Reise in die Sowjetunion. Ging in den letzten Jahren zunehmend auf Distanz zur Sowjetunion.

Rykow, Alexej Iwanowitsch (1881–1938). Bolschewistischer Politiker. Seit 1917 Volkskommissar für Inneres. 1924 Nachfolger Lenins als Vorsitzender des Rats der Volkskommissare. 1928 einer der Führer der Rechten Opposition. 1930 Verlust aller Ämter. Im März 1938 zum Tode verurteilt. 1988 rehabilitiert.

Sasubrin, Wladimir Jakowlewitsch (1895–1938). Russischer Schriftsteller. Wurde bekannt durch den Bürgerkriegsroman «Die zwei Welten» (1921). Starb in der Haft.

Samjatin, Jewgenij Iwanowitsch (1884–1937). Russischer Schriftsteller. Parteimitglied noch vor der Oktoberrevolution. In den zwanziger Jahren Publikationsschwierigkeiten, insbesondere bei seinem 1920 entstandenen utopischen Roman «Wir» (dt. 1958). 1932 Emigration nach Frankreich.

Schostakowitsch, Dimitrij Dimitrewitsch (1906–1975). Russischer Komponist. Schrieb u. a. fünfzehn Sinfonien, Ballette, Kammermusik und das Oratorium «Das Lied der Völker» (1949).

Sejfullina, Lidija Nikolajewna (1889–1954). Russische Schriftstellerin. Seit 1917 Publikation von Kurzgeschichten. Nach der Erschießung ihres Mannes Verhaftung als «Angehörige eines Volksfeindes». Nach Stalins Tod freigelassen.

Serge, Victor (1890–1947). Publizist russischer Herkunft. Arbeitete nach 1919 in der Presse der Komintern und übersetzte Schriften u. a. von Lenin, Trotzkij und Sinowjew. Als Anhänger der Linken Opposition 1928 aus der KPdSU ausgeschlossen. 1936 Ausweisung aus der UdSSR. Lebte 1941–1947 in Mexiko. Veröffentlichte u. a. «Beruf Revolutionär. Erinnerungen 1901–1917–1941» (1967).

Shdanow, Andrej Alexandrowitsch (1892–1948). Bolschewistischer Politiker. Während des Ersten Weltkriegs Parteieintritt. Nach Kirows Ermordung 1934 Parteichef von Leningrad. Als Vertrauter Stalins in der Kulturpolitik tätig, mit seinem Namen («Shdanowschtschina») ist die Repressionswelle nach dem Zweiten Weltkrieg auf kulturellem Gebiet verbunden.

Sinjawskij, Andrej Donatowitsch (Ps. Abram Terz) (geb. 1925). Sowjetischer Schriftsteller. Ab 1959 unter seinem Pseudonym Publikationen in Frankreich. Nach dessen Enttarnung 1965 in Moskau verhaftet und zu sieben Jahren Zwangsarbeit verurteilt (zusammen mit Julij Daniel). 1971 entlassen und 1973 Ausreise nach Paris.

Sinowjew, Grigorij Jewsejewitsch (Radomyslskij) (1883–1936). Bolschewistischer Politiker. 1901 Parteieintritt. 1903 Bolschewik und enger Mitarbeiter Lenins. 1908 Verhaftung und Emigration. 1917 Vorsitzender des Petrograder Sowjets. Seit 1919 Mitglied des Politbüros. 1924 zusammen mit Kamenew und Stalin in der «Trojka» gegen Trotzkij. 1919–1926 Vorsitzender des Exekutivkomitees der Komintern. 1926/27 wegen Teilnahme an der Linken Opposition Verlust aller Ämter und Funktionen. 1936 im ersten Moskauer Schauprozeß zum Tode verurteilt.

Slánský, Rudolf (1901–1952). Tschechoslowakischer Politiker. Seit 1921 Mitglied der KP. 1944/1945 Beteiligung an dem slowakischen Aufstand. 1945 Generalsekretär der KPČ. 1951 als angeblicher Leiter eines «staatsfeindlichen Verschwörerzentrums» verhaftet und 1952 in einem Schauprozeß zum Tode verurteilt. 1963 rehabilitiert.

Solschenizyn, Alexander Isajewitsch (geb. 1918). Russischer Schriftsteller.

1945 als Hauptmann an der Front wegen kritischer Äußerungen über Stalin verhaftet. Bis 1953 in verschiedenen Straflagern, danach Verbannung. Nach 1956 entlassen. Seine Veröffentlichung «Ein Tag im Leben des Iwan Denissowitsch» (1962) erregte als erste Veröffentlichung über sowjetische Straflager weltweites Aufsehen. Ab 1967 keine Publikationsmöglichkeit mehr in der UdSSR. «Archipel Gulag» (1974) wurde in der Sowjetunion erstmals 1989 in der Zeitschrift «Nowyj mir» publiziert. 1974 Ausbürgerung, seitdem in den USA lebend.

Sorge, Richard (1895–1944). Deutscher Kommunist. Parteieintritt 1919. Im Auftrag der sowjetischen Führung Spionagetätigkeit im Fernen Osten. Im Mai 1941 unterrichtete er Moskau über den bevorstehenden deutschen Überfall. Im Oktober 1941 in Tokio verhaftet, 1944 hingerichtet.

Soschtschenko, Michail Michajlowitsch (1895–1958). Russischer Schriftsteller. 1918–1920 bei der Roten Armee. Mitglied der «Serapionsbrüder». Bekannt vor allem als Humorist. Nach dem Zweiten Weltkrieg Angriffen Shdanows ausgesetzt. 1946 Ausschluß aus dem Schriftstellerverband. Erst nach 1956 erschienen wieder in der UdSSR seine Werke.

Stachanow, Alexej Grigorjewitsch (1906–1977). Sowjetischer Bergarbeiter. Steigerte 1935 nach offiziellen Angaben seine Arbeitsleistung auf das sechzehnfache. Nach seinem Vorbild und Namen wurde die «Stachanow-Bewegung» organisiert.

Stalin, Josif Wissarionowitsch (Dshugaschwili) (1879–1953). Bolschewistischer Politiker. 1899 aus dem geistlichen Seminar in Tiflis wegen Propagierung des Marxismus ausgeschlossen. Wiederholt verhaftet und verbannt. 1912 ins ZK der Bolschewiki gewählt. Nach der Oktoberrevolution Volkskommissar für Nationalitätenfragen. 1919–1922 Volkskommissar für Staatskontrolle. 1922–1953 Generalsekretär des ZK.

Stanislawskij, Konstantin Sergejewitsch (Alexejew) (1863–1938). Russischer Schauspieler. 1888 Gründung der Gesellschaft für Kunst und Literatur. 1898 zusammen mit V. Nemirowitsch-Danschenko Gründung des Moskauer Künstlertheaters. Nach der Oktoberrevolution förderte er die Aufführung von Stücken proletarischer Schriftsteller.

Stassowa, Jelena Dimitrijewna (1873–1966). Bolschewistische Politikerin. 1904 Sekretärin des Büros des ZK. 1914 Verbannung nach Sibirien. 1917 Teilnahme am Oktoberaufstand. Seit 1918 Mitglied des ZK. In den zwanziger und dreißiger Jahren führend in der Internationalen Roten Hilfe tätig.

Strawinskij, Igor Fjodorowitsch (1882–1971). Russischer Komponist. Schüler Rimskij-Korsakows. Seit 1910 abwechselnd in der Schweiz, in Rußland und in Frankreich lebend. 1939 in die USA übergesiedelt.

Tairow, Alexander Jakowlewitsch (Kornblit) (1885–1950). Sowjetischer Regisseur. 1914 Gründung des Kammer-Theaters, als dessen Direktor er im Zuge der Kampagne gegen den «Kosmopolitismus» 1946 abgesetzt wurde. 1950 Schließung des Theaters.

Thorez, Maurice (1900–1964). Französischer Politiker. 1919 Eintritt in die Sozialistische Partei, 1920 Übertritt zur KPF. 1930–1964 Generalsekretär der KPF. 1946/47 Stellvertretender Ministerpräsident.

Tito, Josip Broz (1892–1980). Jugoslawischer Politiker. 1915–1917 in russischer Kriegsgefangenschaft. 1937 Generalsekretär der KP (seit 1952: Bund der Kommunisten) Jugoslawiens. Im Krieg Führer der jugoslawischen Widerstandsbewegung gegen die deutsche Okkupation. Nach dem Krieg Staatschef Jugoslawiens. 1948 Bruch mit Moskau. Später einer der Führer der Bewegung der Blockfreien.

Togliatti, Palmiro (Ercoli) (1893–1964). Italienischer Politiker. 1921 Mitbegründer der KPI in Livorno. 1923 und 1925 wegen antifaschistischen Widerstands verhaftet. In führenden Funktionen der Kommunistischen Internationale tätig. 1944–1946 Minister in den italienischen Nachkriegsregierungen. Ab 1947 Generalsekretär der KPI.

Tolstoj, Alexej Nikolajewitsch (1883–1945). Russischer Schriftsteller. Nach der Revolution Emigration nach Berlin und Paris. 1923 Rückkehr. Prominenter Vertreter des offiziellen Literaturlebens. Schrieb vor allem historische Stücke.

Tomskij, Michail Pawlowitsch (Jefremow) (1880–1936). Bolschewistischer Politiker. Seit 1905 Mitglied der russischen Sozialdemokratie. Seit 1917 Vorsitzender der sowjetischen Gewerkschaften. 1928 einer der Führer der Rechten Opposition. Während des ersten Moskauer Schauprozesses beschuldigt und verhaftet, beging Tomskij Selbstmord.

Trotzkij, Lew Dawidowitsch (Bronstein) (1879–1940). Russischer Revolutionär. 1897 Gründung des Südrussischen Arbeiterbundes. 1905 einer der Führer des Petersburger Sowjets. 1917 Anschluß an die Bolschewiki. Im Oktober neben Lenin Führer der Revolution. 1918 Gründung der Roten Armee. Volkskommissar für Verteidigung. Seit 1923 Führer der Linken Opposition. 1925–1927 Verlust aller Partei- und Staatsämter. 1928

Verbannung nach Kasachstan, 1929 Ausweisung. In Mexiko 1940 ermordet.

Tuchatschewskij, Michail Nikolajewitsch (1893–1937). Bolschewistischer Militärführer. 1918 Eintritt in die Rote Armee und in die Partei. Im Bürgerkrieg Oberbefehlshaber verschiedener Fronten. 1921 Beteiligung an der Niederwerfung des Kronstädter Aufstands. Seit 1935 Marschall der Sowjetunion, 1937 verhaftet und in einem Geheimprozeß zum Tode verurteilt. 1956 rehabilitiert.

Tupolew, Andrej Nikolajewitsch (1888–1972). Sowjetischer Flugzeugkonstrukteur. Erarbeitete seit den zwanziger Jahren über 100 Flugzeugtypen, von denen 70 in Serienproduktion gingen.

Ulbricht, Walter (1893–1973). Deutscher Politiker. 1907–1911 Möbeltischlerlehre. 1912 Eintritt in die SPD, 1919 in die KPD. Nach 1933 Exil in Prag, Brüssel, Paris und Moskau. 1946 Mitbegründer der SED. 1950–1953 Generalsekretär, 1953–1971 Erster Sekretär des ZK der SED, 1971 Entmachtung. 1960–1973 Vorsitzender des Staatsrats der DDR.

Ulrich, Wassilij Wassiljewtisch (1889–1951). Sowjetischer Militärjurist. Während des Bürgerkriegs Militärrichter der Roten Armee. Vorsitzender Richter in den Moskauer Schauprozessen.

Urizkij, Semjon Borissowitsch (1895–1937). Sowjetischer Politiker. Im Bürgerkrieg in der Roten Armee. 1935 Leiter der Abwehrabteilung der Roten Armee. Teilnahme am Spanischen Bürgerkrieg. Am 1. November 1937 verhaftet und liquidiert.

Wlassow, Andrej Andrejewitsch (1900–1946). Sowjetischer Offizier. Seit 1918 in der Roten Armee. 1941 Teilnahme an der Schlacht vor Moskau. 1942 deutsche Kriegsgefangenschaft, danach Aufbau der «Wlassow-Armee». Geriet in amerikanische Gefangenschaft, wurde an die UdSSR ausgeliefert und dort zum Tode verurteilt.

Wolkogonow, Dimitrij (geb. 1928). Sowjetischer Philosophieprofessor und Generaloberst. Parteimitglied seit 1950. Zur Zeit Leiter des Instituts für Militärgeschichte des Verteidigungsministeriums der UdSSR. Werke u. a. «Stalin. Triumph und Tragödie» (dt. 1989).

Woroschilow, Kliment Jefremowitsch (1881–1969). Bolschewistischer Politiker und Militärführer. Seit 1903 Mitglied der russischen Sozialdemokratie. Nach 1919 auf Kommandoposten in der Roten Armee.

1925–1940 Volkskommissar für Verteidigung. Seit 1935 Marschall der Sowjetunion. 1946–1953 Ministerpräsident. Unter Chruschtschow entmachtet.

Wrangel, Pjotr Nikolajewitsch (1878–1928). Russischer General. Einer der Führer der «Weißen». 1920 Nachfolger Denikins als Oberbefehlshaber der gegenrevolutionären Verbände in Südrußland. 1925 Emigration nach Belgien.

Wyschinskij, Andrej Januarjewitsch (1883–1954). Sowjetischer Politiker. 1903–1920 Menschewik. 1931–1935 Generalstaatsanwalt der RSFSR und 1935–1939 der UdSSR. Hauptankläger bei den drei großen Moskauer Schauprozessen 1936–1938. 1940–1949 Stellvertretender Außenminister und 1949–1953 Außenminister. 1953/54 Ständiger Vertreter bei der UNO.

Ziolkowskij, Konstantin Eduardowitsch (1857–1935). Russischer Physiker. Erfinder auf dem Gebiet der Aerodynamik, Flug- und Raketentechnik. Gilt als einer der Begründer der Kosmonautik.

Zwetajewa, Marina Alexandrowna (1892–1941). Russische Lyrikerin. 1922 Emigration nach Berlin, Prag und Paris. Nach Rückkehr in die Sowjetunion Verhaftung von Mann und Tochter. Selbstmord 1941. Zwetajewa gilt heute neben Anna Achmatowa als größte russische Dichterin.

Kolyma – Fluß in Nordostsibirien, in dessen Einzugsgebiet sich zahlreiche Lagerkomplexe befanden.
Kuropaty – Waldmassiv in der Nähe von Minsk, in dem 1937 bis Juni 1941 vom NKWD organisierte Massenerschießungen stattfanden.
Tscheka – Außerordentliche Kommission zur Bekämpfung der Konterrevolution und Sabotage (1917–1922). Nachfolgeorganisation wurde die **GPU** (Staatliche Politische Verwaltung, 1922–1934). Dann umbenannt in **NKWD** (Volkskommissariat für Inneres, 1934–1941). Bezeichnung der Sicherheitsorgane seit 1954 ist KGB (Komitee für Staatssicherheit beim Ministerrat der UdSSR).

Gert Meyer
Carola Tischler
Kassel, Juni 1991

Danksagung

Dieser Bericht beruht zum Teil auf der Lektüre der vielen Memoiren von Protagonisten im öffentlichen Leben der Sowjetunion zur Zeit des «Großen Terrors», die in der UdSSR oder im Ausland erschienen sind. Vor allem aber auch auf den Zeugnissen von Überlebenden und Verwandten der Opfer, die ich im Laufe vieler Jahre, auch in Polen, der Tschechoslowakei und in Ungarn, gesammelt habe.

Besonderen Dank schulde ich: Professor Robert Conquest, dem angesehensten Spezialisten für die Zeit der stalinistischen Verbrechen, der mir ein langes Gespräch gewährte, und Swetlana Karlanowa, die in Moskau unerläßliche und hilfreiche Recherchen durchführte.

Ursula Roland

Wie eine Feder im Wind

Am 28. April 1947 wird Stefanie, 15 Jahre alt, elternlos, Schülerin und überzeugte FDJ-Anhängerin, in der Sowjetischen Besatzungszone von zwei Angehörigen des sowjetischen Geheimdienstes verhaftet und von einem Militärgericht unter der bizarren Anklage der Spionage und Sabotage zu 25 Jahren Straferziehungslager in Sibirien verurteilt.
Monate später muß sie zusammen mit vielen anderen Frauen die Große Reise nach Sibirien antreten. Für Stefanie, ehemalige politische Aktivistin, die geglaubt hatte, zusammen mit «den sowjetischen Freunden» eine neue, bessere Welt aufzubauen, beginnt eine Zeit der Desillusionierung, damit aber auch der Reife, eine éducation humaine.
Sie lernt Hunger und Demütigungen, die physischen Strapazen der Zwangsarbeit und Krankheiten, aber auch Freundschaft und Liebe kennen. In der Tuberkulose-Baracke macht sie Bekanntschaft mit den berüchtigten «Blatnajas», einer Gruppe von kriminellen Frauen, die keine Gesetze respektieren außer ihren eigenen. Für eine von ihnen opfert Stefanie eines Tages ihren Mantel – und von da an steht sie, wo immer sie hinkommt, unter dem Schutz der Gesetzlosen.
Als Assistentin der Lagerärztin pflegt sie Kranke, erlebt Sterbende und arbeitet in der Hölle der Psychiatrie. Sie lernt die Sprache und beginnt, dieses gewaltige Land mit seinem mächtigen Himmel und den endlosen Wäldern zu lieben. Sie will nicht hassen, verachten oder verurteilen. «Sapere aude», von ihrem Großvater in ihr Poesiealbum geschrieben, wird ihr zum Leitmotiv für die Zeit des Lagerlebens.
1955 tritt sie als eine der letzten die Heimreise an.

Ursula Roland, 1931 in Halle geboren, wurde 1947 verhaftet und nach Sibirien deportiert.

Rowohlt · Berlin